民國歷史與文化研究

九 編

第 **9** 冊

近代化進程的民間引領者
——中國工程師學會研究

鄒樂華 著

花木蘭文化事業有限公司

國家圖書館出版品預行編目資料

近代化進程的民間引領者——中國工程師學會研究／鄒樂華
著 — 初版 — 新北市：花木蘭文化事業有限公司，2019〔民
108〕
目 4+222 面；19×26 公分
（民國歷史與文化研究 九編；第 9 冊）
ISBN 978-986-485-676-3（精裝）
1. 中國工程師學會
628.08   108001125

民國歷史與文化研究
九 編 第九冊   ISBN：978-986-485-676-3

近代化進程的民間引領者——中國工程師學會研究

作　　者　鄒樂華
總 編 輯　杜潔祥
副總編輯　楊嘉樂
編　　輯　許郁翎、王　筑　美術編輯　陳逸婷
出　　版　花木蘭文化事業有限公司
發 行 人　高小娟
聯絡地址　235 新北市中和區中安街七二號十三樓
　　　　　電話：02-2923-1455／傳眞：02-2923-1452
網　　址　http://www.huamulan.tw 信箱 hml810518@gmail.com
印　　刷　普羅文化出版廣告事業
初　　版　2019 年 3 月
全書字數　171992 字
定　　價　九編 9 冊（精裝）台幣 17,000 元

近代化進程的民間引領者
——中國工程師學會研究

鄒樂華　著

作者簡介

鄒樂華，男，1970 年生，河南省信陽市人。2014 畢業於上海交通大學獲理學博士學位，現任上海中僑經濟與管理學院講師，主要研究領域為科技史。以中國工程師群體為研究對象，為西方工程科技在中國的本土化、近代工程事業及中國現代化進程研究提供一個新的視角，曾發表相關學術論文十餘篇。現在正從事「中國工程師群體職業精神形成」，「近代水利工程技術引入與消化」研究。

提　　要

　　十九世紀中葉以來，多次對外戰爭的慘敗客觀上迫使中國認識到西方科技的威力以及自己的落後。由此，中國開始了主動向西方學習的過程，也開始了近代化進程。中國的近代化除了需要引進西方的科學以外，引進、消化和應用西方工程技術是不可缺少的一個重要環節。在這個過程中，中國工程師學會發揮了重要作用。對此，學界已經開始關注。本文在學界已有研究的基礎上，對之做進一步探究。

　　本文在中國工程師學會發行的專業刊物、專著、會務報告基礎上，結合民國時期相關檔案、會員傳記及回憶錄、重要刊物、文章等文獻，立足於當時的歷史背景，通過系統考察與之相關的歷史事實、專著、文章等，論證中國工程師學會在領導與組織工程師群體、推進工程教育的發展、促進工程學術的交流與研究、推進工程技術的應用與進步等方面的重要貢獻，探討中國工程師學會工作的基本特點和理念，分析其在中國近代化進程中的歷史地位，為西方工程科技在中國的本土化、近代工程事業及中國現代化進程研究提供一個新的視角。

　　在全文系統研究的基礎上，進一步分析中國工程師學會科研工作中所體現「合作精神」、「務實作風」等主要特點，進而客觀評價中國工程師在中國近代史上的歷史地位。

緒　論

一、論文選題的背景與研究價值之分析

十九世紀中葉，中西方的工程科學與技術已相去甚遠。在西方，就工程技術而言，已經形成以系統的科學理論知識爲指導，以熱力、電力爲動力，以鋼鐵等金屬材料爲主要材料，以機器代替手工勞動，以集中化的工廠代替分散的手工作坊爲特徵的，涵蓋鐵路、土木、冶金、水利、電力、航空、化工、車輛以及造船等技術體系。與此同時，以工程機理、工程技術爲研究對象的工程科學——土木工程學、機械工程學、電機工程學、礦冶工程學、化學工程學相繼建立誕生。在中國，工程技術仍處於經驗與描述的傳統階段，大都涉及土木、水利與冶金工程，更沒有產生近代工程科學。

工程科技（工程科學和工程技術）作爲最接近生產實踐的一個層次，架起科學發現與產業發展之間的橋樑，是產業革命、經濟發展和社會進步的強大槓桿。工程科技的落後是中國的經濟與軍事實力落後於西方列強的重要原因之一。十九世紀中葉以來，鴉片戰爭、甲午戰爭的慘敗客觀上迫使中國認識到工程科技的威力以及自己的落後。由此，中國開始了主動向西方學習先進工程科技的過程，也開始了近代化進程。

在引進、消化與吸收西方工程科技過程中，中國的工程科技專家（工程師）群體起到了最關鍵、最根本的作用。一方面，他們是傳播、研究與應用工程科技的開拓者與主角；另一方面，他們建立了工程科技賴以發展的組織結構與制度。因此，以中國工程師群體爲主線，可以很好地審視西方工程科技在中國的本土化以及社會化過程。

在此背景下，筆者特選了中國工程師群體組織——中國工程師學會爲研究對象，探究其在西方工程科技中國化建立過程中的獨特作用。該會成立於1912年，結束於1950年，會員達16000多人，在各地設有52個分會（另有美洲、香港相關分會），15個專門工程學會，20多個專題委員會，是民國時期唯一的全國性工程技術學會、工程師職業組織。該會以促進工程學術交流，推進中國工程事業的發展爲己任，積極推進和解決對影響中國工程事業發展的重大問題，爲國家科技發展與經濟建設做出了重要貢獻，在中國近代科技史與中國近代史中佔有重要一席。

中國近代工程科技體系的確立與發展不僅簡單表現爲各工程學科的建立以及先進機器設備的引進，還要有與之相應的社會保障體系，如體現科技研究體制化的科技團體與結構、統一的學術規範與技術標準、以近代科技爲基本教育內容的工程教育體制、工程科技應用的工業近代化構想與實踐等多個方面。這是一個國家工程科技良性、健康發展的前提。從這個意義來看，中國工程師學會的工作在工程科技本土化過程中具有無可代替的重要作用。

1. 它建立了以中國工程師學會爲中心的工程技術學會集團，使中國工程師群體形成眞正意義上的「技術共同體」，不僅促進了中國工程科技從被動引進到主動研究方向轉化，而且推動了中國科學從個人單獨學習與研究向集體協作研究方向發展，構成了工程科技賴以發展的重要社會體制。

2. 工程名詞統一工作，在它的不懈努力下，取得了顯著成效，特別是機械、電機類工程名詞初步實現了統一，爲工程科技交流與傳播提供了不可或缺的保障。

3. 學會不僅擬定了多種工程標準，而且還大力推行工業標準化事業的宣傳與實施，這些工作成爲推進工程技術社會化與民國時期中國近代工業發展的重要動力。

4. 學會大力推動經濟與軍事專題研究，積極開展大型實地科技考察，爲中央與地方政府提供工業化發展方案，樹立了工程科技服務社會的典範，爲工程科技發展獲得了良好的社會支持。

5. 作爲培養工程技術人員的工程教育，是一種不同於中國傳統教育的新式教育。學會通過工程教育的研究、大學課程教育標準的起草、工程教科書的編輯、獎學金的設立、建議政府建立相關工程學校等多種形式，積極參與到發展中國工程教育，探索適合中國國情的工程教育體制中去，以期培養更多優秀工程科技人才。

這些重要貢獻涉及工程事業的方方面面，並且又相互關聯，進而構成一完整體系，爲中國近現代工程科技建立與發展奠定了重要基礎。

近年來，國內學術界關於西方科技在中國「本土化」的研究已碩果累累，但研究主要在自然科學領域，對工程科技「中國化」的研究相應較弱，對中國工程師學會在中國工程科技轉型過程中貢獻的研究還有較大的拓展空間。這也是筆者選擇「中國近代化進程中的中國工程師學會研究」爲研究課題的原因之一。

中國工程師學會既是工程科技學會，又是工程職業組織，同時還具有協調和管理功能。這種多重角色集於一身的屬性，使得中國工程師學會勢必成爲考察中國近代移植西方科學之歷程、中國近代科技史、中國近代工程史及工程師職業社會化等諸問題的一個頗具代表性的載體。對其貢獻的研究不僅具有充實中國近代科技史及工程史研究的學術價值，而且還具有爲當今提供歷史借鑒的現實意義。

首先，從 1861 年的「洋務運動」至今，中國一直處於以工業化爲主的轉型時期，當下，中國仍然面臨引進、消化和吸收國外工程技術問題，因而，研究歷史上同處於轉型期的工程科技本土化與社會化的歷史，具有較強的比較意義，爲現代科技體制與政策的制定可提供基礎參照。

其次，中國工程師學會是在複雜多變的政治、經濟、文化背景下建立和初步成長起來的。四十年的探索與實踐，艱難曲折，錯綜複雜，涉及近代工程科技事業方方面面的問題，既有成功的經驗，也有失敗的教訓，爲後人留下了一份內涵宏富、底蘊深沉的歷史遺產。釐清學會四十年的發展歷程，探究其相關的工作，爲當下的各專門工程學會如何很好發展可提供有益借鑒，也構成了中國近代科技史與工程史的重要組成部分。

另外，中國工程師學會關注、探究及推行的許多問題，如高等工程教育改革、西部開發、工程師倫理思考仍然是當下社會各界積極探討的熱點。中國工程師學會的工作爲上述問題的探索與實踐可提供寶貴的思路與啓示。

二、史料概況

史學研究的深入有賴於對史料的挖掘和整理。爲此，筆者自選題以來，一直努力搜集有關中國工程師學會的資料。目前爲止，主要有以下幾種：

（1）中國工程師學會直接出版的刊物：主要有《中國工程學會會報》一期、《中華工程師會報》共 16 卷、《工程》共 20 卷、《工程週刊》共 6 卷及部分《會務報告》等。學會出版的刊物是學會研究資料的重要部分，比較眞實全面記錄了當時學會的主要工作、會員的重要研究成果、國內外工程科技發展狀況以及學會各種決議及動態。

（2）中國工程師學會出版的著作：主要有《華英工學字彙》、《京張鐵路記略》、《工程名詞草案》、《中國工業自給計劃》、《各種建築材料實驗報告》、《鋼筋混凝土學》、《機車鍋爐之保養及維修》、《衛生暖氣工程》、《廣西考察報告》、《工程單位精位換算表》、《中國工程記數錄》、《中國工程人名錄》、《實用曲線測試法》、《四川考察報告》、《三十年來之中國工程》及《機車叢書》等。這些圖書直接反映了學會在促進工程學術交流與研究過程中的貢獻，也是研究學會的重要資料。

（3）中國工程師學會檔案：主要有會員通訊記錄、會章、會議記錄以及來往信件等，主要藏於上海檔案館，另外一些藏於第二檔案館及臺灣國史館。

（4）分會、專門工程學會出版的刊物：主要有中國電機工程師學會的《電工》、中國水利工程學會的《水利》、中國化學工程學會的《化學工程》、中國礦冶工程學會的《礦冶》、中國紡織學會的《紡織年刊》及中國建築學會的《建築》等。分會刊物主要有中國工程師學會武漢分會復會紀念特刊和上海分會的會議記錄。這些資料對學會的研究起到重要的參考與補充作用，同時爲研究提供了豐富的原始資料。

（5）有關會員的文選、回憶錄及其人物傳記：其中文選及人物傳記主要有《詹天祐研究文集》（王成廉，中國鐵道出版社，1997）、《詹天祐評傳》（經盛鴻，南京大學出版社，2001）、《詹天祐文集》（詹天祐著，華南理工大學出版社，2006）、《翁文灝選集》（黃汲清等選編，冶金工業出版社，1998）、《書生從政──翁文灝》（李學通著，蘭州大學出版社，1998）、《幻滅的夢──翁文灝與中國早期工業化》（李學通著，天津古籍出版社，2004）、《孫越崎文選》（團結出版社，1992）、《孫越琦傳》（孫越琦科技基金管委會著，石油工業出版社，1994）、《茅以升科技文選》（《茅以升科技文選》編輯委員會著，中國鐵道出版社，1985）、《茅以升（1986～1989）》（王河山著，江蘇文藝出版社，1999）等。回憶錄及自傳主要有：《沈怡自述》（傳記文學出版社，1985）、凌鴻勳的《七十自述》（三民書局，1969）、

《電力工程專家惲震自述》（載《中國科技史料》2000 年，第 3～5 期）、顧毓琇的《百齡自述》（江蘇文藝出版社，2000）、《憶中國工程師學會》（茅以升，中國文化史科文庫文化教育編，第十六卷）及《美洲中國工程師學會之起因及發展》（李泳主編《志在振興中華——唐振緒文存》）等。上述人員都是中國工程師學會的關鍵人物，以會員的角度反映了當時學會的發展狀況與重要工作，拓寬了研究視野。

（7）有關的報刊：主要有《科學》、《資源委員會公報》、《工業標準與度量衡》、《工業中心》、《建設》、《申報》及《建設評論》等。這些資料為筆者提供了有關工程教育、工業標準化及學會年會等相關背景資料，是學會研究資料的補充部分。

三、學術史回顧及分析

本文的寫作以上述諸種文獻為主要依據，同時參照學界相關研究。到目前為止，學術界關於中國工程師學會的研究已經起步，不但發表有相關的學術論文，還以之為對象的博士學位論文，這些工作為後續研究奠定了良好的基礎。

1. 中國工程師學會整體的相關研究

1940 年及 1945 年，吳承洛分別發表了《三十年來之中國工程師學會》及《三十年來之中國工程師學會續篇》兩篇文章，是相關研究中最早的文獻。兩文之作者係中國工程師學會創始人之一，並先後擔任學會的董事、會長與總編輯，因此該兩文具有相當的權威性。文章回顧了中國工程師學會三十四年來發展歷程，探討了中國工程師學會的主要貢獻及其偉大成就，著重描述了抗戰勝利前學會的狀況，並對中國工程師學會的歷史作用做了高度評價：「中國各學會設立之早，能與時俱進，歷久而愈彰，淬礪學術，抉拔新進，使學會之活動，影響於國家建設與整個民族，深遠而普遍，當無過於中國工程師學會」〔註1〕。文章為半回憶性介紹，更為細緻的研究尚未展開，即使如此，作為研究中國工程師學會發展歷史最早的學術論文，兩文成為本研究的主要參考文獻，並為本研究的文獻收集工作提供了許多重要線索。

〔註 1〕吳承洛：三十年來之中國工程師學會，三十年來之中國工程〔M〕，中國工程師學會主編，1946。

　　1983 年，茅以升撰寫了《中國工程師學會簡史》〔註 2〕。該文作者也是中國工程師學會的重要領導者，是學會工作的親歷者。該文比較詳細地考察了學會的沿革，並分析了學會的工作特色：集聚了大批工程科技人員；出版物多；學術活動豐富；會務活躍等，並對學會後 20 年（1931～1950）的學術活動進行了總結。由於篇幅所限，該研究未能全面展現中國工程師學會豐富的歷史與成就。作爲學會發展歷史的見證者，茅以升爲中國工程師學會的歷史研究提供一個親歷者的研究文本，爲筆者提供了基本史料。

　　1985 年，鍾少華在協助整理《中國工程師學會簡史》一文的基礎上，發表了《中國工程師學會》〔註 3〕，兩者內容相差不多。

　　另外，還有一些中國科技史、中國近代史、學會史〔註 4〕的專著都有專節介紹中國工程師學會，並對學會的歷史貢獻給予了高度評價，但在學會歷史與工作特點的總結方面均未超過吳、茅、鍾文。

　　近年來，在吳、茅等研究的基礎上，學界開始關注中國工程師學會，對其研究逐步深入。2002 年，劉華完成了其碩士學位論文：《中國工程學會的創建、發展及其歷史地位的研究》，該文是較早系統研究中國工程學會的論文，對中華工程〔註 5〕。與吳承洛的《三十年來之中國工程師學會》及《三十年來之中國工程師學會續篇》相比較，劉華的論文對中華工程師學會、中國工程學會的歷史沿革梳理比較系統，並對學會的組織、刊物等進行了較深入的研究，很有啓發性。但該文的時間截止到 1930 年，沒有涉及到 1932 年合併後的中國工程師學會的重要貢獻（分爲中華工程師學會階段、中國工程學會階段、中國工程師學會階段），另外，該文主要介紹了中華工程師學會、中國工程學會的一些基礎工作，其他如學會的年會，工程名詞的統一工作等則沒有開展深入研究。

〔註 2〕茅以升：憶中國工程師學會，中國文化史科文庫，文化教育編第十六卷（20～160）〔M〕：734。

〔註 3〕鍾少華：中國工程師學會，中國科技史料〔J〕，1985，6（8）。

〔註 4〕朱漢國、楊群主編：中華民國史（第 5 冊）〔M〕，成都：四川人民出版社，2006；董光璧主編：中國近代科技史〔M〕，長沙：湖南教育出版，1997；何志平：中國科學技術團體〔M〕，上海：上海科學普及出版社，1990；中國土木工程學會編：中國土木工程學會史〔M〕，上海：上海交通大學出版社，2008；呂強、劉玉勁：中國工程師學會的歷史作用及其啓示，中國工程師素質與能力〔M〕，瀋陽：遼寧科技出版社，1985。

〔註 5〕劉華：中國工程學會的創建、發展及其歷史地位的研究，清華大學歷史學碩士學位論文，2002。

2012 年，王斌發表論文《中華工程師學會的創建與發展》，重點闡述了中華工程師學會的建立、會務活動、組織發展及歷史意義〔註6〕。2011 年，房正完成了博士學位論文《中國工程師學會研究（1912～1950）》〔註7〕，該文第一次較詳細地梳理了中國工程師學會的整個發展歷程，分析了學會的會員資格、領導機構、經費等，概括了學會的部分貢獻。房正的工作把中國工程師學會的研究推進了一大步，也為筆者的資料收集以及深入研究提供了重要幫助。

　　中國工程師學會是推進中國現代化的骨幹力量，對中國工程科技的發展做出了重要貢獻。對於中國工程師學會的研究，首先要釐清其會四十年的發展歷程與組織運作，為當下的各專門工程學會的發展提供有益借鑒；另一方面，要探究學會開展的具體工作，如學會如何開展科技交流，如何開展專題研究等等，弄清楚中國工程師學會在西方工程科技「中國化」過程中所發揮的不可替代作用。只有兩方面都進行深入地研究，才能全面客觀地反映中國工程師學會的歷史作用。這是研究向深處開展的必然要求。

　　對於第一方面的研究，上述學者分別對中國工程師學會不同階段的歷史沿革與組織結構進行了深入探討，特別是房正，完整地梳理了學會的發展歷史與組織運作。其研究堪稱深入，為我們瞭解中國工程師學會的歷史奠定了良好的基礎。

　　但是，對於第二方面的研究，由於研究視角的不同與篇幅所限，上述所有文章並沒有對中國工程師學會的相關工作進行系統、深入地探究，房正曾從工程學研究及知識普及、工程學術與技術規範、工程材料試驗、工程教育與人才培養等方面概括了學會的部分貢獻，很有啟發性。然而，上述工作與中國工程師學會在工程科技「本土化」方面所做的豐功偉績相比，還有相當的可進一步研究的空間。這裡謹舉若干問題如下：

　　1. 中國工程師學會如何組建專門工程名詞統一機構，擬定工程名詞編譯和審定原則，獨立或與國立機構聯合推進工程名詞編譯與審定工作，這項工作有何歷史意義？

　　2. 中國工程師學會的年會是科技人員交流與研究的重要平臺，歷屆年會提出了哪些重要問題，如何解決？

〔註 6〕王斌：中華工程師學會的創建與發展〔J〕，工程研究，跨學科事業中的工程，
　　　　2012，6。
〔註 7〕房正：中國工程師學會研究（1912～1950），復旦大學博士論文，2011。

3. 中國工程師學會如何推動工業標準化工作，其成立的工程標準協進會都從事了哪些具體工作，產生了哪些影響？

4. 中國工程師學會如何開展《實業計劃》的研究，即制定了哪些原則、分類標準、實施辦法、各專門學會配合研究辦法。這項工作有何歷史意義？

5. 中國工程師學會組織了多個大型實地科技考察，特別是四川、廣西考察，這些考察都是在抗戰前夕組織的，歷時長、考察全面，反映了學會積極服務於戰時經濟的決心和力量。這些考察的具體過程究竟是什麼？

6. 中國工程師學會如何組織分會、專門工程學會及專題委員會來有效地整合全國工程技術人才？

7. 中國工程師學會如何通過制定工程師信條、工程師節、職業介紹、成立技師公會、提倡制定工程師法等，培養工程師集體職業精神，提高工程師的社會地位？

8.《工程》是民國時期工程科技交流的重要載體，都發表了哪些種類科技文章，對當時重要工程問題，如橋樑、水利建設有何研究？

9. 中國工程師學會對當時的工程教育問題，如課程、教師、教法等有何研究？

鑒於此，筆者擬在上述學者研究的基礎上，以西方工程科技「中國化」為主線，就學會的具體成就，開展整體的研究，以期共同推進中國工程師學會的研究。

2. 中國工程師學會具體工作的研究

上述學者均以中國工程師學會整體為探究對象，也有部分研究者以中國工程師學會某一具體工作為研究對象，大致有以下幾類。

首先是關於學會學術年會研究。唐凌的《抗戰時期中國科學技術的一次盛會——中國工程師學會第十二屆年會》〔註8〕注重研究抗戰時期學術年會背景及年會特色，並指出年會有利於促進先進工程技術的推廣和科學方法的運用，是中國科技人員一次檢閱與動員；范柏樟、黃啓文的《三十年代的一次科技盛會》一文所研究的是中國工程師學會在抗戰前夕與中國科學社等六團體聯合開展科技交流的工作，內容包括「背景與籌備經過」、「會議盛況」、「論

〔註 8〕唐凌：抗戰時期中國科學技術的一次盛會——中國工程師學會第十二屆年會〔J〕，華南理工大學學報（社科學版）2006，9（5）。

文的宣讀與演講」、「重要意義」等。這兩篇文章體現了中國工程師學會在工程科技交流方面的領導者與組織者地位，為筆者研究相關部分提供了重要參考。

其次，關於中國工程師職業化的研究。蘇俊斌、曹南燕發表了《中國工程師倫理意識的變遷》〔註9〕，該文從 1933 年到 1996 年之間《中國工程師信條》的內容修訂進行考察，分析《中國工程師信條》歷次修訂所蘊涵的工程師倫理意識的變遷，並討論導致變遷的因素。工程師倫理是工程科技專家社會角色形成的基礎，科技專家社會角色的形成有力推動了科技職業化，進而促進工程科技體系的確立與發展。學會規定的《中國工程師信條》是當時工程界集體意識的體現，是中國工程師學會推動工程師職業化的一項重要標誌。

另外，對中國工程師學會關於工程名詞、工程教育、工業標準化等具體工作的研究也為數甚少。筆者的《民國時期的工程名詞統一工作——以中國工程師學會為中心》〔註 10〕一文側重研究學會在統一工程名詞方面的工作，並指出學會在「譯名機構」、「編譯與審定準則擬定」、「工程名詞的編譯與審定」等方面都做出了卓越貢獻，加速了中國工程名詞的統一進程，為社會發展奠定了基礎。劉春的《民國時期高等工程教育的本土化訴求——以《工程》為中心》〔註 11〕一文從招生、師資、教材教法到課程編製等方面闡述了學會關於工程教育本土化的探究，揭示了學會為建立適合於中國國情的工程教育體制而做出的努力。研究重大經濟專題，提供解決方案，是中國工程師學會服務社會的重要途徑。學會每年都貢獻幾十個提案，分別呈送教育部、工程標準協進會、內政部、經濟部、中央設計局、國防科學策進會、行政院及省政府等相關部門，以備其參考。此方面的文章筆者僅見兩篇，一篇是鍾少華的《實業計劃研究》。該文闡述了學會開展此專題研究的情況，並指出其研究目的是為中國制定一個經濟發展方案。文章指出，學會的該項研究歷時多年（1931～1945），其成果——工業建設 16 條綱領、91 條實施原則，均被國民

〔註 9〕　蘇俊斌、曹南燕：中國工程師倫理意識的變遷〔J〕，自然辯證法通訊，2008（6）。

〔註10〕　筆者：民國時期的工程名詞統一工作——以中國工程師學會為中心〔J〕，自然辯證法通訊，即發。

〔註11〕　劉春：民國時期高等工程教育的本土化訴求——以《工程》為中心，學術論壇〔J〕2011（1）。

政府採納並公佈〔註 12〕，成爲國民政府制定戰時乃至戰後工業政策的指導性文件。第二篇是陸軍的《六十年前科學家的建議實現了》〔註 13〕，該文介紹了在 1935 年中國工程師學會的年會上，茅以升提出的廣西應該建設「兩線一港」工程（兩線指湘欽線與渝欽線，港口指北海港口）的建議，在六十年後全部實現。可見，中國工程師學會高度重視事關國家經濟建設的重大問題的解決。可惜，此方面的研究才剛剛開始。此外，關於學會工程與工業標準化方面的論文也至爲鮮見。儘管如此，學界關於中國工程師學會的研究還是爲本文相關部分的寫作提供了重要參考。

3. 其他研究

民國時期，中國著名的工程技術專家詹天祐、顧毓琇、陳體誠、胡庶華、凌鴻勳、翁文灝、惲震、沈怡、羅英、茅以升、吳承洛等都是中國工程師學會會員，而且數年裏都是學會的董事會成員，同時又在政府部門及企業任重要職務，是學會會務積極推動者與組織者。對上述關鍵人物的研究是探究學會組織運作、學會與政府及企業關係的重要途徑。

近年來國內學者關於西方科技在中國本土化的研究已有不少建樹，主要有《中國近現代科學技術史綱》、《新學苦旅——科學、社會、文化大撞擊》、《西學東漸與晚清社會》、《中國現代科學文化興起（1919～1936）》、《中國近代社會文化史論》〔註 14〕、《近代科學在中國的本土化實踐研究》、《科學本土化：民國時期科學發展的必由之路》、《留學生與中國現代數學的體制化》及《中國近代化學體制化的社會史考察》等。這些研究在歷史背景及學術興趣與本文相似，給筆者的寫作帶來了若干啓發。

李伯聰等人近來對工程哲學的研究增加了中國工程技術的研究理論武器，一些經典的科學技術史與科技哲學是本研究所依據的理論。

通過梳理與考察已有的研究現狀，作者認爲，學術界在相關領域雖已做了部分研究工作，爲以後的研究奠定了一定的基礎，然而，已有的成果與這

〔註 12〕 鍾少華：出取集，鍾少華文集〔M〕，北京：中國國際廣播出版社，1998：340。

〔註 13〕 陸軍：六十年前科學家的建議實現了，學會月刊〔J〕，1996（3）。

〔註 14〕 董光璧：中國近現代科學技術史綱〔M〕，長沙：湖南教育出版社，1992；劉大椿、吳向紅：新學苦旅——科學、社會、文化的大撞擊〔M〕，南昌：江西高校出版社，1995；段治文：中國現代科學文化興起（1919～1936）〔M〕，上海：上海人民出版，2001；王先明：中國近代科學文化史論〔M〕，北京：人民教育出版社，2000。

一課題的價值及豐富蘊涵相比，還顯得較爲薄弱。其欠缺主要表現爲：（1）迄今尚無專題學術著作問世。（2）以單篇論文和綜合性著作中的章節形式發表的成果，多限於對中國工程師學會的歷史沿革與各個時期發展狀況的介紹，對其產生的社會條件及動因等問題則缺乏深入的分析。（3）對中國工程師學會的具體成就缺乏系統研究，一些重要工作缺乏定量、深入的分析。如學會發行的《工程》，該刊物內容豐富，貫穿民國始末，是當時中國工程科技交流的重要平臺。對於這樣一個重要載體，學界尚缺乏細緻研究。另外，中國工程師在工業標準化方面的貢獻以及在抗戰時期所起的作用等幾乎無人涉足，研究成果幾近空白。這也給繼起的研究者留下了不少尚待深入探討的空間。

四、論文的研究思路、研究方法與主要內容

中國工程師學會爲西方工程科技的引進、傳播、研究與應用奠定了根本基礎，是考察中國科技本土化進程不可分割的重要部分。本研究以中國工程師學會的西方工程科技「中國化」爲線索，以其在幾個重要領域的工作爲研究對象，通過系統梳理與之相關的歷史事實史料和文章，考察其在「工程技術共同體」的形成、工程技術的交流，工程科技的應用、中國早期工業標準化事業的開創及工程教育體制的建立等方面所做的大量工作，探討學會對中國工程科技本土化所發揮的重要作用，爲中國近代化進程研究提供一個新的視角。

本文研究方法是縱向梳理與橫向分析相結合，宏觀把握與微觀研究相結合。目的在於，一方面對中國工程師學會發展歷程作出全程序的反映，另一方面對學會的相關工作進行深入細緻的探討，從不同側面和層面把握中國工程師學會與中國近代工程科技建立二者之間的關係。爲此，將整個研究對象分如下五個部分進行探討：

1. 中國工程師學會的發展歷程及組織運作：從「工業化」、「工程科技人員的集聚」、「政治環境」等方面力圖建構中國工程師學會創立的社會背景；按中華工程師學會時期、中國工程學會時期、中國工程師學會時期三個階段梳理學會歷史沿革，注重每個階段的學會制度、會務及社會影響的探討。

2. 中國工程師學會與「科技共同體」的形成：「科技共同體」形成的標誌是組織結構的建立和統一認同感與學術規範的形成，本文基於這兩個基本層

面展開論述。通過考察學會設立分會、專門工程學會、法定委員會等結構，論證學會開創性地將中國的工程科技專家組織成一個有機的工程學會集團。另一方面，「工程師信條」等元素的研究，探析中國工程師學會在建立共同的學術規範與價值觀方面的種種努力，以求較客觀地反映中國工程師學會在「科技共同體」形成過程中的重要作用。

3. 推進工程教育的發展：學會通過工程教育的研究、大學課程教育標準的起草、工程教科書的編輯、獎學金的設立及建議政府建立相關工程學校等多種形式，積極參與到中國工程教育的發展，探索適合中國國情的工程教育體制，以期培養更多優秀的工程師。

4. 推動工程科技的交流：本章通過「工程名詞統一」、「發行刊物」、「學術年會」的考察，論證了中國工程師學會不但注重交流體系的創建，爲工程科技交流提供了組織保障，力推工程名詞的統一，爲科技交流提供了不可或缺的基礎，而且從實踐上大力開展工程科技交流工作。中國工程師學會在工程科技交流中起到了組織者與領導者的作用。

5. 促進工程科技的研究與應用：本章從「工程與工業標準化」，「實業計劃之研究」、「大型實地科技考察」等三方面考察學會在工程技術標準的建立、全國經濟建設方案的制定及協助大後方經濟建設的貢獻。

第一章　中國工程師學會的發展歷程

1.1　中國工程師學會產生的歷史背景

科技團體是人類歷史發展到特殊階段的產物。中國最早具有近代科技團體模型的是「一體堂宅仁醫會」（1568）。西方較早的有蘇格蘭的「愛丁堡皇家外科醫生學會」（1505）及意大利的「自然奧秘協會」（1560）。對比西方科學技術團體的不斷發展，中國的科學技術組織確是曇花一現。中斷了 300 多年，直到 20 世紀初期，中國地質學會、中國工程師學會及中國科學社等真正意義上的近代科技組織建立，才使科技團體重新活躍於神州大地。中國工程師學會等近代科技團體為何在民國初期誕生？筆者認為，這與中國當時的社會、經濟、科技有密切關係〔註1〕。

1.1.1　中國工業化

從鴉片戰爭開始，一系列對外戰爭的失敗，使清王朝認識到西方列強以機器大工業為基礎的軍事技術的先進。為了抵禦「數千年來未遇之強敵」，為了救亡圖存，清政府開啟了內容涉及軍事、政治、經濟、外交等工業化運動——洋務運動。洋務運動是以建設軍事工業為開端的，主要目的是引進西方

〔註 1〕劉華、房正對中國工程師學會的發展歷程舉行了深入研究，請參閱《中國工程學會的創建、發展及其歷史地位的研究》、《中國工程師學會研究（1912～1950）》。本文以研究中國工程師學會貢獻為中心，但鑒於學會的沿革是深入及後續研究的基礎，故筆者對學會的發展歷程進行選擇性粗線條的勾勒。

軍事工業和技術。從 1861 年曾國藩創辦「安慶內軍械所」到 1890 年張之洞開辦「湖北槍炮廠」，共建有大小軍工企業 21 家，雇傭工人 9000～11000 餘人〔註2〕。19 世紀 70 年代以後，清政府和洋務派官僚又大舉興辦了以輪船招商局、上海機器織布局、開平煤礦、漢陽鐵廠（織布、紡紗、巢絲、製麻）四局、電報局及蘆漢鐵路等爲代表的一大批民用工業企業。雇傭工人 3 萬餘人，資本總額近 4000 萬元，占洋務派全部新式企業資本總額（5032 萬元）的 78.7％〔註3〕。十九世紀七八十年代，中國近代民營工業紛紛發展起來，到 1894 年，全國有商辦企業 151 家，資本總額約 610 萬兩，雇傭工人 3 萬左右〔註4〕。在經歷了由「自強」的軍用工業到「求富」的民用工業，由「官辦」到「官督商辦」、「官商合辦」、最後到「商辦」的歷史過程後，中國初步形成了近代工業的發展格局和發展形式。

甲午戰爭之後中國工業進入了一個新的發展階段。由於清政府開放了制止外國資本在華投資的禁令，西方列強擴大了對中國的經濟侵入，紛紛在中國攫取路權、投資開辦礦權等等，瘋狂地進行經濟掠奪。空前的危機迫使朝野有識之士認識到必須放寬對民間開辦企業的限制。於是，許多官員紛紛呼籲「設廠自救」。1903 年，清政府頒佈了《商部章程》、《公司登記法》、《公司律》、《專利法》等一系法律條文。爲民間投資提供了法律保障。同時，清政府還先後頒佈一系獎勵章程，如《獎給商勳章程》、《華商辦理農工商業爵賞章程及獎牌章程》，鼓勵國人興辦廠礦。1903～1911 年「爲中國政府獎勵工業最力之時代」〔註5〕。正是民族危機刺激和清政府鼓勵雙重作用使然，此階段，中國民族工業有了較快的發展。據統計，1895～1898 年間全國共設廠礦僅 72 家，投資額爲 2722.8 萬元；而 1895～1902 年 8 年全國廠礦就增加到 130 家，投資額爲 8346.8 萬元〔註6〕。

由上可見，中國工業化雖然是在西方工業化先行國對外擴張狂潮的強烈衝擊下被迫進行的，然而政府與朝野有識之士對其重要性的認識還是一致，並大力支持近代工業的發展。從洋務運動到戊戌變法及辛亥革命，中國近代

〔註2〕 孫海棠：中國近代工業史資料（第一輯下冊）〔M〕，北京：科學出版社，1957.1201。
〔註3〕 劉克祥、陳爭平：中國近代經濟史簡編〔M〕，杭州：浙江人民出版社，1999.81。
〔註4〕 孫海棠：中國近代工業史資料（第一輯下冊）〔M〕，北京：科學出版社，1957.1201。
〔註5〕 祝慈壽：中國近代工業史〔M〕，重慶：重慶出版社，1989.450。
〔註6〕 鄭起東：清末「振興工商」研究〔J〕，近代史研究，1988（3）：44。

工業從無到有，從小到大，逐漸地發展壯大。中國近代的工業化不斷發展對近代科技提出大量需求。因此，引進、消化、吸收西方工業技術就成爲國人日益緊迫的一項戰略性任務。作爲科技交流與研究的重要平臺，科技團體的作用也引起了人們的重視。這樣，工業化運動爲科技團體的建立提出客觀需求與適宜的社會環境。

1.1.2　工程人才的培養與積聚

近代工程事業與工業建設需要大量工程科技人員，特別是高級工程科技人員。爲此，清政府不得不創辦不同於傳統儒學的新式學堂及派遣留學生來培養各種工程人才。

從 1862 年我國近代第一所新式學堂——京師同文成立到 1895 年甲午戰爭結束的 30 餘年中，洋務派共創辦外國語、工程技術、軍事等三類學堂近 30 所，其中工程技術學堂 10 所。主要有：福州電報學堂（1876）、天津電報學堂（1880）、上海電報學堂（1882）、金陵電報學堂（1883）、兩廣電報學堂（1887）、臺灣電報學堂（1890）、福建船政學堂（1866）、廣東實學館（1880）、湖北礦物局工程學堂（1892）等。甲午戰爭後，創辦工科教育機構有：山海關鐵路學堂（1895）、江南儲才學堂（1896）、南京路礦學堂（1896）、直隸礦務學堂（1897）、湖北農務和工藝學堂（1898）、北京通藝學堂（1898）、湖南農務工藝學堂（1902）、漢陽鋼鐵學堂（1902）等。上述學堂培養一批工、礦、交通等諸多領域的工程人才，這些工程技術人員對中國早期工業化作出了一定貢獻，但因師資、生源等因素限制，絕大多數學堂只能培養初級技術工人和初級工程技術人員。

20 世紀初，各地陸續創設或改建成 10 餘所高等工程專科學校。這些學校屬於專科教育層次，它們的培養目標是培養應用型高級工程技術人才（如下表 1.1）。

表 1.1：清末高等工程專科學校培養工程科技畢業生

校　　名	建校時間	創辦人或創辦機構	所設專業及其開辦時間	1911 前專科畢業生數	所在地
上海高等實業學堂	1896 年	盛宣懷	鐵路 1906 年 電機 1907 年	41	上海

校　名	建校時間	創辦人或創辦機構	所設專業及其開辦時間	1911 前專科畢業生數	所在地
京師高等實業學堂	1903 年	商部	化學 1907 年 機器 1907 年 電氣 1907 年 礦業 1970 年	129	北京
唐山路礦學堂	1905 年	關內外鐵路局	鐵路 1907 年 礦業 1907 年 設立 1907 年停	28	唐山
直隸高等工業學堂	1902 年	袁世凱 凌福彭	應用化學 1903 年 機器 1908 年 圖繪 1908 年	78	天津
江南高等工業學堂	1896 年	張之洞	礦業 1906 年 電氣 1907 年 化學 1907 年	43	南京

資料來源：史貴全中國近代高等工程教育研究上海：上海交通大學出版社，200447。

　　另外，根據莊前鼎的《國內工程人才統計》一文，1912 年上海高等實業學堂電機科畢業 16 名；1912 年唐山路礦學堂畢業 19 名。到 1912 年（中國工程師學會成立），中國高等工程專科學校的專科畢業生總數應該不低於 354 名。

　　清末，北洋大學、京師大學堂和山西大學開辦了本科層次的工程教育。其中，北洋大學從復校至 1912 年，土木工程學門畢業 36 人，採礦冶金學門畢業 37 人，共 63 人。山西大學是繼北洋大學之後我國第二個開辦工科的教育機構。京師大學堂是全國最高學府，但在 1912 前，它主要培養專科工程人才，而沒有本科工程畢業生。

　　培養工程技術人才的另一種重要方式就是派遣留學生。從洋務運動始到中國工程師學會創立止（1912 年），清政府三次派遣留學生分別到歐美學習。清政府自 1872 年派出第一批留美幼童後，至 1875 年共派四批約 120 人。由於多種原因，這批中國最早的留學生只有詹天祐和歐陽賡從耶魯大學畢業。其他留美學生大都進入美國高等院校學習，接受了西方科技的薰陶。回國後，經過這些人的自身努力，他們之中的大多數都成為政界、軍界、商界的重要人物，或者是工礦、鐵路、電訊等部門的技術骨幹。

　　1877 年至 1897 年間，清政府分四批先後選派船政學堂學生 88 名赴英法等國學習輪船和駕駛，少數學生學習製造槍炮、水雷、開礦、冶煉、修建鐵路等方面的技術。回國後，他們都能學以致用，在中國的相應領域發揮技術骨幹作用。其中從事製造和監造近代兵輪、軍艦的，如魏瀚、陳兆瀚、鄭清廉、吳德章、楊廉臣、李壽田等。從事礦務方面有林慶生、池貞銓、林日章等，他們曾參加福建穆源煤礦、開平煤礦的勘探、湖南邵陽煤礦、湖北大冶煤礦、開灤煤礦、萍鄉煤礦、貴州青溪煤鐵礦等礦產的勘探，池貞銓還到山東登州府屬各地勘探鑽礦。電報方面有蘇汝、陳平國等，他們曾主持臺灣電線的架設。在鐵路方面，魏瀚曾任廣九鐵路總管，鄭清廉曾任京漢鐵路總辦。

　　1909 年起，清政府考選庚款留美學生。1909～1911 年間，留美遊學處負責派遣三批庚款留美生共 180 人。1912 起至 1929 年止，由清華學堂選派庚款留學生總人數為 1089 人。與此同時，有大量「自助學者」赴美求學，故從 1909～1929 年間，留美學生總數達 5000 餘人，其中 80％學生學習理工科。這一時期，留學歸國的工程科技人員大致情況如表 1.2。

表 1.2：1879～1912 年留學回國工科人員表

回國年份	回國工科人員名單							
1879	劉步蟾 何心川 魏瀚 嚴復 陳兆翱 林泰曾 徐檢寅							
1880	陳可會	陳林璋	池貞銓	方伯謙	郭瑞珪	黃建勳	蔣超英	李壽田	林慶升
	林日章	林穎啓	林永升	劉茂勳	羅臻祿	袁國安	任照	薩鎮冰	汪懋祉
	王桂芳	吳德章	吳學鏗	楊廉臣	葉殿鑠	葉祖珪	張金生	張啓正	
1881	蔡錦章	蔡紹基	蔡廷幹	曹家祥	陳金揆	陳巨鏞	陳榮貴	程大器	鄺景揚
	鄺榮光	鄺賢儔	鄺詠鐘	梁敦彥	梁金榮	梁丕旭	梁普時	歐陽庚	潘銘鐘
	潘斯熾	容尚謙	容耀垣	沈家樹	盛文揚	宋文翽	吳應科	徐振鵬	徐之煊
	薛有福	楊昌齡	楊兆南	袁長坤	曾篤恭	程大業	鄧士聰	丁崇潔	方伯梁
	馮炳忠	黃季良	黃開甲	黃耀昌	黃仲良	黃祖蓮	鄺炳光	鄺國光	梁普照
	梁如浩	林聯輝	林聯勝	林沛泉	劉玉麟	盧祖華	陸德章	陸錫貴	陸永泉
	羅國瑞	牛尙周	蘇銳釗	孫廣明	唐國安	唐元湛	唐致堯	陶廷賡	王良登
	溫秉忠	吳煥榮	吳敬榮	吳其藻	吳仰曾	曾溥	詹天祐	鄭廷襄	鍾文耀
	周長齡	周傳諫	周萬鵬	朱寶奎	朱錫綬	卓仁志			
1882								
1883								
1884	陳伯璋 陳兆藝 黃庭 李鼎新 陳才瑞							
1885	林履中 王福昌 魏遑							

回國年份	回國工科人員名單
1886	辜鴻銘
1887	
1888？	林葆懌
1889	曹廉箴 陳恩濤 陳林衡 陳燕年 黃鳴球 賈凝喜 劉冠雄 邱志範 沈壽？ 王桐 王學謙 伍光鑒 鄭汝成 鄭文英 周獻琛
1890	商德全
1891	
1892	陳長齡 陳慶平 李大受 林振峰 盧守孟 鄭守箴
1893	
1896	
1901	
1902	王麒
1903？	高恩洪 王季同
1904	藍天蔚 王寵祐
1905	何燮侯
1906	梁鍾漢 文斐 鄧家彥 熊克武 楊振鴻 馬君武
1907	劉基炎 熊繼貞
1908	潘承孝 黃慕松 王永泉 韓鳳樓 孔祥熙 吳健
1909	孫多鈺 溫壽泉 謝剛哲 虞愚
1910	許先甲 黃郛 雷炳林 邱紹尹 庾澤普 諸文綺 胡仁源？ 溫應星？
1911	石瑛 范旭東 方次石 馮如 傅式悅 厲如燕 梁上棟 龍榮軒 羅忠忱 薩福均 王景春 楊豹靈 楊飛霞 陳廷紀？ 劉國珍 ？徐鴻遇 ？胡繼曾 ？劉曾撰？
1912	曹亞伯 鄧邦逷 段雄 金濤 李青崖 錢寶琮 王士傑 嚴恩棫 林汝耀？ 孫家聲？ 姚履享？ 鍾鍔？ 秦明博？ 衛國？ 曾以鼎？ 莊裕孫？

資料來源：〔美〕馬祖聖編著：《歷年出國／回國科技人員總覽》，社會科學文獻出版社，2007 年出版，第 47～50 頁、第 164 頁。？表示年份可能不確切。

　　由上表可見，此時期，歸國的工科留學生不少於 210 人。他們成為中國科技事業的骨幹力量。很多人成為中國近代工程學科奠基者和工程學術的棟樑。其中顧毓琇、莊前鼎 1932 分別創建清華大學電機工程系、機械工程系；茅以升奠定了橋樑工程學；侯德榜是化學工程的奠基者；周志宏開創了冶金工程學；凌鴻勳是鐵路工程學的奠基人。

　　隨著工科的留學生陸續學成歸國，以及國內工科院校培養的科技人才，至 1912 年，中國國內已經有了一批工程人才。一定數量的科技人員對學會的創立起重要作用。首先，只有各專業人員達到一定的數量，才有交流與合作的基礎，即具備創立學會的條件。其次，需要一批創立學會的組織者。留學生發揮了關鍵的作用，同時，這批科技專家留學歐美，熟知西方科技團體，回國後成為中國近代科技團體創立與發展的直接締造者與推動者。像詹天祐、茅以升、凌鴻勳、吳承洛就是中工程師學會的發起者。

1.1.3　社會思潮與政治環境

　　清末時期，中國的知識分子逐漸成為資產階級啟蒙思潮的推動者。他們認為科技學會可強盛國家，便於傳播西學，有助於昌明科學，形成了有利於學會建立的文化氛圍。

　　康有為認為學會在拓寬視野，增加人們知識方面具有重要作用，他說：「思開風氣，開知識，非合群不可，且必合大而後厚力也。合群非開會不可」〔註 7〕。康氏認識到學會有助於集合更多人的力量，以形成傳播勢能。維新運動正是通過一個個學會將社會精英凝聚在一起，成為思想運動的策源地。康有為在代張之洞所作的《上海強學會序》中透露出他曾知道西方強盛之道，從中意識到學會發揮著關鍵作用，他說，「嘗考泰西富強之由，皆由學會之力。」他還闡述了創建學會的緣由：「今日學校頹廢，士無學術，只課利祿之業，間考文史，不周世用。又士皆散處，聲氣不通，講習無自，既違敬業樂群之文，又失會友輔仁之旨。西國每講一種學術，必有專會，會中無書不備，無器不儲。故士有專業而才日以成，國資其用而勢日以勝」〔註 8〕。他希望通過學會為國家培養專才。

　　梁啟超在《論學會》中也明確指出「西方之為學也，有一學即有一會，故有農學會，礦學會，有商學會，有工藝會，有法學會，有天學會，有地學會，有算學會，有化學會……，莫不有會，」入會之人有王公貴族，也有布衣，會內有書可閱，有器可試驗，有報可知新藝，有師友可析疑義，這樣「學無不成，術無不精，新法日出，以為民用，人才日眾，以為國幹，用能富強，甲於五洲，文治軼於三古」。梁啟超深情地期望舉國上下各省、府、洲、縣、鄉都能立會，

〔註 7〕康有為：康南海自編年譜〔M〕，北京：中華書局，1992，16。
〔註 8〕上海強學會章程：載何志平、尹恭成、張小梅中國科學技術團體〔M〕，上海：上海科學普及出版社，1990，26。

認爲「遵此行之，一年而豪傑集，三年而諸學備，九年而風氣成，……欲製新器，廣新法，則天、算、聲、光、化、電、等學會之才，不可勝用」〔註9〕。梁明確學會有助於養成學習新學的風氣，具有造就人才的重要作用。

對此孫中山也深有同感。他指出「農夫也，有講求耕植之會；工匠也，有講求製器之會；商賈也，有講貿易之會。皆能闡明新法，著書立說，各擅專門」〔註10〕。孫中山基於中國歷來以農桑立國，於是他倡導創立農學會，試圖通過召集同志，形成全社會學習科技的風氣。

學會不僅在培養人才，樹立新風方面具有重要作用，而且在科學發展中也具有不可替代作用。楊杏佛在《學會與科學》一文中，明確指出「今日科學昌明之國，莫不自有學會爲崇學尚能治勸」〔註11〕。該文針對一些留學生回國後因研究組織缺乏而在學術上再無進步的問題，分析了學校與學會在科學發展的不同作用，強調建立學會的重要性。任鴻雋也指出：「一個強有力的學會組織在發展科學上極關重要。他是發展新知，交換知識，聯絡感情，討論問題，發展新事業的適當場所」，任氏還認爲學會是科學本質所需：「無公眾組織，則於科學之廣大與普遍性，得有不能發揮盡致者，是吾人所宜留意者也」〔註12〕，即是說科學的發展及其普及都需要有組織地進行，學會就具有這樣的功能。

在這些知識分子的積極宣傳下，形成了有利於學會應運而生的土壤。在他們的推動下，一批科技團體相繼產生。

清末民初的政治對學會的成立與發展起到一定的推動作用。歷史上中國歷朝歷代都嚴厲禁止民間結社。清朝也是如此，但隨著中國社會的發展，清末這種狀況開始變化。1900 年，清政府實施新政，以前對維新的各種禁令開始鬆動，許多禁令不宣而廢。1908 年，清政府頒佈了《結社集會律》、《欽定憲法大綱》等法律，允許臣民自由集會結社。由此，從法律確認了團體組織的合法性。南京政府成立後，頒佈了《臨時約法》，也明確地規定了國民應該享有結社的民主權利。另外，民國初期，中國處於轉型時期，中央集權尚未

〔註 9〕 梁啓超：論學會載，載何志平、尹恭成、張小梅：中國科學技術團體〔M〕，上海：上海科學普及出版社，1990，9。

〔註 10〕 孫文：創立農學會徵求同志書，載何志平、尹恭成、張小梅：中國科學技術團體〔M〕，上海：上海科學普及出版社，1990。

〔註 11〕 楊杏佛：學會與科學，科學〔J〕，1915，1（7）。

〔註 12〕 任鴻雋：2002 科學研究之國際趨勢，載任鴻、雋鴻雋：科學救國之夢──任鴻雋文存，上海：上海科技教育出版社，431。

建立。這些都極大地激發了各界民眾自由結社的熱情。

　　總之，中國工業化對工程人才提出了客觀需求，在適宜的政治、經濟、文化背景下，工程人才積聚到一定量時，學會就應運而生。

1.2　中國工程師學會的發展歷程

　　中國近代工程事業始於 19 世紀 60 年代的洋務運動，至 20 世紀初期，已初具規模。工程事業的不斷發展對工程技術的要求日益增多，同時提出很多工程技術課題，這些課題往往超過工程科技人員研究範圍，於是，他們聯合起來成立科技團體，進行思想與學術的交流，成為發展工程事業的重要條件。另一方面，1921 年前後，國內初步集聚了一部分工程技術人才，大多年富力強。他們都深感建設祖國的急迫需要，為易見成效，組織一個學術團體更利於研討學問，便於群策群力為國效力。於是，1912 年詹天祐等人創立了「中華工程師學會」。1918 年，在美國留美及工作的工程界人士成立了「中國工程學會」。1931 年，中華工程師學會與中國工程學會合併，更名為「中國工程師學會」，以中華工程學會成立之年作為創會之年，1950 年停止活動。

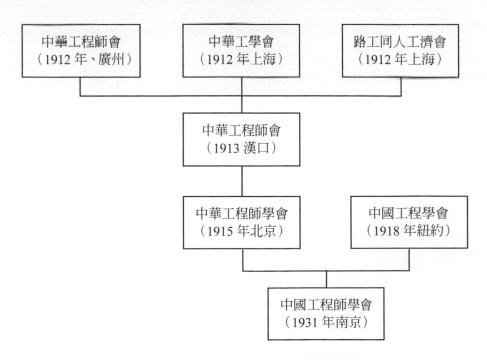

圖 1.1：中國工程師學會演變關係圖

1.2.1　中華工程師學會時期（1912～1930）

（一）中華工程師學會的創立

1912 年，鐵路工程師詹天祐、顏德慶、徐文炯分別創建了「廣東中華工程師會」、「中華工學會」、「路工同人共濟會」三個工程科技團體。後二會由於不知廣州之學會的成立，也都推舉詹天祐爲名譽會長。

由於三個工程團體的性質相似，而且當時會員人數不多，加之大都爲鐵路科技人員，便產生了三會合併的想法。經廣泛徵求會員意見，均一致贊成。於是，1912 年，詹天祐向當局闡述合併緣由並申請備案，不久，政府予以批准。

次年 12 月 1 日，詹天祐召集所有會員在漢口開會，大會決定將原來三會合併爲「中華工程師會」，原會員均作爲新會會員，決定以漢口爲總會暫時地點，以上海、廣州爲辦事處地點。

同年 8 月 17 日，在漢口召開「中華工程師會成立」大會，原三會的會員參加，共有會員 148 人。此次大會選舉詹天祐、顏德慶分別擔任正副會長。此次會議還表決通過《中華工程師會簡章》。《簡章》共分 7 大部分，36 條，分別詳細規定了「會名、會地、宗旨、辦法」、「會員名稱及其資格」、「入會、升級」、「會費」、「出會」、「集會」、「職員定額任期及其權限」等方方面面。

1915 年，中華工程師會將學會名稱改爲「中華工程師學會」，加一「學」字，凸顯學會以研究工程學術爲主旨，以便區別其他政治團體，有助於學會的發展。同年，中華工程師學會在北京成立了第二個分會——北京分會，華南圭當選爲首任分會會長。

1916 年 2 月，出於發展的需要，中華工程師學會將總會事務所遷往北京。學會辦公地點在北京西單牌樓報子街 76 號地。直到 1931 年，與中國工程學會合併，中華工程師學會總部一直在北京。

由此，中國最早的具有近代意義的科技團體誕生了，並進入了穩步發展階段。

（二）中華工程師學會的穩定發展

1913 年至 1923 年，是中華工程師學會穩定發展的階段。主要表現在：定期舉行年會、按時發行刊物、會員人數逐年增長。

1. 定期舉行年會

學會成立後，大都每年 10 月分召開全體會議，討論、表決學會相關事務，並在年末出版會務報告，通告全體會員。前三年，年會均在武漢舉行，此後，基本上都在北京召開。

年會的內容是學會發展的重要反映，為了直觀反映中華工程師學會的年會特點，筆者繪製下表。

表 1.3：中華工程師學會年會表（1913～1930）

屆次	時間	地點	會長	會員	會議主要內容
第一次	1913 年 8 月	武漢	詹天祐	148	周良欽等 20 為理事，年終出版《報告》一冊。
第二次	1914 年 11 月	武漢	詹天祐	219	出版《華英工學字彙》、《會刊》、《道路工學曲線測設法》、《京張鐵路紀略》等書籍
第三次	1915 年 9 月	武漢	詹天祐	265	廣州分會裁撤，歸併總會、催繳會費
第四次	1916 年 10 月	北京	沈祺	285	決議募款購買北京西單牌樓報子街 76 號地基建設會所
第五次	1917 年 10 月	北京	詹天祐	325	推薦名譽會長、修建會所
第六次	1918 年 10 月	北京	詹天祐	405	修改會章
第七次	1919 年 9 月	北京	沈祺	435	徵文
第八次	1920 年 10 月	北京	沈祺	460	修改會章
第九次	1921 年 11 月	北京	沈祺	498	徵文
第十次	1922 年 9 月	北京	顏德慶	509	募捐基金
第十一次	1923 年 10 月	天津	顏德慶	537	徵收會費

資料來源：《中華工程師學會會報》、《中華工程師學會會務紀錄》。

從表 1.3 可以看出：這一時期年會的主要內容包括，1、職員會的選舉與任命；2、收支報告；3、會章修改、會費徵收；4、商討會報、書籍的出版等。其中前三項均為學會日常會務，由此看出，學會高度關注自身的發展。這表明中華工程師學會一直處在探索階段，不斷地完善組織體系，逐漸步入正軌。

另一方面，反映了年會內容單一，鮮見特定的學術主題探討，既沒有制定導向性的研究項目，也沒有爲國家提供可行性的工程建設方案，沒能發揮年會的交流與研究功能。這一定程度上影響了對廣大工程科技人員的吸引，阻礙了學會進一步發展。

從「愛丁堡皇家外科醫生學會」（1505）誕生到 20 世紀初期，西方科技團體連續發展了四百多年，其組織與運作制度都很完善。作爲中國最早的工程科技團體，中華工程師學會的建立與發展都需要學習與借鑒西方科技團體的模式，怎樣結合中國實際發揮年會的功能還需一段時間的探索，完全貫徹「以學術研究爲第一要義」的宗旨更需假以時日。

2. 中華工程師學會發行的會刊與專著

中華工程師學會主要通過發行會刊與專著來促進工程科技的研究與交流。1915 年，中華工程師學會將《中華工程師會會報》改名爲《中國工程師學會會報》。該刊每年出一卷，每卷 12 期，共出版 16 卷，主要登載會務消息、國內外工程報告、章程條例、學術論文、以及實驗報告等。

《會報》欄目最初分爲「章程條例」、「會員消息」、「會務紀事」、」書業」、「說林」等。後來《會報》又增加「論著」、「記述」、「趣談」「專件」等欄目，內容逐漸豐富。1921 年，《會報》開始按工程專業刊登學術論文。

筆者將 1918 年的會報（改版前）與 1924 年的會報（改版後）對比，改版後的欄目逐漸減少。1922 年的會刊只保留了論文、書錄、記載欄目，相對突出了學術論文的重要性。登載的學術論文數量也有所增加，反映了《會報》從綜合性質的刊物向專業工程科技刊物的轉變趨勢。也反映出學會愈加注重刊物在科技交流與研究的重要作用。

所載學術論文內容涉及建築、機械等 10 個領域，各專業分佈情況見表1.4。表中的數字表明「建築」方面的論文最多，「造船」與「染織」方面的論文最少，而缺乏「航空」專業方面的論文。

近代工程技術科學一般包括土木工程學、機械工程學、礦冶工程學、電機工程學、化學工程學。土木工程又細分爲土木、建築、水利；機械工程包括機械、造船；化學工程包括化學、窯業、染織等。從學會論文數量分佈情況可以看出，當時中國土木工程較其他專業工程的研究起步早，機械與電氣方面的研究較弱。這也與中國近代土木工程技術人才多的現狀相符。

工程論文大都是介紹性質的，以中國工程實踐為研究的論文還很少見。與同時期的中國工程學會會報《工程》相比較，《中華工程師學會會報》總體水平稍有遜色，其學科門類劃分還不夠規範，論文數量少，且內容較為淺顯等。但不可否認的是，《會報》對當時中國工程科技交流與研究起到了一定的推動作用。

表 1.4：1920～1922、1924～19245 年中華工程師學會論文分佈

學科	建築	化學	礦冶	電機	機械	土木	電氣	窯業	造船	染織	其他
篇數	87	40	21	15	8	8	3	4	2	1	66
％	34	15.7	8	6	3	3	1.1	1.5	0.75	0.37	26

資料來源：中華工程師學會《會報》，第 7、8、9、11、12 卷。

出版專業著作是學會推進科技交流的另一種重要方式。1915 年，中華工程師學會出版的了詹天祐的《華英工學字彙》。出於職業原因，詹天祐高度重視工程名詞統一工作與工程標準化問題。他說：「工程學術之發達，必待名詞之統一」[註13]。中國近代工程事業伊始，工程技術名詞均來自歐美、日本，工程名詞及其混亂。鑒於此，詹天祐身體力行，力推工程名詞的統一，經過多年的努力，編成了中國第一部科技詞典《華英工學字彙，對工程名詞統一具有奠基之功。

另外，學會還出版了《京張鐵路工程紀略》、《鐵路》、《道路工學》、《實用曲線測設法》等專著

另外，由表 1.3 可見，會員人數逐年增加，由 1913 年的 148 人增至 1923 年的 537 人，這是中華工程師學會穩步發展的重要指標。

（三）中華工程師學會的衰落及其原因分析

1. 中華工程師學會衰落

1919 年，詹天祐先生去世，失去了工程界傑出領袖的引領，學會的發展受到了較大影響，加之時局的混亂，致使中華工程師學會加速衰落。1923 年後，學會的工作處於停滯狀態，主要表現在：

（1）年會活動名存實亡或停止。從 1919 年之後的年會記錄看，每次到

[註13]　詹天祐：編纂華英工學字彙緣起〔M〕//詹同濟：詹天祐文選，北京：北京燕山出版社，1993：29。

會「大致二三十人，鮮有超過五十人」〔註14〕，與當時學會總人數相去甚遠，年會成了會長、理事們的專門會議，普通會員極少參與。另一方面，如前所述年會內容單調乏味，以普通會務活動爲主，對會員缺乏足夠吸引力。

即使這樣的年會，筆者推測從 1924～1930 年也都停止了。理由如下：其一，中華工程師學會《會務紀要》只到 1923 年；其二，學會《會報》每卷均有上一年的年會記錄，從 1925 年開始，就沒有了年會記錄；其三，在 1925 的理事幹事聯席會議紀要上有這樣的記錄：「因時局不靖，援照上屆例延至明年春季舉行，待徵求各會員意見後再行定奪」〔註15〕。1926 年的理事幹事聯席會議紀要又有類似記述。這表明 1924、1925 的年會沒有舉行。年會是學會的一項重要活動，它的終止是學會發展停滯的重要表現。

（2）會報質量下降。《會報》初期內容豐富，基本每月一期，每期五十頁左右，後來減少至每期十幾頁再後來，經常兩期合併出版。甚至出現四期合併出版或一本書經常連載一年的情況。可見，中華工程師學會陷入了極度困境。

（3）會員人數下降。由表 2.1 可知，1923 年會員人數爲 573 人。此後，人數就呈下降趨勢，1924 年的人數爲 510 人，1931 年，與中國工程學會合併時，僅有 499 人。會員的流失預示著學會的衰落。

2. 原因分析

中華工程師學會經過短暫的快速發展，接著陷入衰落。筆者認爲主要有以下幾點原因：

（1）動盪的社會環境。二十世紀三、四十年代，中國正處於軍閥混戰時期，剛剛起步的近代工程事業又遭受摧殘。許多工程技術人員「賦閒無事經濟窘迫」〔註16〕，生存尚不易，加之動盪引起的交通不便與自身安危，會員們參與會務的積極性自然不高，同時，也影響了繳納會費的積極性。據 1922 年 3 月份職員會紀事記載：「每年各會員之費者不及四分之一」〔註17〕。會費是學會賴於生存的重要經濟基礎，動盪的環境阻礙了會員的參與，也進一步導致了學會衰落。

〔註14〕 吳承洛：三十年來之中國工程師學會〔M〕，中國工程師學會主編，三十年來之中國工程，1946：8。
〔註15〕 會務記錄〔J〕，中華工程師學會會報，12（11）：12。
〔註16〕 職員會紀事〔J〕，中華工程師學會會報，9（11）：4。
〔註17〕 職員會紀事〔J〕，中華工程師學會會報，9（3）：10。

　　（2）中華工程師學會衰敗的另一個外在原因是中國工程學會的回遷。1923年，中國工程學會轉入國內活動，發展迅速，「尤其是上海一帶，國貨工業漸盛，所以工業界新分子，多被後起之中國工程學會事先吸收，即在平津一帶，中國工程學會之分會活動，影響中華工程師學會進展者甚大，──故民國十年，中華工程師學會在工程界的領導地位，漸行轉移於中國工程學會」〔註18〕。

　　（3）除了上述兩個原因之外，學會自身的缺陷也不容忽視，主要就是組織結構單一。隨著工程專業化增強以及專業人員的不斷增多，按專業組織人員成為一種趨勢。但學會卻沒有成立專門機構來推行此事，從而阻礙吸收不同專業的會員。同時期的中國工程學會，不僅設立了分會系統，還成立專門委員會系統，這有助於吸收不同地方，不同專業的工程科技人員。

　　後來，學會在此方面也做了努力。1922 年，學會設立土木、建築等九種學科的幹事，以期吸收與管理不同領域的工程科技人員。1923 年，修正後的《中國工程師學會章程》明確指出：「設各種委員會以策動工程學術之進步謀技術制度之劃一」〔註 19〕。然而專門委員會一直沒有設立，九學科幹事設置也徒具虛名。學會單一的組織體系在一定程度上制約了學會的發展。

1.2.2　中國工程學會時期（1918～1930）

　　當國內的工程師創建了中華工程師學會後，遠在美國留學的大學生、實習生及工程學者又在美國成立另一重要的工程科技團體──中國工程學會。1920 年，該會轉入國內，發展迅速，逐步取代了中華工程師學會在中國工程界的領導地位，並成為合併後的主要力量。

（一）中國工程學會的創立

　　1917 年，在美國紐約留學的中國留學生十餘人相聚商談：「鑒於紐約各工程學會之飛揚騰達，造福人民，有惆於本國工程人士之枯寂散漫，貽羞國家。一致解決，必組織一大規模之聯絡機關，就地談論國中工業，切實研究應用學識」〔註20〕。同年 11 月，開始徵求在美各工程學者對於建設學會之意見，得到絕大多數的贊同。

〔註18〕　吳承洛：三十年來之中國工程師學會〔M〕，中國工程師學會主編，三十年來之中國工程，1946：9。
〔註19〕　中華工程師學會章程〔J〕，中華工程師學會會報，10（90）：29。
〔註20〕　周琦：中國工程學會成立是年之會史〔J〕，工程，1927，3（4）：251～260。

　　同年 12 月 27 日，20 多名代表在紐約召開第一次籌備會，議決定名「中國工程學會」，並成立「組織委員會」，推舉陳體誠等 7 人爲籌備委員，負責中國工程學會創立前的準備工作。

　　組織委員會先草定會章，然後分寄在美各大城市工程學者，徵求意見。至 1918 年 3 月，有 80 多人回覆，這些人也是中國工程學會的發起會員。歷時 3 個多月，會章及組織結構均討論通過。

　　學會還制定了「中國工程學會總章程」。《章程》共分十一章，詳細規定了 1、定名；2、宗旨；3、會員；4、會員之權利及義務；5、組織及職務；6、會員及職務；7、法定委員股；8、財政；9、開會；10、職員之任期際選舉；11、附則。

　　1918 年 4 月，照章選舉第一屆職員，陳體誠爲會長，張貽志爲副會長，羅英爲書記，侯德榜、李鏗等六人爲董事〔註21〕。當選人員，從 5 月 1 日執行職務。5 月 5 日，董事部舉行第一次會議。中國工程學會正式成立了。

（二）中國工程學會主要工作的開展

　　中國工程學會創建後，通過學術年會、刊物、圖書館的設立、國際交流等形式，積極推進學術與研究事業的發展。

1. 定期召開年會

　　中國工程學會誕生在紐約，其重要職員均在此地，交通便捷，呼應靈動，會務進展甚力。1918～1922 年，中國工程學會的年會如期在美國的各大學舉行。隨著在美國留學的中國工程學生陸續回國，1920 年，中國工程學會將總會遷回國內，美國只保留分會，於 1921 年 6 月美國分會宣告成立。1923 年，學會在上海舉行年會，標誌著中國工程學會工作重心轉移至國內。

表 1.5：中國工程學會歷年年會表（1918～1930）

時　間	地　點	會長	年會籌備委員會委員長	主要內容	論文數量
1918 年 8 月	康奈爾大學	陳體誠		出版第一期會刊	
1919 年 9 月	倫色例爾大學	陳體誠	侯德榜	與中國科學社聯合出版會刊	

〔註21〕　中國工程學會總章程〔J〕，中國工程學會報，上海圖書館藏，1919 年版。

時　間	地　點	會長	年會籌備委員會委員長	主要內容	論文數量
1920 年 8 月	倫色例爾大學	陳體誠	周琦	討論改組問題，在國內設總會，在歐美設分會	
1921 年 9 月	康諾的克脫省湖學校	吳承洛	楊誠訓	增設職業調查、藏書顧，設北京、天津、上海支部。	
1922 年 9 月	康奈爾大學	吳承洛	李熙謀		
1923 年 7 月	上海	周明衡	周明衡	修改會章	10 餘篇
1924 年 7 月	上海	徐佩璜		商定各職員成立議案委員股	10 餘篇
1925 年	杭州	徐佩璜	錢昌祚	統一工程名詞；中國工人與工業前途；出版《工程》雜誌	10 餘篇
1926 年 8 月	北京	李垕身	茅以升	工程教育	10 餘篇
1927 年 9 月	上海	徐佩璜			
1928 年 8 月	南京	徐佩璜	吳承洛	城市建設	20 餘篇
1929 年 8 月	青島	胡庶華	王節堯	開始分組宣讀論文	20 餘篇
1930 年	瀋陽	胡庶華	張潤田	討論與「中華」合併問題	

資料來源：據《中國工程學會會報》、《工程》、茅以升：《中國工程師學會簡史》、周琦：《中國工程學會成立十週年之會史》整理所得。

這一階段中國工程學會的年會呈現出兩個顯著特點：

（1）年會的內容豐富

與中華工程師學會不同，中國工程學會年會程序嚴謹，形式多樣，如學術演講、專業論文宣讀、經濟專題的研討、參觀考察、旅遊等等，以調動會員參與年會的積極性。

（2）年會地點多變

由表 1.5 可見，歷年年會的地點有康奈爾大學、倫色例爾大學、康諾的克脫省湖學校、南京、上海、北京、青島、瀋陽、杭州等不同地方。前期在美

國各大學舉行。回國後，學會在東部城市舉行年會，主要因爲這些區域交通發達，工程技術人員集中，即便於學會開展工作，也有助於吸引更多科技人員參與到年會中來。

2. 出版刊物及專著

中國工程學會高度關注刊物的發行，以期推進工程科技的交流與研究。學會最早出版的刊物是羅英主編的《中國工程學會會報》〔註22〕，於 1919 年 11 月出版一冊。該刊物登載了羅英、徐世大等會員的專業論文、調查報告以及學會的會務紀事、會務摘記等，記載了中國工程學會創建初期在美的各項工作。

學會著力最多，出版最久的刊物是《工程》。該刊物始發於 1925 年，初爲季刊，後改爲雙月刊，一年六期合爲一卷，其間因戰亂問題短暫停辦，1948 年出版至 20 卷第 4 期。

從內容看，《工程》主要包括專業論文、調查報告及會務紀事幾部分。隨著《工程週刊》、《中國工程學會會務特刊》的出現，《工程》中的專業論文及調查報告的數量逐漸增多，漸漸成爲一種專業學術期刊。

另外，學會出版了《會務總報告》、《會務特刊》、《年會紀事錄》、《年會報告》、《會員錄》、《會務月刊》等多種刊物。

中國工程學會注重出版學術著作。如《機車概要》、《鋼筋混凝土學》、《工程名詞草案──電機工程》、《工程名詞草案──化學工程》、《工程名詞草案──土木工程》《工程名詞草案──染織工程》、《工程名詞草案──無線電工程》、《道路工程名詞》、《磚頭試驗》、《磚頭墩子擠壓試驗》報告等著作。這些書籍大都是工程師實踐的總結，或多年學術研究的結晶，具有很強指導性，它們的出版加速了中國工程單位、工程名詞的統一，對支撐科技發展、促進社會進步有著不可替代的重要作用。

3. 專門委員會與圖書館的設立

中國工程學會以研究工程學術，貢獻國家爲主要任務。爲了便於會員開展學術研究，學會積極籌設圖書館，通過購買、交換或募集等形式徵集工程刊物。學會圖書館的書籍主要來自會員的捐贈。如上海分會曾購買捐贈《第二次世界動力會議論文集》二十冊等。1931 年，該館收藏書籍達「中文書籍 2500 冊，西文書籍 3000 冊，捐贈者以黃伯樵之德文本 430 種爲最多，不在此

〔註22〕 中國工程學會會報〔J〕，上海圖書館，1919 年版。

數之內」〔註23〕。

為了集中相關專業人才、統籌管理、研究便利起見，學會還成立了專門委員會。如工程研究委員會、編輯與審查工程名詞委員會及編訂建築材料委員會等。其中工程研究委員會由周琦、徐恩曾相繼擔任委員長，分設土木、機械、電機、化工、礦冶五組。主要任務是「編輯工程規例、研究工程材料及出品、介紹各國工程研究概況、擬具即審查工程建設方案、集中調查統計各項材料及研究以及其他工程問題。並備企業者之諮詢，及未解決疑難問題，設立諮詢處」〔註24〕。

4. 參加國際學術會議

1929年秋，胡庶華、胡淵博及宋希尚等21名中國工程學會會員，代表中國工程界參加日本萬國工程會議〔註25〕。

1931年，德國柏林的「世界動力協會會議」，由學會會員黃博樵、顧毓琇、鮑國寶等7人參加〔註26〕。

另外，遇有國際間學術會議，分別就近委託會員參加。參加國際學術會議有助於其國際知名度與影響力大大得以提升，為會員瞭解國際工程學術動態提供了一個重要途徑。

5. 學會工作順利開展的原因分析

中國工程學會雖成立較晚，但其發展卻很迅速。會員人數從成立初期84人到1930年達1730人，不僅遠超同時期的中華工程師學會，也超過中國科學社〔註27〕，成為當時最大的工程科技團體。筆者認為，有以下幾個因素：

其一、學會擁有一批熱心會務的會員。中國工程學會在創建與發展過程中曾遇到多種困難。解決這些難題，往往得益於會員的努力與奉獻。他們利用工作之餘義務為學會編輯刊物、組織年會及開展專題研究，誠如吳承洛所言「承洛追隨工程界同仁之後，始終以附驥之心為工程界盡心，其譽執著來

〔註23〕　吳承洛：三十年來之中國工程師學會〔M〕，中國工程師學會主編，三十年來之中國工程，1946：12。

〔註24〕　吳承洛：三十年來之中國工程師學會〔M〕，中國工程師學會主編，三十年來之中國工程，1946：12。

〔註25〕　本會在國際間之榮譽〔J〕，中國工程學會會務月，1930，5。

〔註26〕　工程學會推舉代表出席世界動力協會，申報，1931年1月25日。

〔註27〕　1930年，中國科學社人數為1005人，中國科學社三十六年來的總結報告，范鐵權：中國科學社與中國文化，73。

函誇獎，謂我之服務精神，三十年如一日，……如總會之由美國遷回本國，其在美洲分會之創設，與上海分會及總會之在上海立定基礎，以及北平分會之設立，與老工程師會之初次聯繫合作，國府建都南京，分會之建立與總會在首都之建立，並抗戰時期總重心之移渝，及戰後仍移重心於首都，諸凡難關，承洛幸得機緣，得以加倍服務之時候」〔註28〕。

當年中國工程學會工作的積極參與者還有陳體誠、胡庶華、凌鴻勳、翁文灝、惲震、沈怡、羅英，茅以升等。正是有了上述大批熱心會務的會員，學會才能在動盪的環境下得以生存和發展。

其二、地域優勢。二十世紀初期，經濟發展的地域集中於沿海地帶，沿海城市特別是上海成了中國工程事業的搖籃，上海一地的工業產值約占全國的 25%〔註29〕，工程技術人員多集中此地。中國工程學會也清楚認識到上海地緣的重要性。所以學會遷回國後，自然把總會辦公地點設在上海。同時在上海、杭州、南京等東部城市發展分會。此時期，中華工程師學會不僅沒分會，而且總會一直在北京。與東部沿海地區比較，北京在經濟與科技人才方面都不佔優勢。從這點講，中國工程學會具有明顯的地緣優勢。

其三、注重工程學術交流與研究。與同時期的中華工程師學會形成鮮明的對照，中國工程學會成立伊始，就注重開展學術交流，還成立了多個專門委員會，組織會員開展相關專題研究。這對於廣大工程技術人員具有較大吸引力。

1.2.3 中國工程師學會階段（1932～1949）

（一）中國工程師學會之誕生

中國工程學會遷回國內後，在吳承洛等骨幹力量推動下，各項工作開展較為順利。同時期的中華工程師學會也極力整飭工作，尋求發展。

由於中國工程學會與中華工程師學會性質相似，加之同為兩會會員人數較多，於是兩會合併的要求日益增高。

1925 年 9 月，中國工程學會在杭州舉行年會，會員范永增第一次在年會上提出兩會合併問題。1926 年，中國工程學會在北平召開年會，中華工程師

〔註28〕 吳承洛：序〔M〕，中國工程師學會主編，三十年來之中國工程，1946：12。
〔註29〕 祝慈壽：中國近代工業史〔M〕，重慶：重慶出版社，1989.43。

學會特舉行歡迎儀式，經過直接接觸，雙方均表示同意合併。1929 年青島年會上，中國工程學會就兩會合併事項，廣泛徵求與會者建議，並達成具體推進辦法。

1930 年，胡庶華等九名中國工程學會會員，聯合建議兩會合併，並定於同年瀋陽年會討論定奪。但因時局動盪且交通不便，中華工程師學會沒派代表參加瀋陽年會，上述計劃也未能如願。

1931 年 3 月，韋以黻、夏光宇代表中華工程師學會，與中國工程學會的代表惲震、徐恩曾，舉行了長達六個月的談判，制定了詳細周密的合併辦法以及新會章程。

1931 年 8 月 27 日，中國工程師學會與中華工程師學會在南京舉行聯合年會，主要討論兩會合併事項。此次大會議決新會定名為「中國工程師學會」[註30]，以體現兩會之聯合。以 1912 年作為中國工程師學會創會之年。總會設於南京，在總會會所未建成之前，暫時設在上海。

此次年會還通過了《中國工程師學會的章程》。《章程》分共六章，分別規定了學會名稱、宗旨、總會、地點、分會、會員、會務、職員、會費等諸多方面。韋以黻、胡庶華被推舉為正副會長。

（二）統一後各項工作之推進

1931 年 8 月兩會統一後，中國工程師學會逐漸成為工程界的組織者與領導者。學會承擔的責任也隨之增加，除了發行刊物、召開年會、探討學術及開展試驗和實地科技考察外，國防工程及經濟建設等多項研究也漸次展開。

1. 繼續發行刊物

中國工程師學會繼續出版《工程》雜誌，刊號繼續。至 1937 年 6 月抗戰爆發時，出至 12 卷第 3 期。

另外，為了讓會員及時全面地瞭解會務信息及國外工程建設情況，中國工程師學會將之前的《會務月刊》改為《工程週刊》。自 1932 年 1 月 1 日起開始發行，至 1937 年 5 月 27 日為 6 卷 8 期，共 126 期。歷由張延祥、朱其清、鄒恩泳任總編輯，朱樹怡任出版經理。該刊每周發行一期，主要介紹國

〔註30〕 第 68 次董執聯席會議紀錄〔J〕，中國工程學會會務月刊，1931，3。

內外工程項目及學會會務信息等。該刊的內容豐富，通俗易懂，並登載了大量的工程照片，是一種工程學普及讀物。

2. 繼續舉行年會

合併後，中國工程師學會注重召開年會，先後在天津、武漢、濟南、南寧等地舉行年會，而且年會程序嚴謹，形式、內容更加豐富。

3. 學術及試驗事業的邁進

合併後，中國工程師學會首先成立了總理實業計劃實施研究委員會，分設十三組，以有關民生國防急要建設為研究總目標，先擬定五年經濟計劃。按人才之區域範圍，規定了切實施行辦法。同時繼續推動已有和新設立各委員會，如建築工程材料試驗所委員會、材料實驗設備委員會、材料試驗委員會、編輯與審查工程名詞委員會、編訂建築條例委員會、工程規範編纂委員

圖 1.2：中國工程師學會工業材料實驗所舊址

會、建築總會會所委員會、編輯全國建設報告委員會、工程教科書委員會、大學工科課程標準起草委員會及工程師信守規條委員會等，積極發動會員，從事相關研究工作。

早在 1924 年上海年會上，會員薛次莘就提出「工程建築材料委員會，以試驗國產各項材料」〔註31〕，此建議得到工程界同行的一致贊同。同年 10 月，中國工程學會聘請周仁、薛次莘、顧宜孫、茅以升、凌鴻勳負責材料試驗工作，並於 10 月 27 日舉行報告會，就試驗材料、徵集材料方法、試驗之舉行、

〔註31〕 第 68 次董執聯席會議紀錄〔J〕，中國工程學會會務月刊，1931，3。

試驗方法、宣佈方法等事項作了詳細規定〔註32〕。

隨著工程材料試驗委員會的工作略有成效,「遠近工廠,以各種出品,請求試驗者,絡繹不絕」〔註33〕。為了更好地服務廠商,中國工程師學會決定建造工程材料實驗所。1931年底,在新市中心規劃區市民路民壯路購地四畝,開展建造實驗所。1935年7月,實驗所建造完成。

為了擴大影響,工程材料實驗所於1925年10月3日至10月20日,舉行了建築材料展覽會。學會邀請60多個廠家,近百種產品展出。試驗所的建造為中國工程師學會更大規模地服務社會提供了物質基礎。

4. 戰時工程工作之準備

中國工程師學會統一後不久,發生了「九一八」事變,民族危機加深。作為中國的精英群體,中國工程師學會立刻行動起來,積極服務於戰時國防與經濟建設,主要有以下幾項:

(1) 成立專門軍事研究機構

1931年,「九一八」事變發生,作為工程界領導者與組織者,中國工程師學會立即開始了國防建設問題的研討。為了幫助中華民族贏得抗戰勝利,學會首先成立了專門的軍事研究機構。1931年12月,學會成立了戰時工作計劃委員會,分別從兵器彈藥、皮革、糖、紙、機械、電工、運輸等14項進行研究〔註34〕。1932年2月,中國工程師學會上海分會成立了國防技術委員會。

(2) 開展統計工作

全面抗戰爆發前,中國工程師學會編輯了《中國工程紀數錄》與《中國工程題名錄》。前者主要是中國已建成的鐵路、公路、水利等14行業或種類的工程統計數據,後者則是關於中國工程人才數量與種類的統計。學會的工作不僅可政府經濟規劃提供了基本參考,也為戰時工程科技人員的戰爭動員提供了依據。

(3) 實地科技考察

全面抗戰爆發後,為了在中國西部地區建立新的國防工業基礎,準備和

〔註32〕　材料試驗委員會第一次報告〔J〕,工程,1925,1(1):26。
〔註33〕　吳承洛:三十年來之中國工程師學會〔M〕,中國工程師學會主編,三十年來之中國工程,1946:14。
〔註34〕　戰時工作委員會結束〔J〕,工程週刊,1931,1(2):31。

堅持長期抗戰,國民政府開始重視西部地區的經濟開發。各地政府出於民生需要,紛紛邀請中國工程師學會到本地考察,以期獲得最具指導性和針對性的建議,快速促進本地經濟發展。其中規模和影響大的有四川考察與廣西考察。

　　1933 年 4 月,應四川善後督辦公署的要求,中國工程師學會組織考察團體,開始對四川省各項工程事業進行全面科學診斷。該團由胡庶華帶隊,經過三個月考察,由多位工程專家共同撰寫了分公路、鐵路、水利、電力、電訊、紡織、煤礦等 18 項的四川考察報告。1935 年 7 月至 8 月,應廣西省政府邀請,中國工程師學會組織廣西考察團,對廣西進行科技考察,由顧毓琇任團長,考察報告撰有專書。這些考察實開西南建設之先導。

1.2.4　抗戰時期及戰後的中國工程師學會

　　1937 年,隨著南京、上海等經濟政治中心的淪陷,國民政府遷都重慶。同年,中國工程師學會也遷往重慶,借用「中央工業試驗所辦公處」辦公。抗戰期間,雖然困難重重,但在顧毓琇(幹事)等人的積極推動下,傳統會務很快恢復,其他如實業計劃之研究、工業標準化之推進、各地工程事業發展之規劃等各項工作也在積極推動。體現了中國工程界堅持抗戰與工程建國的信念、決心。

(一)傳統會務的恢復

　　科技交流是科技發展的前提。因日寇的侵華,致使多個學術機構都遇到嚴重的生存困難。「上至獨立之研究院、下至各大學之研究院與研究所,多是經濟困難,不能發展」〔註 35〕。國立科研機構尚且如此,民間科技團體的境遇更加困難。「抗戰初期,以至於民國三十一年(1942 年),各種學會,凡是在抗戰以前成立者,皆很少活動」〔註36〕。1942 年前,大後方(川、康、滇、黔、桂、湘、粵)的科技交流陷入困境,嚴重制約了中國的科技與經濟發展。

　　學會遷往大後方後,恢復工程界的科技交流成為當務之急,這項工作的推進主要依靠學術年會與工程刊物。鑒於此,中國工程師學會於 1938 年開始

〔註35〕　孫本文、郝景盛:中國戰時學術〔M〕,正中書局,1946:5。
〔註36〕　孫本文、郝景盛:中國戰時學術〔M〕,正中書局,1946:167。

舉行聯合年會，至 1945 年共舉行 7 次學術年會。年會情況如下表 1.6。

表 1.6：抗戰時期中國工程師學會召開年會一覽表

屆　　次	地點	人數	參加的專門工程學會
1938 年臨時大會	重慶	134	中國工程師學會
1939 年八屆年會	昆明	269	機械、土木、水利、化學工程、電機
1940 年九屆年會	成都	334	化學工程、礦冶、電機、機械
1941 年十屆年會	貴陽	582	機械、電機、土木、水利、化學工程
1942 年十一屆年會	蘭州	525	礦冶、化學工程、水利、電機、機械
1943 年十二屆年會	桂林	1265	礦冶、化學工程、水利、電機、土木、機械、紡織
1945 年十三接年會	重慶	1550	電機、機械、化學工程、水利、土木、礦冶、航空、市政、衛生、自動機、紡織、造船、建築工程

資料來源：中國工程師學會三十五、三十六年度會務報告，第 25～26 頁。

　　抗戰時期，中國工程師學會堅持發行《工程》刊物。《工程》始發於 1925 年，初爲季刊，後改爲雙月刊，一年六期合爲一卷。至 1936 年，已發行至第 12 卷。1937～1938 年停刊。1939 年在重慶復刊，又改爲月刊，旋移香港發行，重新改爲雙月刊。1942 年 5 月遷回內地發行。復刊後，從第 13 卷開始至 1945 年，共發行 7 卷 41 期。其中第 12、13 卷前 8 期在香港印發，後 14～19 卷 33 期在國內印發。

　　學會發行的另一種刊物是《會務特刊》，其前稱爲《工程週刊》，始發於 1932 年，雙月刊。抗戰期間，發行了 7 卷。《週刊》主要介紹中國工程師學會和各專門工程學會的會務情況，以及國內外實際工程建設報告。

　　另外，中國工程師學會還通過各專門工程學會發行《電工》、《水利》等刊物。這些刊物彼此關係密切，各專門工程學會之編輯，皆同時爲中國工程師學會之編輯，所需編輯資料，互相供給，刊物互相交換。論文來源以中國工程師學會會員爲主，1942～1943 年，中國工程師學會曾爲上述刊物共提供 200 餘篇論文〔註37〕。

　　抗戰時期，國內發行的工程科技方面的刊物大都與中國工程師學會有

〔註37〕　編輯報告〔J〕，中國工程師學會三十二年度會議報告，1943：33。

關，成爲當時工程科技人員瞭解工程科技與工程事業發展最新狀態的主要渠道，並在一定程度克服了交流時間與空間的限制，爲會員、其他團體及個人提供了一個靈活便捷的工程科技交流平臺。

（二）工程研究工作之開展

全面抗戰爆發後，事關戰地工事、槍炮、電信、彈藥等方面軍事工程技術的需求極爲迫切。1937 年 9 月，中國工程師學會在戰時工作計劃委員會基礎上又成立了軍事工程團，1938 年改爲軍事工程委員會。集中開展與軍事有密切關係之土木、機械、化學、電信等四項工程的研討〔註 38〕。爲了協同政府及軍隊關係，該機構推舉陳誠爲總團長，陳誠辭任後總團長一職又分別由陳立夫（會員）、曾養甫（會員）擔任。由他們擔任軍事工程委員會總團長，可以使中國工程師學會更好地瞭解抗戰中急需解決的工程問題，並快速解決和推廣，以提升中國的軍事工程技術，及時處理軍事工程問題。

「實業計劃之研究」是中國工程師學會開展的一個重要經濟專題之一，其研究目的是爲中國制定一個經濟發展方案。該項研究歷時多年（1931～1945），其成果──工業建設 16 條綱領、91 條實施原則，均被國民政府採納並公佈，成爲國民政府制定戰時乃至戰後工業政策的指導性文件〔註 39〕。

鑒於工業標準化爲將來完成國防工業的基本要素。1941 年貴陽年會，中國工程師學會議決成立工程標準協進會，推舉凌鴻勳爲協進會會長，吳承洛爲副會長，並制定了具體工作計劃〔註 40〕。

抗戰時期，我國工程材料標準不一，雜亂已極，嚴重阻礙工業建設。1942年，中國工程師學會成立了材料試驗委員會，旨在推行材料規範及其試驗方法之標準化。至 1945 年，該委員會編訂《金屬材料試驗手冊》、《中國波蘭特水泥標準規範》、《試用石灰規範》、《電氣絕緣材料規範及試驗方法》、《各種油脂規範及試驗方法》、《國產木材規範及試驗方法》等多種〔註 41〕。其開拓性的工作爲後來工程材料標準化工作奠定了基礎。

〔註38〕 本會組織軍事委員會〔J〕，工程月刊，1939，1（1）：43。

〔註39〕 鍾少華：出取集，鍾少華文集〔M〕，北京：中國國際廣播出版社，1998：340。

〔註40〕 推行工業標準化運動旨趣書〔J〕，中國工程師學會編，天津圖書館藏，1942，13。

〔註41〕 材料試驗委員會報告〔J〕，中國工程師學會三十二年度會議報告，1943：27～28。

　　爲了促進大後方各地的均衡發展，中國工程師學會有意與各地政府攜手，輪流在各地舉辦年會及一些重要會議。在會議舉行之前，先徵詢地方政府關於當地工程事業發展所面臨的急迫問題，然後利用會議之機，組織科技人員對之進行科學診斷，在此基礎上提出若干針對性指導意見。以 1942 年蘭州年會爲例，甘肅省政府提出四個專題：隴海鐵路天蘭段路線西站問題、甘肅省冶鐵問題、隴東水利問題和西北輕重工業發展的途徑；蘭州市政府提出了一個專題：如何建設新蘭州──理想中的未來路都。通過考察與研究，學會就上述專題都提出了具有很強指導性和針對性的建議。

　　隨著服務意識的增強以及經濟建設對於科技需求的增加，科技團體與各地政府的聯繫越來越密切。工程科技的交流與地方經濟的建設相結合是一個雙贏的模式。對於甘肅省而言，學會的建議使建設思路更加明晰，許多具體的工作方案也進一步完善；於學會而言，得到了政府的相應支持，有助於自身的發展。這種局面的出現，也與戰爭導致的中國科技中心西移，人們迫切希望開發大後方以支持抗戰順利進行有密不可分的關係。

1.2.5　戰後的中國工程師學會及其歷史使命的完成

（一）抗戰勝利後學會工作之推進

　　抗日戰爭勝利後，中國工程師學會於 1946 年 5 月遷回南京，租寧海路房屋爲臨時會所。連年的戰爭導致國內經濟急劇惡化，物價瘋狂上漲，中國工程師學會的經濟狀況也不容樂觀，「幸賴本會團體會員激增，加以各方面繳來之捐助經費亦不少，俾本會會務得以順利進行」〔註42〕。

　　首先，堅持召開年會。1947 年 10 月，中國工程師學會在南京舉行抗戰勝利後第一次年會，與會人數達 1100 人。主要討論內容有：抗戰勝利後的北平情況、黃河堵口工程、電動中文打字機、東北資源與工業、制度與建設及南京市建設等。

　　1948 年 10 月，中國工程師學會在臺北舉行舉行第十五屆年會。會上探討了中國建設投資問題等等。

　　其次，堅持發行刊物。遷回南京後，中國工程師學會出版了《三十年來之中國工程》，1948 年 6 月，學會開始出版《工程》第 20 卷。

─────────────

〔註42〕　經費收支〔J〕，中國工程師學會三十七年度會務報告，1948：21。

最後，積極發展會員。1947 年會員爲 12730 人，1948 年會員爲 15028 人，1949 年會員增至 16717 人〔註43〕。抗戰勝利後，是學會會員增長最快的階段。

（二）歷史使命的完成

1949 年，是中國歷史上重要的轉折時期。有一部分科技人員選擇出國；另一部分遷往臺灣；還有不少工程科技人員留守大陸，代表人物如茅以升、吳承洛、惲震等。

中國工程師學會也做出了自己的抉擇。1949 年，董事會在上海開會，推出侯德榜、趙祖康、茅以升、惲震、顧毓瑔五人爲代表，一封致信李宗仁，要求通令國民黨軍隊不得破壞工礦交通等設施。另一封由侯德榜帶往北京，託邵力子轉呈毛主席〔註44〕。

1949 年，南京解放後，張延祥負責移交學會檔案，同年學會停止工作。

1950 年，中國工程師學會及上海分會宣告解散〔註45〕。至此，中國工程師學會完成了其歷史使命。

1.3　小結

本節立足特定的歷史背景，考察了中國工程師學會的發展歷程，總結出民國時期中國工程團體的發展有如下特點：

1. 由「分」到聯合，由「細化」再到「大聯合」的發展趨勢。民國初期，中國成立了「中華工程師會」、「中國工學會」，「路工同人共濟會」、「中國工程學會」等四個工程科技團體。首先前三者聯合爲「中華工程師學會」。隨後與「中國工程學會」再次合併，組成「中國工程師學會」。

隨著工程專業不斷的分化，各專門工程學會相繼產生。1936 年，在中國工程師學會的組織下，最後形成了以中國工程師學會爲核心，以各專門學會爲組成部分的工程學會集團。

筆者認爲學會的「分化」與「聯合」主要受兩個因素制約。其一是工程

〔註43〕　茅以升：憶中國工程師學會，中國文化史科文庫，文化教育編第十六卷（20～160）〔M〕：735。

〔註44〕　茅以升：憶中國工程師學會，中國文化史科文庫，文化教育編第十六卷（20～160）〔M〕：735。

〔註45〕　上海科學技術志編撰委員會：上海科學技術志，上海：上海社會科學院出版社，2003：258。

科技人員數量。其二是工程實踐的需求。民國初期，中國工程事業剛剛起步，對於工程科技的要求不高，加之各科工程人員少，於是不分專業，先成立綜合性的工程學會。隨著工程事業不斷發展，專業性要求的逐漸增強，以及各專業人員的增多，促使了各專門學會的成立。於此同時，許多工程技術課題又遠遠超出了單個專業範圍，不同專業的工程師合作方能解決，這推動了工程學會大聯盟的成立。

在自然科學方面，首先成立了綜合性科學團體，如中國科學社。然後數學、物理及化學等專門學會相繼成立。但始終沒有成立自然科學學會大聯盟。

2. 學會的社會功能日益增強。中國工程師學會成立伊始，大都注重自身的發展。隨著會員的增加，以及組織結構的完善，學會開始了工程、經濟、教育方面等專題研究。抗戰時期，學會又增加了軍事工程的研究以及協助各地政府發展經濟建設。學會社會功能的增強，是學會持續發展的重要原因。

第二章 推進工程師力量的整合

20 世紀初，隨著中國工程教育的發展以及留學教育的開展，中國國內已經有了一些工程科技人才。他們有的從事工業生產如侯德榜等，有的從事工程建設如詹天祐、茅以升等，有的從事工程教育如林鴻勳、劉仙洲等。因中國工程科技人員數量少，加之工程事業範圍廣，因此當時各個領域的科技人才都很缺乏。為了易見成效，有必要把中國工程科技人才組織起來，群策群力才能辦好事業。中國工程師學會的成立使其成為現實，該會以「聯絡工程界的同志」為宗旨，致力於把不同地方、不同專業的工程師聯絡起來，成為當時「中國最大最強的學術團體」〔註1〕，推動了工程師共同體的形成。這既有利於工程師職業群社會地位的提高，也有助於工程科技的交流與研究。本章試從組織形式及職業精神的培養形成兩方面，考察學會在組織與領導工程師群體過程中所發揮的重要作用。

2.1 中國工程師學會的組織形式

總體而言，中國工程師學會通過借鑒與學習西方科技團體，不斷調整與完善學會的組織結構，使學會領導與團結工程科技人員的能力不斷加強。中華工程師學會成立了職員會，下設董事會與執行部，其中會長、副會長與董事組成理事部，幹事長與會計組成執行部。

〔註 1〕茅以升：憶中國工程師學會，中國文化史科文庫，文化教育編第十六卷（20～160）〔M〕：734。

　　會長與副會長負責「籌劃會務」；董事「代表會員全體籌劃進行方針，預謀發展計劃，審查預算決算，議決各項會務與審決各會員入會升級等事項」；幹事長「秉承會長理事部所決議之一切會務」；會計「掌管本會款項帳目與本會餘款及本月收入，以本會名義存入本會所指定銀行生息」〔註2〕。

　　從組成部分看，中華工程師學會的組織結構較簡單。在學會的發展初期，這種結構還能夠適應學會的發展。但隨著學會規模不斷的擴大，會員對學會功能的要求逐漸增多，如科技交流與研究的需求，提供職業幫助的需求，學會就應該增設專門機構，負責實施。後來，中華工程師學會也增設了一些專門機構，但大多沒有運作。由於沒能提供相應的平臺與服務，學會也逐漸失去了活力與吸引力。

　　中國工程學會及合併後的中國工程師學會，克服了組織單一的缺陷。學會不僅設有董事會、執行部，而且創設了專門委員會、基金監、分會等部分。

　　董事會（理事部）是學會的最高領導機構，由會長、副會長及董事組成，責權如下：

　　　1. 決議本會進行方針。
　　　2. 審核執行部之預算決算。
　　　3. 審查會議資格。
　　　4. 決議執行部所不能解決之最大事物。
　　　5. 其他本章程規定之職務〔註3〕。

　　執行部由會長、副會長、總幹事、會計、文書幹事、事務幹事及總編輯組成。總幹事長承會長之命，綜理學會執行部日常事務；文書幹事掌管學會一切文書事務。會計幹事掌管學會一切會計事務；事務幹事掌管學會除文書、會計以外之一切事務；總編輯主持學會會刊及叢書編輯事宜；基金監保管學會基金及其他特種捐款，但不得兼任其他職務〔註4〕。

　　董事會開會無定期，但每年至少開四次會議，由會長召集。執行部每月開會一次，由總幹事長主持。董事會、執行部是學會的決策與管理部門，保障學會的發展方向與正常運轉。與中華工程學會相比較，中國工程師學會的理事部、執行部的職責規定更具體，更全面，以利於學會的各項工作確切實施。

〔註2〕《中華工程師學會章程》，1915年單行本，上海圖書館藏。
〔註3〕中國工程師學會章程，《中國工程師學會會務月刊》，1931年9月第1卷第1期。
〔註4〕中國工程師學會章程，《中國工程師學會會務月刊》，1931年9月第1卷第1期。

除了董事部、執行部外，專門委員會及分會也是中工程師學會的重要機構。正是分會與多個專門委員會的工作，學會才得以有效地組成一個共同體，才得以開展科技交流與研究。筆者試從分會，專門工程師學會、專門委員會及團體會員等方面詳細分析學會如何有效地聯絡工程科技人才，分述如下：

2.1.1　發展分會：聯絡各地工程科技人員

隨著全國工程科技人員不斷增多，爲了便於聯絡，發展會員，中國工程師學會決定設立分會。對分會的設置這樣規定：「凡會員十人以上同一處者，呈請董事會認可，組織分會」〔註5〕。可見，學會對於設立分會的要求不高，目的在於鼓勵各地會員建立分會，以更多吸納各地工程科技人員

1913 年 11 月，中國工程師學會成立了第一個分會——廣州分會。至 1945 年，各地共建成 62 個分會，具體情況如表 2.1。

表 2.1：中國工程師學會各地分會信息表（1913～1937）

分會名稱	成立時間	首任會長	分會名稱	成立時間	首任會長
廣州分會	1913 年 11 月	容棋勳	瀋陽分會	1929 年	張潤田
北京分會	1915 年 2 月	華南圭	濟南分會	1929 年	張含英
美國分會	1920 年 9 月	顧宜孫	英國分會	1929 年	聶光褌
上海分會	1921 年 3 月	劉錫棋	唐山分會	1930 年	李書田
北京分會	1922 年 12 月	吳承洛	梧州分會	1930 年	凌鴻勳
天津分會	1923 年 7 月	羅英	葫蘆島分會	1931 年	張含英
杭州分會	1925 年	徐守禎	長沙分會	1931 年	胡庶華
青島分會	1926 年	王節堯	廣州分會	1933 年	凌鴻勳
南京分會	1927 年	吳承洛	南京分會	1935 年	李運華
武漢分會	1927 年	黃昌款	大冶分會	1935 年	張寶華
太原分會	1928 年	唐之肅	重慶分會	1935 年	盛紹章
蘇州分會	1928 年	沈百先	西安分會	1936 年	李協
南昌分會	1937 年	龔學遂	成都分會	1939 年	盛紹章

〔註 5〕中國工程學會會章（1925），上海市檔案館藏 Y4—1—771，7。

分會名稱	成立時間	首任會長	分會名稱	成立時間	首任會長
桂林分會	1939 年	惲震	昆明分會	1939 年	徐佩橫
香港分會	1939 年	吳蘊初	城固分會	1939 年	賴璉
平越分會	1940 年	茅以升	貴陽分會	1940 年	薛次莘
嘉定分會	1940 年	邵逸周	西昌分會	1940 年	胡博淵
蘭州分會	1940 年	宋希尚	全州分會	1940 年	柴志明
泰和分會	1940 年	洪中	麗水分會	1941 年	趙曾汪
遵義分會	1941 年	李熙謀	瀘縣分會	1941 年	吳欽烈
柳州分會	1941 年	茅以新	耒陽分會	1941 年	余籍傳
大渡口分會	1941 年	張連科	自流井分會	1941 年	朱寶岑
宜賓分會	1941 年	鮑國寶	內江分會	1941 年	高步昆
衡陽分會	1941 年	石至仁	祁陽分會	1941 年	陳宗淇
大庚分會	1941 年	程義法	贛縣分會	1941 年	張澤堯
永安分會	1941 年	包可永	宜山分會	1941 年	侯家源
辰谿分會	1941 年	胡庶華	天水分會	1941 年	凌鴻勳
康定分會	1942 年	駱美輪	廣東分會	1942 年	蕭冠英
坪石分會	1943 年	陳宗南	南平分會	1943 年	汪瀏
白沙沱分會	1943 年	張志純	雲和分會	1943 年 10 月	陳瓊
老君廟分會	1945 年	邵逸周	東北分會	1945 年	高惜冰

資料來源：據《中華工程師學會會報》、《工程》、《工程週刊》、《三十年來之中國工程》
　　　　編製。

由上表可見，中國工程師學會在發展分會方面有四個特點：

其一、地域分佈廣。除了美國分會、英國分會外，中國 22 省份都有中工
程師學會的分會，在聯絡各地工程科技人才方面發揮的巨大作用，是其他任
何機構所不能比擬的。

其二、分會會長都是工程界名人。如凌鴻勳：留學美國，1918 年歸國後，
20 年代歷任上海交通大學教授、校長，20 年代末至 40 年代，歷任鐵道部和
交通部技正，隴海、天成、寶天及湘桂鐵路或路段工程局局長、總工程師；

茅以升：留學美國，1921 年歸國後，30 年代歷任多所工程院校的教授、校長；40 年代歷任杭州錢塘江橋工程處處長及交通部橋樑設計處處長。這些人在工程方面貢獻大，又長期擔任政府要職。由於他們威望高、影響力大，由他們擔任分會會長，有利於分會的建立與發展。

其三、各分會會長都在總會曾任重要職務。如胡庶華、李熙謀、吳承洛等都在多個地方擔任分會會長，同時又曾擔任總會會長、副會長、董事或編輯。這一特定模式既有助於加強總會與分會的聯繫，也有利於分會的發展。

其四、分會地點選擇是經過深思熟慮的。抗戰前，分會都設在大城市。這主要因為大城市人才集中、交通便利，有助於發展會員以及開展工作。抗戰時期，因為戰爭導致的中國科技中心西移，加之人們迫切希望開發大後方以支持抗戰的進行的實際需要，中國工程師學會積極地在大後方各省發展的分會，研究戰時國防、經濟問題，有力地支持了民族抗戰。

隨著分會的數量增多，加之分會規模不斷增大，中國工程師學會會員迅速增加。由最初的 67 人，到 1931 年的 2169 人，1944 年多達 9242 人，1949 年增至 16717 人〔註6〕。其中重慶分會的規模最大，會員人數達 2066 人，南京分會人數為 1192 人〔註7〕。可見，分會在吸納會員方面的巨大作用。

表 2.2：中國工程師學會各分會會員統計表（1948 年）

分會名稱	會員人數	分會名稱	會員人數	分會名稱	會員人數	分會名稱	會員人數
南京	1192	昆明	107	福州	398	錦州	188
上海	513	貴陽	235	長壽	11	臺灣	812
北平	482	蘭州	342	瀘縣	41	塘沽	564
天津	650	衡陽	228	內江	53	上饒	308
武漢	768	長沙	437	自流井	24	柳州	80
瀋陽	137	南昌	25	大渡口	63	杭州	176
濟南	67	西安	83	白沙沱	79	湛江	243
廣州	1158	太原	142	天水	354	蘇州	49

〔註6〕茅以升：憶中國工程師學會，中國文化史科文庫，文化教育編第十六卷（20～160）〔M〕：734。
〔註7〕中國工程師學會編印，中國工程師學會三十七年度會務報告〔M〕：16。

分會名稱	會員人數	分會名稱	會員人數	分會名稱	會員人數	分會名稱	會員人數
重慶	2066	桂林	74	老君廟	197	梧州	74
成都	12	青島	632	南平	32	其他	1743
嘉定	31	南寧	136	開封	264		

資料來源：中國工程師學會編印，中國工程師學會三十七年度會務報告〔M〕：16。

除了發展會員外，分會還爲總會承擔了多項日常會務，如會費的徵收、會刊的分發以及總會年會的籌備、接待和善後工作。

另外，分會具有很強的自主性。分會內設有正副會長、董事部及執行部，其組織完善。例如天津分會，該會成立於 1923 年 6 月 28 日，羅英主持會務，羅英、張自立、譚葆壽、張時行爲委員。分會下設會員股、工程譯書股、交際股、編輯股等部門。薛紹清任書記，盛紹章任會計。歷任會長有羅英、華南圭、茅以升、李書田等；歷任副會長爲劉頤、譚葆壽等；歷任會計爲張自立、邱凌雲、楊先乾等。與總會比較，分會規模較小，但機構比較健全。

分會可以獨立開展科技活動。如 1941～1942 年度，重慶分會主要活動如下：

1. 參觀附近工廠。一年來共計舉行 6 次，參觀 20 多個廠，參加人數總計 270 人，便於會員充分瞭解後方各種工業之實際情況。
2. 召集全體會員大討論工業動員問題，並聘請章乃器、張劍鳴等演講，以提高會員工業動員意識。
3. 舉行學術演講、無線電展覽會並請中華無線電協會表演無線電。

因此，分會的作用不僅在於快速聯絡工程科技人員，避免科技人員一盤散沙的局面，更重要的是分會的科技活動使各地科技工作者有了合作與交流的中心，便於會員就近參加經常性的活動，有利於本地技術問題的研討與動員。特別在戰爭期間，因安全缺乏、經費短缺，交通不便，全國性的活動不易舉行，分會的活動無疑是整個中國工程師學會科技活動的重要組成部分。

可見，分會是總會的重要組成部分。發展分會是學會聯絡各地科技人員，開展學術活動的重要手段。

2.1.2　聯合各專門工程學會：整合各專業工程人才

在整合各地科技力量過程中，中國工程師學會又啓動了聯絡各專門工程學會的工作。至 1949 年，礦冶、水利、電機、機械等 15 個專門工程學會先後成立。這些專門學會與中國工程師學會的淵源頗深，絕大部分專門學會是以中國工程師學會爲母體，孕育發展起來的。相對於分會，專門工程學會具體更強獨立性，他們各自收取會費，規劃自己的科技事業。

以中國電機工程學會爲例，1934 年 10 月，該會在上海成立。李熙謀爲第一任會長，張延金等 10 人組成董事會。張惠康爲秘書董事，裘維裕爲會計董事。該會制定了學會章程 32 款，以「聯合電工界同仁，研究電工學術，協力發展中國電工事業」〔註8〕。

該會會員分爲會員、學生會員、名譽會員、贊助會員。學會成立伊始，有會員 67 人；1937 年近 300 人；1948 年底約 1200 人。

按照章程規定，每個地方有 10 人以上即可組織分會。抗戰時期，先後成立的分會有「重慶、昆明、蘭州、桂林、成都、貴陽、遵義、麗水、辰溪、固城、香港、嘉定、上海等分會；1947 年又先後成立了杭州、臺灣、天津、武漢、南京、廣州及北平等分會；抗戰期間，成立的學生分會有六所大學，抗戰勝利後，又有四所大學成立了學生分會」〔註9〕。

該學會下設有出版、電工名詞審查、職業介紹、叢書編輯、通俗電學、年會籌備、電工實驗所籌備，電工技術等委員會，發行了《電工》雜誌，後改爲《電世界》，舉行了 12 次年會。

該會主要從事電工名詞審定、電工標準制定等重要工作。

可見，中國電機工程學會，主要團結與領導電工方面的專業人才，從事電工學術交流與研究。電機工程技術屬於工程技術一個分支。與中國工程師學會相比較，中國電機工程學會則屬於專門工程學會。

表 2.3：各專門工程學會一覽表

名　稱	成立時間	地　點
中華化學工業會	1922 年 4 月	北京
中國建造師學會	1927 年 10 月	上海

〔註 8〕中國電機工程學會五十年〔J〕，中國科技史料，1985，6（6）：41～42。
〔註 9〕中國電機工程學會五十年〔J〕，中國科技史料，1985，6（6）：41～42。

名　稱	成立時間	地　點
中國礦冶工程學會	1927 年 9 月	北京
中國化學工程學會	1929 年 5 月	美國
中國紡織學會	1930 年 4 月	上海
中國水利工程學會	1931 年 9 月	南京
中國電機工程學會	1934 年 10 月	上海
中國自動機工程學會	1935 年 6 月	上海
中國機械工程學會	1936 年 5 月	杭州
中國土木工程師學會	1936 年 5 月	杭州
中國航空工程學會	1934 年 1 月	杭州
中國衛生工程學會	1932 年 8 月	重慶
中國市政工程學會	不詳	重慶
中國造船工程學會	1943 年 2 月	重慶
中國動力工程學會	不詳	不詳

資料來源：吳承洛：三十年來之中國工程師學會〔M〕，中國工程師學會主編，三十
　　　　　年來之中國工程，1946：39；渠長根主編：民國杭州〔M〕，2102：72；
　　　　　中國科學技術協會學會學術部編：全國學會、協會、研究會簡介〔M〕，
　　　　　2006：130；茅以升：憶中國工程師學會，中國文化史科文庫，文化教育
　　　　　編第十六卷（20～160）〔M〕：734。

　　隨著各專門工程學會成立，中國的工程科技人才便逐漸以這些學會爲中
心，形成了土木、水利、衛生等多個專業工程師群體，這既有利於相近或相
同專業的會員之間交流，也有利於工程學不斷地細化，便於集中科技力量攻
克各項工程科技難題。但從工程實踐角度看，每項具體的工程都需要多種工
程師相互配合，例如一個發電廠的問題，便需要電機、機械、化工三種工程
師來共同解決；造一座橋樑，便需要建築、土木、機械三種工程師共同辦理。
因此，不同專業的工程師之間的合作則成爲解決工程問題、提高工程效率的
重要條件。工程學會的細化與聯合都是學會發展的歷史趨勢。

　　爲了聯合各專門工程學會，1936 年杭州年會上，中國工程師學會與土木、
礦冶、水利及紡織等四個專門工程學會舉行聯合會議，專門商討各學會的聯
絡問題。

1936 年 5 月 23 日，中國工程師學會、中國電機工程學會、中華化學工業會、中國礦冶工程學會、中國化學工程學會、中國水利工程學會、中國自動機工程學會、中國機械工程學會、中國土木工程師學會等九個工程學術團體執行部共同召開聯席會議，決議以下聯絡方式：

1. 請中國工程師學會正會員一律加入各專科學會為會員，並請各專科會員合於中國工程師學會會員資格之會員，一律加入中國工程師學會。

2. 中國工程師學會之刊物，注重國內外實際建設報告，各會刊論文摘要，普通工程論文。各專科學會之刊物注重理論及試驗，愈專愈佳。請各位總編輯隨時取得密切聯絡。

3. 將各專科學會會員錄交中國工程師學會彙編聯合會員錄。

4. 各執行部每年至少舉行聯席會議一次，遇必要時，由中國工程師學會臨時召集之。經三團體之提議，亦得臨時召集〔註10〕。

隨後，又召開了四次聯席會議，最後制定了 11 條聯絡辦法。1939 年昆明年會，又補充了六點，共 17 條，主要有：

1. 現有已有組織之各專門工程學會，一律加入中國工程師學會為團體會員，各專門工程學會會員有合於中國工程師學會會員資格者，均宜加入中國工程師學會為會員。

2. 中國工程師學會仍照現在，將所有會員，依照學科，暫分為土木、機械、電機、礦冶、化工五組。中國工程師學會董事，於每年改選五人，在各專門組內各選一人充任。

3. 中國工程師學會與各專門工程學會，約定每年在同一地點，同一日期舉行聯合年會，在聯合年會時，其開會閉會儀式，集合舉行，事務會議各學會單獨舉行，學術討論會，由中國工程師學會各專門組，與各專門工程學會聯合舉行。

4. 專門工程學會之編輯，皆同時為中國工程師學會之編輯，所需編輯資料，互相供給，其刊物互相交換，並由中國工程師學會，聯

〔註10〕　九工程學術團體執行部第一次聯席會議紀錄，五工程學術團體聯合年會紀念刊〔M〕，92。

合各工程學會，歲出總年刊一次〔註11〕。

依照上述辦法，各專門工程學會會員即為中國工程師學會之會員，共同舉行年會，協調發行刊物。年會、刊物是學術團體開展活動的主要方式。「合開年會、協作舉辦刊物」標誌著中國工程師學會與各專門學會形成了有機整體。

中國工程師學會不僅制定了多項可行聯絡辦法，還設立各專門組委員會，實際負責推進與各專門工程學會的聯絡。隨後，專門組委員會組又制定了組織章程，規定「設立土木、機械、電機、礦冶及化工五專門組委員會……負責各專門學會之合作」〔註12〕。例如土木組負責整合中國土木工程學會、中國衛生工程學會、中國水利工程學會、中國市政工程學會、中國建造師工程學會等。

表 2.4：各專門組委員一覽表

名　稱	成　　員
土木組	主任委員：沈怡 委員：李儀祉、薩福均、顏德慶、須愷、陳體誠、華南圭、沈百先、趙祖康、夏光宇、林鴻勳、茅以升、汪胡楨、莊俊、鄒恩泳
機械組	主任委員：張可治 委員：唐炳源、黃炳奎、錢昌祚、支秉淵、程孝剛、吳琢之、莊前鼎、顧毓瑔
電機組	主任委員：李熙謀 委員：許應期、朱其清、陳長源、惲震、顧毓琇、趙曾玨、裘維裕、張惠康
礦冶組	主任委員：曾養甫 委員：胡博淵、王寵祐、胡庶華、楊公兆、秦瑜、黃金濤、張軼歐、孫昌克
化工組	主任委員：徐善詳 委員：侯德榜、徐佩璜、戴濟、吳承洛、吳蘊初、徐名材、吳欽烈

資料來源：工程週刊，1935，4（11）：169。

另外，中國工程師學會還注重各地分會與專門工程學會的聯合，其規定如下：

〔註11〕　吳承洛：三十年來之中國工程師學會〔M〕，中國工程師學會主編，三十年來之中國工程，1946：16。

〔註12〕　中工程師學會與各專門組委會組織章程〔J〕，工程週刊，1936，4（12）：152。

各分會應將當地會員分作五組，每組推定或由分會會長制定組
長一人，協助各該組委員會辦理專門事務並分組舉行學術演講與討
論會。各組委員會及各地分組組長應與成立之專門工程學會學術團
體聯絡合作〔註13〕。

至此，各專門學會聯合系統建立起來了。對於中國工程師學會而言，可以聯
絡更多的科技人員，擁有更強的力量，有助於解決科學技術上的難題；對於
各個專門工程學會來說，擁有了更大的合作平臺，有利於會員互相交流信息，
協調行動，有助於專門學會的發展。

實際上，抗戰期間，中國工程師學會成功地組織與領導了工程學會集團，
正是依靠這種聯盟，開展了多項科研活動，為戰時科技、經濟發展做出了積
極貢獻，也為自身的生存與發展贏得了一定的空間。

2.1.3　設立法定委員會：按實際問題聯合人才

中國工程師學會不但重視整合各地、各專門工程學會的力量，而且注重
聯絡不同專業，不同部門的工程科技人員，這一目標是通過成立法定委員會
實現的。為了切實推進各項日常會務及研究工作，中國工程學會在成立伊始，
就設立了專門機構。例如工程名詞委員股負責編譯審定工程名詞；會員委員
股則專門負責會員的入會、聯絡等。由於法定委員股數量不斷增加，規模也
不斷增大，後改稱為法定委員會。

學會的法定委員會有長期委員會和臨時委員會兩種。臨時委員會是學會
專為解決某些臨時問題而設立的機構，例如年會籌備委員會，負責本年度年
會的接待、會議組織以及善後工作。年會結束後，此機構自行停止。

長期委員會是學會致力於重大目標而設立的機構。例如材料試驗委員
會、工程標準協進會、工程名詞編輯委員會、科學諮詢處、工程教育研究委
員會、總理實業計劃研究會、工程教科書委員會及大學工科課程標準起草委
員會等20多個法定委員會。

這些委員會都有獨立的組織，是中國工程師學會具體實施部門。表2.3是
部分委員會的組成情況。

〔註13〕　中工程師學會與各專門組委會組織章程〔J〕，工程週刊，1936，4（12）：152。

表 2.5：各法定委員會組成情況

委員會名稱	組成人員
建築材料試驗委員會	委員長：沈怡、委員：徐佩璜、薛次莘、李垕身、支秉淵、徐恩曾、顧道生、黃伯樵
經濟設計委員會	徐佩璜、胡庶華、張延祥、朱樹怡、李淑
建築條例委員會	委員長：薛次莘、委員：李鏗、許守忠、薛卓斌、朱耀異、徐百揆
工程研究委員會	徐恩曾、胡博淵、徐凰石、鍾兆林、楊公兆、吳稚田、許心武、周坤厚
工程教育委員會	金問洙、楊孝述、茅以升、戴濟、陳茂康、張含英、梅貽琦、周子競、李熙謀、程干雲、阮介藩、譚伯羽、鄭肇經、陳懋解、徐佩璜、陳廣沅、許應期、孫昌克、愈同奎、鄒恩泳、李昌作、唐藝青、徐名材、遠綸
會員委員會	黃炳奎、徐紀澤、徐百揆、朱耀庭、邱凌雲、王節曉、張潤田
職業介紹委員會	朱有騫、馮寶齡

資料來源：工程，1930，6（1）：11。

　　這些委員會根據各自解決問題的需要，聯絡不同專業工程科技人員，協調合作，共同攻關。如在 1931 年的《實業計劃》研究項目中，該委員會就聘請了「鐵路、公路、航業電信、港務、市政、動力、水利、工業、礦冶、兵工、墾殖」〔註14〕等 10 工程專業科技人員。1943 年，增加了「建築、造船、農業、經濟地理、都市建設、醫藥衛生」〔註15〕等專業。1945 年，擴充了利用「外資研究組、衛生組」〔註16〕。研究會不僅包括所有工程專業，還有部分自然科學、社會科學等方方面面。

　　這種以解決問題爲中心的組織方式，有利於聯絡工程專業之外的科技人才，爲各種專題的研究提供了人才保障。事實上，學會開展的科研活動，大都是以這種形式完成的。

　　另外從法定委員會的名單不難看出，學會的研究不僅在工程方面，而且涉及經濟、教育、文化等諸多領域。對於會員而言，通過這些學會的研究活

〔註14〕　中國工程師學會三十一年度會務報告，國家圖書館藏，1943：15。
〔註15〕　中國工程師學會三十二年度會務報告，國家圖書館藏，1943：24。
〔註16〕　中國工程師學會三十三、四年度會務報告，國家圖書館藏，1943：20～24。

動，可以瞭解相關領域亟需解決的問題，拓寬視野，增加解決實際問題的能力。對學會來說，通過對科技、經濟、教育等方面課題研討，必定可以爭取到自己參與相關領域的發言權，樹立起應有的學術權威，這將有利於增強學會活力，也有利於工程科技研究與交流活動等進一步發展。

除了上述三種組織方式，中國工程師學會還通過團體會員形式，聯絡各大學、企業、工程管理部門的科技人員。至 1948 年，中國工程師學會共有新舊團體會員 197 個單位，其中包括國立清華、中山大學工學院、中正大學工學院等 13 所院校研究所；97 個工廠或公司，如資源委員會管轄的機械製造廠、化工材料廠、中央電工器材廠等重要國企；87 個工程管理機構，如湘桂鐵路管理局、粵漢鐵路管理局、福建省建設廳等〔註 17〕。

總之，分會系統注重按地域聯絡人才，專門學會系統以專業來組織科技人員，專門委員會系統則以實際需要進行組織人員，團體會員則以院校、研究所、企業、工程管理部門為聯絡對象。憑藉上述四種組織形式，學會不僅團結了大批科技人員，而且還有效地把科技人員組織起來，成為民國時期唯一的全國性科技、職業組織。

即使以現代的眼光看，中國工程師學會這種組織方式仍然值得當今的工程學會借鑒。

2.2 工程師群體職業精神的形成

中國工程師學會不僅重視以具體的組織系統，從形式上把工程師團結在一起，而且還重視職業精神的培養，致力於從精神上把工程師聯絡起來，以更好地服務於工程事業。這方面的工作主要通過制定「工程師信條」、創設「工程師節」及維護工程師群體的利益得以體現。

2.2.1 制定工程師信條

民國初期，中國工程事業剛剛起步，還沒有形成工程師的職業角色，社會上也沒明確規定工程師的角色要求。由於掌握了高深的知識和複雜的技術，所從事的職業對社會有引導作用，所以工程師職業群體對社會負有重大責任，因此，必須對這一群體的職業行為與倫理道德做出規定，以約束與指

〔註 17〕 中國工程師學會編印，中國工程師學會三十七年度會務報告〔M〕：5〜14。

導工程師群體的行爲。然而，一般的民眾難以理解工程師怎麼做才對社會最有利。在這種情況下，作爲專業的科技團體與職業組織，中國工程師學會適時提出制訂「工程師信條」，無疑適應了社會要求，對會員職業精神的培養，工程師共同體的形成具有重大意義。

所謂「工程師信條」，是指工程師在從事工程事業時應該遵守的行爲準則或道德規範。在制訂「工程師信條」一事上，中國工程師學會做過多種探討，形成過不同的版本，前後有四次之多。本節以這些不同版本的「工程師信條」爲線索，探究學會關於工程師的責任思考，進而論證中國工程師學會在工程師職業精神培養方面的重要貢獻。

制訂中國工程師學會「工程師信條」工作起步於 1932 年，在當年的中國工程師學會天津年會上，李書田等人提出組織「工程師信守規條委員會」，制訂「工程師信守規條」的提案，得到與會者贊同。首先，會員惲震提出了一個自己擬訂的「信守規條」，而學會聘請的會員李書田、華南圭、邱凌雲三人組成的「工程師信守規條委員會」，也擬定了中國工程師學會的一個「信守規條」。兩個方案有所不同，惲震的方案形式簡潔，內容上注重工程師的個人道德操守，但對工程事業特點體現不夠。李書田等人擬訂的「工程師信條」，在強調個人操守方面有所弱化，增加了利益防範方面的內容。兩個方案並存，爲決定取捨，中國工程師學會將這兩種草案同時在《工程週刊》上發佈，徵求意見。會員對兩種方案均表不滿，這種情況下，中國工程師學會只有繼續組織人員擬訂。

經過一年的討論，1933 年，在武漢召開中國工程師學會年會，會議討論了學會聘請胡庶華、凌鴻勳、邵逸周三人在前兩版方案基礎上擬定的第三版「中國工程師學會信守規條」，予以認可。該方案具體內容如下：

一、不得放棄責任或不忠於職務；

二、不得授受非分之報酬；

三、不得有傾軋排擠同行之行爲；

四、不得直接或間接損害同行之名譽及其業務；

五、不得以卑劣之手段，競爭業務或位置；

六、不得作虛僞宣傳或其他有損職業尊嚴之舉動。〔註18〕

〔註18〕 中國工程師學會武漢年會會務會議記錄〔J〕，工程週刊，1933，2（12）：68。

這是中國工程師學會正式認可的「工程師信條」。該版信條對工程師行業特點有直接的反映。第一條是對個人職守的要求，這對任何行業都是需要的。工程行業涉及到大量物資資金往來，有經濟利益牽涉其中，第二、五條反映了工程行業的這一特點。工程行業是一個需要大量合作的行業，第三、四條為工程師之間的合作設置了前提。第六條則是對行業信譽設置的保險。這一版準則綜合了前兩個草案的內容，體現了學會對工程師所應承擔責任的認識的深化，中心思想聚焦在工程師要誠實守信，相互合作上，充分反映了工程事業的行業特點。

抗戰爆發後，隨著國家局勢的變化，「工程師信條」也應與時俱進，做相應修改。1941 年，中國工程師學會在貴陽召開年會，為適應抗戰的需要，年會對已有的「工程師信條」做了修訂，通過了新的「中國工程師信守規條」，內容增加到八條：

一、遵從國家之國防經濟建設政策，實現國父之實業計劃；

二、認識國家民族之利益，高於一切，願犧牲自有，貢獻能力；

三、促進國家工業化，力謀主要物資之自給；

四、推行工業標準化，配合國防民生之需求；

五、不慕虛名，不為物誘，維持職業尊嚴，遵守服務道德；

六、實事求是，精益求精，努力獨立創造，注重集體成就；

七、勇於任事，忠於職守，更須有互切互磋，親愛精誠之合作精神；

八、嚴以律己，恕以待人，並養成整潔樸素，迅速確實之生活習慣〔註19〕。

由這些條目可見，1941 年通過的信條更強調工程師在國家、行業、同事、個人等方面應達到的標準與承擔的責任。由第一條至第八條，反映了工程師應該承擔的各種責任，首先是對國家的責任。而實現這些責任的基礎，則在於個人品行的自我完善，同事間的精誠合作。由第八條至第一條，是對個人品行的要求，它規定了工程師先要自我完善，然後才能報效國家，逐步實現其人生重大意義。這樣的信條設計，與中國知識分子長期以來秉持的「修身、齊家、治國、平天下」的理念是一致的。

〔註19〕　中國工程師信條，中國工程師學會編：中國工程師學會三十週年紀念冊，上海圖書館藏，1946 年。

　　與「1933 年信條」相比，中國工程師學會 1941 年通過的信條反映了時代特點，把國家民族利益置於首位，政治色彩較重，這主要是因爲當時正處抗戰時期，工程師肩負關係國家復興與工程建國之重任，理應做如此之規定。同時我們也應看到，新一版的「工程師信條」涵蓋面增加了，具有更廣泛的適應性。

　　縱觀「中國工程師信條」的訂立和修改過程，不難發現，對個人品德和職業操守的強調，一直是「中國工程師信條」的主要內容。抗戰時期，學會適應抗戰特別時期的要求，著重強調國家民族利益至上。這表明，學會在制定「中國工程師信條」的過程中，既高度重視對個人修爲的要求，也繼承了中國知識分子憂國憂民的優良傳統。

　　「工程師信條」是中國近代史上第一個關於工程師職業操守的責任體系，又恰逢在中國工程事業起步階段，以及抗戰的艱難時期，它的提出，無疑對工程師職業精神的培養以及抗戰動員，都具有重要意義。它是聯絡工程師群體的一條精神紐帶。

2.2.2　創設工程師節

　　關於創設「工程師節」的意義，中國工程師學會會長吳承洛先生曾講到，「工程師節之意義，有如教師節。……旨在宣傳工程，旨在力求工程師之自覺」〔註 20〕。可見設立「工程師節」目的有兩個，其一，增強工程師的職業認同感，工程師與教師、律師相似，都是專業性很強的重要職業；其二，鼓勵工程師愛崗敬業，爲工程事業貢獻力量。

　　中國工程師學會創設「工程師節」的想法始於 1940 年，在當年的成都年會，會員們爲了紀念大禹，決定把「工程師節」定於大禹的生日——6 月 6 日〔註 21〕。1943 年，國民政府把「工程師節」定爲法定節日〔註 22〕。

　　1941 年，中國工程師學會與重慶分會聯合舉行第一屆「工程師節」慶祝大會，舉辦工程展覽，播放電影，有三百多人參與。另外，成都、昆明、貴陽等十個分會也都舉行了隆重慶祝活動。例如昆明分會連續 5 日舉行了演講

〔註20〕　吳承洛：三十年來之中國工程師學會〔M〕，中國工程師學會主編，三十年來之中國工程，1946：20。

〔註21〕　房正博士關於工程師節的日期考證比較詳細，見中國工程師學會研究（1912～1950），復旦大學博士論文，2011，66。

〔註22〕　中國工程師學會三十五、六年度會務報告，國家圖書館藏，1947：18。

與工業展覽。6 月 5 日，莊前鼎做《紀念工程師節》的演講；6 月 6 日，張西林講《中國農村經濟建設》；6 月 7 日，惲震講《中國工業化》；6 月 8 日，交通部美籍顧問貝克講《軍事運輸》；6 月 9 日，莊前鼎再做《防空知識》演講等。工業展覽品包括昆明各試驗工廠及兵工廠之製造品及模型、照片和圖表等〔註23〕。

　　1943 年，中國工程師學會及分會舉行第三屆「工程師節」，總會與重慶分會聯合舉行慶祝大會，黨政要員及會員共 500 多人參加。大會向全國工程師致慰問電，播放電影，請多位工程專家在電臺及中央大學等處公開演講。各工廠同時亦開放一日招待參觀。西安、蘭州、桂林等 13 個分會都舉行了紀念活動。

　　此後歷年中國工程師學會及各地分會都舉行盛大慶祝活動，前後共舉行 8 次。1948 年，是中國工程師學會舉辦的最後一次」工程師節」，南京、北平、太原、天津、漢口、上海等分會都舉行了相關慶祝活動。

表 2.6：中國工程師學會及分會紀念工程師節活動（1948 年）

名　稱	活動內容
中工程師學會與南京分會	聯歡會、學術演講、展覽、廣播，1000 多人參與
北平分會	展覽、學術演講，300 多人參與
太原分會	學術演講
天津分會、北洋大學及華北水利局	學術演講
漢口分會	聯歡會
上海分會、中國科學社、中華自然科學社、中國技術學會	學術演講、聯歡會

資料來源：中國工程週報，1948，46：2。

　　由上述可知，「工程師節」有兩個特點：其一，工程師節越來越受到重視。最初，工程師節的舉辦者是中國工程師學會及分會，後來，各地工學院及工廠都自發舉行紀念活動。如浙江大學工學院、瑞華公司玻璃製造廠、上海機器廠、四川水泥股份有限公司、申新第四紡織公司重慶分廠、大興麵粉廠、貴州企業公司貴州絲廠、中央工業實驗所窯業示範試驗工廠、復興麵粉股份

─────────────

〔註23〕　中國工程師學會三十一年度會務報告，國家圖書館藏，1947：28。

有限公司等〔註24〕。1943 年，國民政府確認「工程師節」為法定節日後，其他科學團體與機關單位也都紛紛舉辦慶祝儀式。這表明工程事業逐漸受到社會各界的重視，工程師職業開始被社會認可與尊重。

其二，「工程師節」活動豐富。除了聯歡會外，「工程師節」還有學術演講、電影、展覽、參觀考察等項目，為工程師提供了多個交流機會。這無疑增強了工程師群體之間聯繫和互動。

總之，「工程師節」的創設對於宣傳工程事業、增強工程師的職業認同感，促進工程師共同體的形成具有重要作用。

2.2.3 維護工程師群體的利益

中國工程師學會為了推進工程師共同體的形成，對內通過發行專業刊物、舉行學術年會及組織專題研究，提高工程科技人員的知識與技能，通過制定「工程師信條」，確立工程師的行為準則與道德規範；對外，通過創設「工程師節」、介紹職業、創建技師公會、提倡工程師法等形式，向社會宣傳工程師職業的重要性，維護工程師群體的利益，以凝聚工程師群體的力量。

1. 介紹職業

民國時期，連年的軍閥混戰及日寇侵華，嚴重阻礙了中國發展，工程科技人員謀得一合適職業，也非常困難。誠如一留學生所言，「今日吾國，國事紊亂，事業停滯，已達極點，工程學生幾無插足之地」〔註25〕。作為科技團體，學會還承擔起為科技人員介紹職業的責任。

學會首先成立職業介紹委員會，朱有騫任委員長，馮寶齡、徐恩曾任委員。學會還制定了介紹職業簡章，規定「以介紹相當技術人才發展工程事業為宗旨」，介紹的人才「以曾經專門技術訓練或相當經驗者為限」，「凡委託本委員會待聘技術人才者概不取費…經本委員會介紹而得有位置者，永久會員得自由捐助普通會員應捐第一月薪十分之一，非會員十分之三以資彌補」〔註26〕。可見，學會以介紹熟練的高級人才為主，並適當收取費用。

學會主要通過《工程》和《工程週刊》登載廣告，發佈職業信息。如《工程週刊》第 3 卷 27 期刊登：「外埠某大學現擬聘建築工程教授一人，月薪二

〔註24〕　中國工程師學會三十一年度會務報告，國家圖書館藏，1947：15。
〔註25〕　回國後之雜感〔J〕，中國工程學會會報，1919：280。
〔註26〕　中國工程師學會職業介紹委員會介紹職業簡章〔J〕，工程，1931，6（4）：258。

百六十元至二百八十元，每周授課十四小時，惟許富有建築經驗者爲合格」；同期還刊登了聘請水利工程教員，條件爲歐美大學畢業，曾有實際經驗者合格的信息〔註27〕；另外還有聘請機械、化工教授的信息〔註28〕。天津某機構聘請研究農具製造的科技人才，須國外專科以上學校機械工程畢業，對於農具製造，素有經驗與研究者爲合格〔註29〕。據《工程週刊》發佈的信息，介紹的職業多爲教育，企事業較少，這可能與當時中國實業不發達，需求工程科技人才少有關。

學會會員很多在政府、企業、高校、工程管理機構任職，有的擔任領導職務。這也爲學會介紹職業提供了方便。

2. 協助技師登記、創建技師公會

1929 年 6 月 28 日，國民政府公佈《技師登記法》，10 月 10 日正式實施。該法規定凡願充當技師者，均應依照本法申請登記。領取證書的技師，可設立事務所，執行業務。

《登記法》所稱技師有農業技師、工業技師和礦冶技師三種，各種技術又分爲若干科。欲登記爲技師者，必須滿足資格之一：

1. 在國内外大學或高等專科學校修習農工礦專門學科三年以上得有畢業證書，並有 2 年以上實習經驗得有證明書者。

2. 曾考試合格者。

3. 辦理農工礦各廠所技術事項有改良製造或發明之成績，有關於專門學科之著作經審查合格者〔註30〕。

同時，《技師登記法》第 5 條規定，有下列之一者，不准申請登記，其已經登記者，注銷其登記並追繳其技師證書。

1. 曾因業務上之玩忽或技術不精緻他人受損。

2. 關於業務之執行曾有違法事情證據確鑿者〔註31〕。

一般科技人員申請技師證書，既需要合格的技術訓練，又要有優良的從業經歷。上述兩方面，都需相關證明，特別是第 5 條的證明，「須由地方主管

〔註27〕 職業介紹信息〔J〕，工程週刊，1934，3（27）：432。
〔註28〕 聘請機械工程教師〔J〕，工程週刊，1935，4（14）：219。
〔註29〕 職業介紹〔J〕，工程週刊，1935，4（23）：417。
〔註30〕 國民政府主計處編輯〔M〕，主計法令彙編，1936：309。
〔註31〕 國民政府主計處編輯〔M〕，主計法令彙編，1936：309。

機關或工程學會團體代辦」〔註32〕。符合上述條件者，實業部頒發技師證書。

　　會員申請技師者，大都請求中國工程師學會給予證明。學會積極幫助會員，並協助申請技師。但同時，為了慎重，學會還規定，凡申請發證明書者，必須由會員二人證明，並提請執行部決議通過後方得發給。

　　截止到 1931 年 7 月 31 日，經學會發給證明書並經實業部核准登記者 12 人〔註33〕。1932 年，黃炳奎、徐佩璜等 18 人通過發照〔註34〕。

　　隨著技師數量增多，中國工程師學會認為應該組建職業組織——技師公會，負責「協助培養技術人才、調劑技術人員之供求及增進會員的福利待遇，以增強工、礦、農三業之間的聯繫，向政府提出有關技術方面的建議，研究政府、團體、個人有關工、礦、農技術的諮詢事項」〔註35〕。已成立的中國工程師學會及專門工程學會大都是學術團體和非職業組織，主要以學術研究為主，較少關注具體職業層面。技師工會的成立，加強了學會工作的這一薄弱環節。另外，組織技師公會還與爭取選舉權有關。按規定，只有職業組織才能推舉國民大會代表。例如，1946 年，中國工程師學會為了選派工程師代表，臨時組建「全國性工礦技師公會籌備委員會，產生代表」〔註36〕。

　　最早開始籌劃創建技師公會始於 1932 年，在當年的天津年會，會員稽銓提出，學會應建議中央制定技師公會法規，在各地組建技師公會。他認為：「技師之業務及其執行業務之資格均有法律規定。論其性質實與律師、會計師、醫師等自由職業完全相同。中央頒佈之律師和會計師章程中有組織律師公會與會計師公會之規定。醫師亦有中央頒佈之醫師公會規則。技師既同為自由職業，自亦應組織職業團體，以期平等，享有國民應得之權利」〔註37〕。

　　同時，稽銓還擬定了一個比較詳細的技師公會組織大綱，共 9 條：

　　1. 凡依技師登記法領有技師證書之技師，集合 20 人以上，得在省政府或直隸行政院之市政府所在地，設立技師公會，技師非加入公會，不能執行業務。

　　……

〔註32〕　關於技師登記證明書事項〔J〕，工程週刊，1931，1（14）：214。
〔註33〕　關於技師登記證明書事項〔J〕，工程週刊，1931，1（14）：214。
〔註34〕　審查本會會員函請發給技師登記證明書案〔J〕，工程週刊，1931，1（18）：266。
〔註35〕　貴州省檔案館編〔M〕，貴州社會組織概覽，1911～194，1996：64。
〔註36〕　上海市技師公會成立大會紀錄〔J〕，工程週報，1948，45：1。
〔註37〕　第二次會務會議〔J〕，工程週刊，1931，2（16）：250。

7. 技師公會得以決議或施行事項如下：規定於法令或章程之事項；
　　關於政府之技術問題，諮詢事項；關於技術事項建議於政府事
　　項；關於技術研究事項〔註38〕。

稽銓的提案得到了大會的通過。同年，中國工程師學會向實業部備文呈請，
制定技師公會法規，組建技師公會。但實業部並未同意，理由是「技師係以
技術自由，供給社會需求爲業務，與律師會計勤輒涉及法律問題，須持公會
互相糾察，以爲官廳監督權之補助者有別，且技術登記法，自始無技師公會
之規定」〔註39〕。

　　經過學會多年的努力，1944 年 1 月 3 日，社會部公佈了技師公會組織須
知。在中國工程師學會組織發起下，中國工礦技師公會、武漢區礦冶技師公
會、上海市機械、化工、土木、電機技師公會相繼成立〔註 40〕。在會員個人
努力下，上海紡織技師公會、貴州省技師公會也先後成立〔註41〕。

　　技師公會的成立是中國工程師學會一個重要貢獻，對於促進工程師職業
的發展，團結工程科技人才具有積極作用。

　　另外，每年中國工程師學會還積極向政府機關呈請多項提案，呼籲改進
工程科技人員的福利、工作條件等。例如，1932 年，學會提請「通令全國各
機關切實施行技術人員待遇辦法，並予以保障」；「通令各機關，每年選派幹
部技術人員，赴東西洋考察，以資改進」〔註42〕。

　　再如，1944 年，學會呈請「選派衛生工程師出國深造案」；「統一全國工
程師資位案」；「請中央及地方政府切實培養工程人才維獲工程事業俾工程師
展所長促成建國大計案」〔註43〕。

　　總之，中國工程師學會通過分會、專門學會、專門委員會、團體會員等
形式聯絡與整合工程科技人員，制定「工程師信條」，規範工程師的行爲和道
德，培養職業精神，創設「工程師節」和「技師公會」，「維護工程師的利益」
等，來加強工程師的職業認同感和使命感，促使全國的工程科技人才形成一

〔註38〕　第二次會務會議〔J〕，工程週刊，1931，2（16）：250。
〔註39〕　關於呈請製定技師公會法規事項〔J〕，工程週刊，1931，2（12）：180。
〔註40〕　上海市技師公會成立大會紀錄〔J〕，工程週報，1948，45：1。
〔註41〕　貴州省檔案館編〔M〕，貴州社會組織概覽，1911～194，1996：64。
〔註42〕　第二次會務會議〔J〕，工程週刊，1931，2（16）：250。
〔註43〕　第十二屆年會及各次董事會執行部聯席會議決議案辦理情形〔J〕，中國工程師
　　　　學會三十四、五年度會務報告，國家圖書館藏，1946：15～19。

個有機的共同體，更好的造福於社會。學會的工作有力地推動了工程師職業的形成，推進了工程師職業專業化，爲工程科技的傳播、交流、發展與研究提供了強有力地支撐。

第三章 推動工程教育的發展

    中國高等工程教育起步於洋務運動時期，到了二十世紀三四十年代，已初具規模。至 1936 年，全國共有工程院校 25 所，大學工科在校生人數達 6987 人，當年畢業 1030 人〔註1〕。隨著工程教育的不斷發展，其問題也日益顯露，主要表現爲：培養的畢業生不能爲實業界所樂用，工程教育與社會需求嚴重脫離。於是二十世紀三十年代，教育界開始反思中國高等教育。

    工程教育問題也引起中國工程界的高度關注。工程師們迫切希望改進中國的高等工程教育，以期培養出更多合格的工程科技人才，推動中國工程事業的發展。工程師以集體的形式參與工程教育的改進是在中國工程師學會成立之後。20 世紀 30 年代，該學會就成立了工程教育研究委員會，研究中國工程教育落後的原因並提出改進辦法。不僅如此，該學會還通過大學課程教育標準的起草、工程教科書的編輯、獎學金的設立、建議政府建立相關工程學校等多種形式，積極推進與影響中國工程教育的發展，爲探索適合中國國情的工程教育體制做出了重要貢獻。

3.1 促進工程教育問題之研究

    進入 20 世紀 30 年代後期，面對畢業生走上社會後暴露出來的問題，中國工程師學會意識到探究工程教育問題的重要性和必要性。爲了便於此項工作的開展，學會成立了工程教育研究委員會，並通過工程教育專題會議、《工程》雜誌與學術年會等形式，組織工程師和教育者就工程教育教學系統的內部具體問題如工程人才素質、課程編製、教材等進行系統探究。其中不少內

〔註 1〕陳立夫：中國工程教育問題〔J〕，工程，1940，13（5）：194。

容論述深入，見解精闢，切中時弊，既達到了較高的理論水平，又具有很強的現實意義。

3.1.1 舉行工程教育研究會

1926 年 8 月，中國工程師學會決定在北京召開第九次年會。考慮中國高等工程教育的現狀，徐佩璜（會長）認爲應聯合國內高校，共同探究工程教育的弊端並尋求改進之辦法。於是，他提議在此次年會上，專門召開一次教育研討會。

爲了更好地召開這次研討會，同年 6 月 20 日，學會董事執行兩部召開聯席會議，聘請會員凌鴻勳等九人，先準備相關事宜。

凌鴻勳認爲應該先調查各校工程教育狀況，測量現教育體制之效力，以便年會研究時有所依據，並就調查事項抒發意見，後交年會集中討論。於是，他們制定了工程教育研究調查表。

學會向國內 34 所高校分發了調查表，其中 14 所工程院校做了回覆〔註2〕，當時中國的六、七所著名工科學校俱已在內。調查表主要關注以下 5 大類問題：1、在校學生人數；2、各校學生成績；3、各校課程體系；4、各校學生素質；5、各校教務〔註3〕。凌鴻勳、趙祖康根據回收的調查表，對國內 14 所工科院校的調查數據進行分析比較，撰寫了「工程教育調查統計之研究」。這次調查爲工程教育研討會提供了基本依據。

河海工科大學不僅積極配合調查工作，還主動向籌備委員會提交「擬合全國工程教育界提倡本國文工程著述意見書」。該文分六項闡述了西文教材的弊端，同時分析了編寫中文教程的困難及可行性辦法。學會認爲此項提議切合會議主題，於是分寄給各工校校長及各委員詢問意見，並列爲工程教育研究會的主要議題。同時期，上海各大報也送登工程教育研究會發起及組織情形與河海大學響應學會之意見書〔註4〕，工程教育問題已逐漸成爲焦點問題。

〔註 2〕 參加調查學校有：北京國立工業大學、唐山大學、南洋大學、北洋大學、復旦大學、河海工科大學、東南大學、約翰大學、同濟大學、江蘇公立南京工業專門學校、江蘇國立蘇州工業專門學校、浙江公立工業專門學校、中法國立工業專門學校、南通紡織專門學校。

〔註 3〕 凌鴻勳、趙祖康：工程教育調查統計之研究〔J〕，工程，1926，2（4）：246～261。

〔註 4〕 趙祖康：工程教育研究會紀略〔J〕，工程，1926，2（4）：273～274。

8 月 23 日，中國工程學會北京年會正式召開。同一天，凌鴻勛報告工程教育研究會籌備經過。26 日下午，工程教育研究會開幕。與會者有：「學會會長徐佩璜、凌鴻勛、茅以升、吳承洛、鄒恩泳、趙祖康。各高校代表有：交通部唐山大學（陳茂康）、上海復旦大學（金通尹）、青島大學（張含英）、浙江公立工業專門學校（錢昌祚）、江蘇公立蘇州工業專門學校（潘承忻）、上海約翰大學（劉寰偉）、國立北京工業大學（吳承洛）、河海工科大學（沈祖偉）、南京工業專門學校（馮簡）、交通部南洋大學（凌鴻勛》等代表共 45 人」〔註5〕。

列席後，凌鴻勛主持會議。會員茅以升首先宣讀論文《工程教育之研究》，隨後會員林士模、王寵植、徐佩璜相繼發言，自由討論。與會者認為中國工程教育問題，所最應研究改良者即是課程表、教材、教法三事」〔註6〕。因時間關係，吳承洛的「國內工科課程之比較觀」未做充分討論。

27 日，戴濟作了題為「滬埠最缺乏的一種工程教育」的演講。同一天，還就河海工科大學的「組織工程教育研究會案」進行廣泛探討。與會人員未能就工程教育研究組織形式達成共識。

28 日，會議決定組織「工程教育研究委員會」專門機構，負責聯絡各工科院校，共同推進工程教育研究

9 月份，中國工程學會制定了參加工程教育研究會的資格：

　　1. 經部認可之國內工科大學，或工業專門學校，或設有工科之大學。

　　2. 國內實業機關或團體，對於工程事業確有貢獻者〔註7〕。

1927 年，工程教育研究委員會正式成立。復旦大學教授金問洙任委員長，委員最多時達 24 名。成為國內為數不多的工程教育研究機構。

表 3.1：工程教育研究委員會成員（1927）

人名	工作單位或住址	人名	工作單位會地址
金問洙	江灣復旦大學	徐佩璜	上海市教育局
楊孝述	中國科學社	戴濟	上海法界邁而西愛家慶坊一號
茅以升	江蘇省水利局	陳茂康	唐山交通大學
張含英	遼寧省葫蘆島港務處	梅貽琦	清華大學駐美監督處

〔註 5〕趙祖康：工程教育研究會紀略〔J〕，工程，1926，2（4）：273～274。
〔註 6〕趙祖康：工程教育研究會紀略〔J〕，工程，1926，2（4）：273～274。
〔註 7〕趙祖康：工程教育研究會紀略〔J〕，工程，1926，2（4）：273～276。

人名	工作單位或住址	人名	工作單位會地址
周子兢	中央研究院	陳廣沅	推進西沽津浦機廠
李熙謀	浙江大學工學院	許應期	上海交通大學
程干雲	江灣勞動大學	孫昌克	南京建設委員會
阮介藩	上海浦柏平安里6號	俞同奎	北平大學第一工學院
譚伯羽	同濟大學	鄒恩泳	上海公用局
鄭肇經	南昌港務局	李昌祚	上海西愛咸斯路55號
陳懋解	南京中央大學	唐藝青	湖南大學
笪元倫	清華大學	徐名材	上海交通大學

資料來源：工程，6（1）：10。

由上表可見，工程教育研究委員會成員分別來自教育、研究院、管理機關、企業等部門，特別值得一提的是，當時中國開展高等工程教育的院校都有代表參加。這表明該委員會具有廣泛代表性與權威性，能比較全面、深入地反映當時工程教育情況。

3.1.2 工程教育問題的探究

工程教育研究會的召開引發了國內工程師及教育工作者對工程教育的大討論，其討論的焦點在於國內的工程教育的弊端及改進意見。主要有以下幾點：

（一）課程編製的探討

課程是學校為了實現培養目標而構建的教學內容及其進程的系統。課程的設置在很大程度上決定了學生文化素質及心理素質。因此，它在教育活動中居於核心地位。課程的設置問題也成為工程師及工程教育者優先關注的焦點。

「工程教育研究會」在北京召開時，茅以升就撰寫了「工程教育之研究」一文，他明確指出當時國內工科學校課程的如下弊端：

1. 現在編排課程，大都只定各種功課應需之時間，至每科內容，則有該科教授在應得時間內自由支配之，以致各課內容，缺少聯絡，彼此不能呼應，而且程度容量，參差不齊。

2. 講授之功課，與實地工程，殊少聯繫，雖各校皆有工廠及實驗室之設備，而所經事物，仍不出書本範圍。

3. 課程分目，本屬假定，今各課程既少聯繫，則如何融匯貫通，胥視學生個人之能力，學校實未盡指導之責。

4. 學科太多，分類太細。究其實際，常有無關緊要，互相重複，或可以自習之科目，摻雜期間，以致學生之精神時間，往往不能貫注中心課。

5. 各課程之內容，因人地關係，致不統一，雖同一名稱，而實質迥異，以致各科之標準，程度及教授方法，均隨主觀而定。

6. 學生所受課程，大都偏於物質，對於人事及經濟，殊少注意〔註8〕。

同時期，學會會員吳承洛對國內六種學校的課程進行了比較，然後與日美數校的課程相互考證。通過分析比較，他認為國內工科課程的弊端在於：「工科工讀協助制之課程太少，……惟有中俄工業大學；缺乏哲學、論理學、心理學課程，達不到德育訓練之效果；國文課程太少；缺少經濟、管理學科，學生缺乏經濟管理知識；不注重體育課程」〔註9〕。

1927年，學會另一名會員許應期發表《電機工程科課程之編製》一文，他認為中國工程學校之課程，有以下諸點值得研究：課程偏於繁多，不注重根本理論，忽略與政治經濟各常識之訓練，忽視個性之陶冶，忽視兵操〔註10〕。

細察茅、吳、徐三位工程師的上述論述，不難看出他們認為課程的問題主要集中在「課程編排不當」、「課程內容落後」、「課時安排不當」等方面。這樣就無法培養出德才兼備，旁通管理的合格工程人才。在當下的工程教育改革中，課程仍然是值得探索的熱點問題。他們的卓見仍有汲取的價值。

針對工程課程的不足，工程教育界有越來越多的學者開始提出課程編製的理論與方法。最早對該問題進行較為系統研究並取得了頗具現實意義及學術價值成果的當推茅以升。他在《工程教育之研究》中，提出了課程系統構建的一般規則和選擇課程內容的指導思想。要點如下：

1. 各種工程師應有若何之基本學識，辦事能力及資質、個性方能勝任，應先加研究、然後就其必備條件，……作為一切工程學科之中心課程。

〔註 8〕　茅以升：工程教育研究之研究〔J〕，工程，1926，2（4）：225。
〔註 9〕　吳承洛：國內工科學校課程之比較觀〔J〕，工程，1926，2（4號）：189～201。
〔註10〕　許應期：電機工程科課程之編製〔J〕，工程，1927，3（4）：360～363。

2. 每種學科之課程，爲該科工程師所必需者亦未同樣規劃之。

3. 各科之內容及時間，即經規定，則照各科情形編製課程表。

4. 各種課程之試驗及理論部分，必需融合無間，互相闡明，其程序分量，皆應妥爲規劃。

5. 工程之最大目的，爲促進生產，故學生之經濟思想，效率觀念應先培養。

6. 各學科之特殊科目，應定爲選課，有性質相近者選習之。但不宜過於精細。

7. 各種課程之內容，均須敷陳精義，避免重複，且應彼此聯絡，前後貫穿〔註11〕。

以上諸點構成了一個較爲完整的課程編製方法論綱要。它雖然形成於70多年前，但與當今的高等教育課程編製理論相比較，其科學性、合理性及先進性仍毫不遜色。其中第一點最值得借鑒，因爲它指出了高等工程教育課程編製中一個極爲重要的原則：即在設置課程系統時，必須先搞清楚工程師職業崗位的特殊要求，然後確定專業培養規格，相應制定合適課程。如欲設計一套符合工程與工業建設實際需要，科學合理、行之有效的課程體系，這一程序絕不可少。其餘各點則著重強調了構建課程系統時必須正確把握的幾種關係，如理論與實驗的關係、專業課與工程實踐的關係、各門課程之間的銜接與配合、課程內容的精選等。

另外，還有多位學會會員發表了關於工程課程的論文，形成了一系列頗具教育理論價值及現實指導意義的觀點。其中以許應期的《電機工程科課程之編製》、柴志明的《論我國技術教育》和楊耀德的《工程學與工程教育》等文所闡述的課程觀最具代表性。其主要思想可歸納如下幾點：

1. 注重基礎課程，務使學生掌握研究技術的工具

柴志明教授認爲：「工科大學的教育目標，與其說是傳授技術，不如說是傳授技術的工具，使每個畢業生得著自己研究技術的工具。因爲技術是向前進步的，今天在學校裏所授的到明天難免不變爲陳舊。──使大學生得著研究技術的工具就是啓發理智的基礎課程。如工科共同的基礎課程爲高等數

〔註11〕 茅以升：工程教育研究之研究〔J〕，工程，1926，2（4）：226。

學、高等物理、高等化學」〔註12〕。由於基礎科學是研究自然界最基本規律而形成的知識體系，因而具有很高的穩定性和很強的滋生力。掌握了這些知識，不僅有助於人們透過現象把握事物本質及一般原理上的瞭解和把握千差萬別的各種工程技術，而且還有利於形成科學的方法論。基礎課程知識決定著學生發展的潛能。正因為如此，當時的工程教育者大多重視基礎理論課程的教學。許應期指出：「不重理論，學生於理化算學之根基不足，無創造能力，碌碌庸才而已」〔註13〕。楊耀德也強調：「基礎原理之訓練為工程教育之要義，即專門工程學之傳授，其主旨亦不外乎基本原理之發揮推究也」〔註14〕。

幾位工程師的論述與主張，無疑是符合現代工程技術對課程設置之要求的，與二戰後在世界範圍逐步形成的工程教育基礎化趨勢是完全相符的。因而表現出跨越時代的先進性，對當今我國高等工程教育改革仍有借鑒意義。

2. 增加人文社會科學課程

工科畢業生不懂人情世故，不明了社會狀況，不識政治運動，易造成「缺乏管理及領袖能力。在實業界任事不能駕馭職工，經理全廠，在政界中則工業人才所能勝任者愉快者，亦為非工業人才所佔據」〔註15〕。這種狀態與工科畢業生缺乏相應的人文社會知識不無關係。如欲很好適應社會，工科學生必須補上這部分知識，正如柴志明所言：「學問的分門別類是為了研究的便利，學問的全境就是對於宇宙人生全境的觀察與探討。各門各科不過是各種不同的方向與立場去研究宇宙人生罷了。——工程學由利於自然的方向去研究自然現象應用與人生。但人生是整個的，支離破碎之後就不是真正的人生。為了研究方便不妨分工，但我們要明白整個真正的人生就必須旁通本門以外的知識」〔註16〕。

面對畢業生步入社會所遇到的問題，國內的工程師強調加強工科大學生的人文社會科學課程的教學，完善工科學生的知識結構，達到培養「通人」之目的。

〔註12〕　柴志明：論我國技術教育〔J〕，工程，1942，15（4）：23。
〔註13〕　許應期：電機工程科課程之編製〔J〕，工程，1927，3（4）：360～363。
〔註14〕　楊耀德：工程學與工程教育〔J〕，工程，1942，15（5）：20。
〔註15〕　許應期：電機工程科課程之編製〔J〕，工程，1927，3（4）：360。
〔註16〕　柴志明：論我國技術教育〔J〕，工程，1942，15（4）：23。

關於人文社會科學的課程門類與要求，柴志明主張：「文學方面，工科大學生不但要能很暢達地發表自己的意見與感想，並且要能欣賞古今文學家的作品，不論詩詞、小說和短文。關於歷史，不但要徹底明瞭本國史，尤其是近百年史，並且要熟讀世界史，尤其是工業革命史，更要閱讀中外明賢的言行錄以及世界大科學家和大工程師的傳記。──關於社會科學方面的課程應當包含心理學及社會學等等」〔註17〕。

這裡開列的課程門類及內容很豐富，要求達到的標準也相當高，一般學生能否在完成工程學科基本訓練的同時達成如此設定的文化素質目標是一個尚需深入研究的問題。然而，上述倡導的宗旨及方向是完全正確的，與二戰之後國際上形成的工程教育人文化趨勢的要求頗為一致，其基本思想對於今天我國高校正在進行的加強人文素質教育的培養具有現實指導意義和借鑒價值。

（二）關於工程教材的探討

中國高等工程教育處於初創的清末民初階段，高等工程院系的專業課本教材大都採用西方原版教材，中文教材極少。至20世紀三十年代，當時學校，「凡關於專門學術類，皆直用西文課本」〔註18〕，那種一味照搬原版教材的傾向愈演愈烈，工程教材也不例外。

針對這種現象，中國工程師學會積極主張用中文編譯教材。1926年，學會在北京召開「工程教育研究會」時，特意把南京河海工科大學教授們提交的《擬合國工程教育界提倡本國文工程著述意見書》一文作為專題，並詳細闡述了一味使用西文教材的如下弊端：

1. 學生資性，人各相殊。有其天才長於學外國文而拙於研求藝術者，亦有長於研求而拙於外國文字者，如無本國文字之專門學藝著述，以供需求，則是不擅長外國文字者，雖具有研求之天才，亦限制於無可如何。

2. 各國書籍所及者亦偏於一國事實習慣，而他國之良方美意不及焉，對於吾國尤多錯忤隔閡，方柄圓鑿。教者完全以外國式教之。

3. 養成學生矜張虛偽，重外輕內之風。不求事實，但以能讀外國書為榮。

〔註17〕 柴志明：論我國技術教育〔J〕，工程，1942，15（4）：23。

〔註18〕 第二篇提意見書〔J〕，工程，1926，2（4）：227。

4. 外國人常言吾國文字不完全，不能籍以發展學術。然而日本以得
吾片假之文，近年來日切月磋，專門著述日臻宏富。獨吾數千年
傳健全文字，反不能雪此恥乎〔註19〕？

此次會議上，會員凌鴻勳、趙祖康撰寫的《工程教育調查統計之研究》一文
中，也指出：「因課本多用英文，缺乏用本國文的發表心得之時間與能力。……
專門學科無中文之教科書及參考書，致不得不免用外國語之課本，學生倍覺
吃力，且增加學生崇拜外人之觀念」〔註20〕。

另外，學會還通過《工程》雜誌向社會呼籲。如學會會員交通大學教授
柴志明在《工程》上發表《論我國技術教育》一文，他強調：「假如教本改為
中文，再請著了好教授，即使不能節省學生一半的作業時間，至少也能節省
三分之一，……人文社會科學盡可採用中文教本」。他甚至提倡「擔任基本課
程的教授們自編教本以適合國情」〔註21〕。

楊耀德的《工程學與工程教育》一文，明確指出：關於教材調整一層，
則為吾國數十年來工程教育之重大問題；苟此兩大主要問題（另一個是師資
缺乏問題）未能合理解決，則其他方面之改革更張，恐終鮮實效」〔註22〕。

由上面幾位會員的論述，不難看出他們均認為西文教材大多不切合中國
的實際，即不利於學生的學習，也阻礙了中國工程學術的發展。要促進工程
教育的發展，教材改革是重要的一環。

當然也有很多人反對使用中文教材，其理由如下：

1. 無適用之中文教材。

2. 因西人之著作較優於我國人之著作。

3. 因各大學教授多自英美留學歸來，教中文書或不如較西文書之為
易。

4. 因進來各校學生對於留學生之批評以其英語之流暢與否為標
準，故採用西文教科書，易以迎合學生之心理。

5. 因晚近我國學生之有志留學海外者頗不乏人，則採用西書並以英

〔註19〕　第二篇提意見書〔J〕，工程，2（4）：228。
〔註20〕　凌鴻勳、趙祖康撰：工程教育調查統計之研究〔J〕，工程，1926，2（4）：242
　　　　　～251。
〔註21〕　柴志明：論我國技術教育〔J〕，工程，1942，15（4）：23。
〔註22〕　楊耀德：工程學與工程教育〔J〕，工程，1942，15（5）：21。

語教授之，實又為學生他日出洋便利計。

6. 因我國統計部發達，名詞不統一，下手著書，殊不易〔註23〕。

由上可見，無論提倡者或反對者都言之有理。文字作為一種交流符號，本無高低之分。近代以來，西文成為強勢語言，使用西文教材帶來了反對者所說的「便利」。文字是本民族文明的載體，長期使用西文教材就會帶來提倡者所言的「弊端」。由此看來，改用中文教材確實是一項長期艱巨的任務。

另外，當時還有一些因素阻礙了教材的中文化。如有「專門西文學識者無譯著之興趣……而大多原因則為譯著工夫本難，困勉成書，自力又復不能複印，即能印行，而各學校所用，皆為外國書，於本國文著述少加重視，改之難矣」。「印書館大抵唯利是牟，專門著述銷路短少，既有傑作，必遭拼棄」〔註24〕。即當時的工程學者、高校及印書館都對編譯中文的工作還不太重視。

儘管困難重重，教材的中文化是必然趨勢。中國工程師學會的倡導開始慢慢得到了社會的關注。1931 年，國民政府教育部設立了「大學課程標準委員會」，負責包括教材在內的改進事項。1932 年，商務印書館開始籌備自編工程教材。自 1933 年起，該館陸續出版工程教材 196 種〔註25〕，這奠定了民國時期中國學者自編大學工程教科書的基礎。

學會會員也開始自覺編譯教材。如趙曾玨編寫的《科學與技術》、《電鍍學》、《工程與工程師》；薩本棟的《普通物理學》、《普通物理學實驗》；翁文灝的《地震》；胡庶華的《冶金工程》、《冶金學》、《鋼鐵》；張洪沅的《化學工程機械》；倪尚達的《無線電學》；凌鴻勳編寫了《市政工程學》、《鐵道工程學》。特別值得一提的是劉仙洲，從 1928 年，他共編譯了 15 種教材，其中大學教材 9 種，其中編譯的《機械原理》是我國工科大學這方面教科書的第一本，迄今仍是重要的參考文獻。學會會員基本是學成歸國的留學生，是工程科技專家，回國後具有從事工程教育的經歷，有能力編譯相關專業的教材。在他們努力下，工程教材中文化的工作逐漸開展。

〔註23〕 免成：我國大學之教材問題〔J〕，教育雜誌，17：2。
〔註24〕 程教育研究會紀略〔J〕，工程，1926，（4 期）：277～278。
〔註25〕 曹誠克：國內礦冶工程教育現況下幾個問題〔J〕，北洋理工季刊，1935：25。

3.2　改進工程教育的具體舉措

　　學會成立「工程教育研究委員會」，開展工程教育狀況的調查，組織對工程教育問題的探究，其最終目的是為改進當時的工程教育。為此，學會通過多種舉措參與或影響工程教育的發展，希望培養更多優秀的工程師。

3.2.1　參與工程課程標準的起草

　　「中國大學課程向由各校自行規定，得因人地之宜，自由發展，惟各校所定標準頗不相同，遂致科目互異，程度不齊，失去大學教育一貫之精神」〔註26〕。於是，1931 年教育部設了「大學課程標準委員會」，專門負責擬定大學課程統一標準。該委員會聘請國內工程專家起草大學工科課程標準。中國工程師學會高度重視工程教育，隨後委派會員參與起草大學工科課程標準。例如參與機械工程系的有「周仁、杜光祖、毛毅科、錢昌祚、程孝剛、錢祥標、朱遠綸；化學工程系有吳承洛、曾昭倫、李壽恒、吳欽烈」〔註27〕。同時也參與了土木工程系、電機工程系、建築工程系、礦冶工程系課程標準起草工作。

　　委員會成立後，對課程體系中的科目、課時等主要方面制定了統一標準。

　　例如，科目方面，委員會首先規定了各學院應開設的必修課目、基礎課目、分組必修課目等。同時，也制定了學院的各系應開設的必修課目、選修課目、練習課目。其他，如課程對應的課程大綱，課程配套的指導書籍以及儀器、模型、標本等物品的種類數量規範也一併給予編製。

　　另外，該委員還規定各學院從第二年開始分系，而且各個系別的必修科目也逐年減少，選修課母逐年增多。學分方面，前兩年以 36.40 學分為限。往後則以 30～36 學分為限。

　　由上可見，課程標準不僅對科目、教材、教法提出了基本要求，而且對學校的硬件設施也有最低限制，對工程教育的發展具有重要促進作用。

　　1934 年 9 月，商務印書館鑒於中文教材缺乏，開始編輯大學教科書，其中工科 196 種〔註28〕。受此影響，學會決定組織「工程教科書委員會」〔註29〕，

〔註26〕　課程整理之原則〔M〕，大學科目表，正中書局印行，5。
〔註27〕　大學工科課程標準〔J〕，工程週刊，1931，1（2）：29。
〔註28〕　曹誠克：國內礦冶工程教育現狀下幾個問題〔J〕，北洋理工季刊，1935：28。
〔註29〕　第 15 次新舊董事會聯席會議紀錄〔J〕，工程週刊，1934，3（31）：424。

聘請張貢九任委員長，負責組織編輯工程教科書大綱，然後貢獻教育部，以期編寫出優秀工程教材。

3.2.2　倡導舉辦工程學校

中國工程師學會憑藉廣泛的影響力，積極向政府提供工程學校、工程專業及工程研究的建設方案，以獨特的方式推進和影響著中國工程教育的發展。

如 1932 年，鑒於國內陶瓷業逐漸衰落，中國工程師學會向當局提議「應立即創立窯業工程專科學校」〔註 30〕，培養窯業工程人員。同年學會還向政府呈請「將停辦的勞動大學經費 68 萬 5 千餘元，籌設西北工學院」〔註 31〕。

1942 年蘭州年會時，學會建議「國營工廠及規模較大之民營工廠宜兼辦進修教育以宏工教而利建設」；建議「政府在甘寧新青內擇地籌設科目完備之工科學院」，為西北地區培養工程技術人才；提請中央政府「於國立西北農學院增設兩年制之農田水利專科」培養農業專科人才；同時，呈請「中央政府撥發補助國立西北農學院農田水利研究部充實試驗設備」，集中精力研究黃土黃水基本之學理以及黃河根本治理方案；建議政府「對於每年招收各工程部學生按照實際需要統籌分配數額並對於畢業生統籌分配工作劃一待遇」〔註 32〕。

1944 年，學會提議「大學增設衛生工程系及高工，增設衛生工程科」，鑒於國內僅「西部工學院、私立南通學院、名賢學院等設立紡織工程系，學會促請創辦紡織專科學校」，以利於培養紡織工程技術人才。同年，學會還建議「政府每年撥款一百萬元交由廣西大學會同廣西省建設廳辦理研究橡膠原料」〔註 33〕。

1946 年，學會擬請「政府寬籌經費大量增設技術專科學校、高級初級職業學校及技工培訓班，以配合抗戰勝利復員與復興時工程技術人員之需要」〔註 34〕。

學會的建議大都得到了政府相關部門的積極回應重視，如「政府寬籌經費大量增設技術專科學校、高級初級職業學校及技工培訓班」議案，學會於1946 年 8 月 19 號以 3620 號文件呈經濟部、教育部、交通部請予採擇施行。三部門分別與 9 月 7 日、10 月 1 日、9 月 11 日覆函，均表示「設法督催推進，

〔註 30〕　工程週刊〔J〕，1935，5（5）：182。
〔註 31〕　工程學會通過議案，申報，1932 年 8 月 24 日。
〔註 32〕　中國工程師學會三十二年度會務報告，國家圖書館藏：18～21。
〔註 33〕　中國工程師學會三十三四年度會務報告，國家圖書館藏：16～20。
〔註 34〕　中國工程師學會三十四五年度會務報告，上海圖書館藏：13。

希本會隨時提供意見」〔註35〕。

　　學會根據國內工程事業及工業建設對工程科技人才的需求，適時提出人才培養的方案。一方面，體現了中國工程師學會對中國工程教育的重視；另一方面，也反映了工程界對建設國家的高度責任感。

　　中國工程師學會雖未能獨立辦學，但其倡導開辦工程學校，培養工程人才的努力卻從未停止。

3.2.3　創設工程教育獎勵

　　為了推動工程教育的發展，中國工程師學會特意設立了多項工程獎學金。1935 年，學會成立了第一項工程獎學金——「朱母獎學金」。

　　1933 年，會員朱其清為了紀念其太夫人起見，允捐大洋一千元，作為朱母顧太夫人獎學金，以其利息百元給獎。為了推進此項工作，惲震、朱其清、王寵植等共同擬定了「獎學金章程」以及「獎學金應徵辦法」。經第十次董事會會議決議修正通過：「每三年舉行一次，每次三名」。〔註36〕此獎項於 1935 正式實行。

　　中國工程師學會創設最大最有影響力的是「天祐工程獎學金」。為了紀念中國工程師學會成立三十週年，1941 年桂林年會上，第四十一次董執兩部聯席會議決定成立「天祐工程獎學金」，基金額度為十五萬元，每年授獎名額為100 人，分設於國內各大學工學院〔註37〕。

　　為了募集資金以及管理，學會成立了「天祐工程獎學金委員會」。聘請凌鴻勛為主任委員，朱其清、楊毅為副主任委員。至 1941 年 5 月 27 日，籌款達 5 萬元〔註38〕。1941 年底，天祐獎學金籌夠款項。1942 年 1 月 8 日，學會將全部基金存入川康平民銀行，每月結算一次利息，作為獎學金。同年 4 月 26 日，全部獎金轉交學會基金監保管。由此，「天祐工程獎學金」開始運作〔註39〕。

　　由於設立的工程獎學金很多，中國工程師學會獎金審查委員會特規定了獎金管理辦法，規定如下：

〔註35〕　中國工程師學會三十四五年度會務報告，上海圖書館藏：13。
〔註36〕　關於獎學金事項〔J〕，工程週刊，1933，2（12）：180。
〔註37〕　中國工程師學會三十一年度會務報告，國家圖書館藏：18。
〔註38〕　中國工程師學會三十一年度會務報告，國家圖書館藏：18。
〔註39〕　中國工程師學會三十一年度會務報告，國家圖書館藏：36。

1. 以後對於宣傳方面應加注意如登報等。

2. 目前所定獎學金額爲數甚少，以後基金應設法應用，以求本金及利息之增加，俾能設法配合目前環境。

3. 函得獎者報告使用獎學金情形以作本會參考。

4. 以後所有得獎者應報告本會。

5. 本會必須於每年六月底以前及年會召開時召開會議一次〔註40〕。

可見，中國工程師學會不僅設法增加獎金額，以便惠及更多學生，而且注重追蹤獎學金的具體使用情況，以切實達到獎優之目的。特別值得一提的是，爲了讓多數工科學生瞭解獎學金，學會直接向各高校發函〔註41〕。

除了「朱母獎學金」、「天祐工程獎學金」外，學會還設有「浙江大學工程獎學金」（1936）、「之江文理學院工程獎學金」（1936）、「工程獎學金」（1939）、「石渠獎學金」（1940）、「重慶大學獎學金」（1941）、「天祐獎學金」（1942）、「詠芬工程獎學金」（1942）〔註42〕。

另外，1941年貴陽年會，中國工程師學會向貴州大學捐贈3000元，作爲獎學金。1943年中國工程師學會還在籌募「子博公路工程獎學金10萬元」、「李儀祉先生獎學金」。

由上述可見，在促進工程教育方面，中國工程師學會眞是不遺餘力。特別注意的是，這些工程獎學金大都設立於抗戰時期，此階段，包括中國工程師學會在內的各高校、機關單位生存尙難，但仍然設法募集資金以獎勵工程學生，中國工程師學會的舉動令人敬佩。但遺憾的是，從1944年起，隨著大後方惡性通貨膨脹的加劇，大後方的工業急劇衰落，物價飛漲，學會基金嚴重貶值，各項獎學金無法正常運作。

〔註40〕 中國工程師學會三十一年度會務報告，國家圖書館藏：37。
〔註41〕 中國工程師學會公函〔J〕，國立山東大學週刊，1935；第二版。
〔註42〕 中國工程師學會三十二年度會務報告，1943，38，國家圖書館藏。

第四章　促進工程學術的研究與交流

中國工程師學會成立伊始，即以「聯絡工程界同志，協力發展中國工程事業，並研究促進各項工程學術」爲宗旨。後來，隨著學會規模增大，各項事業也漸次展開。但促進工程學術的研究與交流一直是其中心任務。在近四十年的發展歷程中，中國工程師學會如何組織與領導工程界開展工程學術研究與交流？對近代工程事業的發展起何作用？其學術價值和意義非常值得研究與關注。

4.1　工程名詞的統一：工程學術研究與交流基礎

中國近代工程事業是在引進西方科技的基礎上逐步發展起來的。從清代至民國時期，中國開始大規模引進西方工程技術。引進之初，首先遇到了科技名詞的翻譯問題。由於科技人才缺乏，加上譯述者多各自爲陣，導致當時的工程名詞相當混亂，嚴重制約了中國工程事業的發展。近代工程事業要在中國立足，首先必須解決工程名詞的統一問題。

4.1.1　專門的工程名詞編譯機構之成立

在中國，最早從事工程名詞統一工作的是來華的西方人士。光緒十六年（1890），供職於江南製造局的傅蘭雅整理編成《汽機中西名目表》一書，對當時機械工程名詞的統一起了一定作用。進入民國之後，一些民間學術團體和國立機構開始關注譯名問題，其中中國工程師學會對工程名詞的統一發揮的作用最爲突出。

　　中國工程師學會始於 1912 年詹天祐等人創立的「中華工程師學會」，在 1931 年和 1917 年成立於美國的「中國工程學會」合併，更名爲「中國工程師學會」，1950 年停止活動。該會以促進中國工程事業的發展爲己任，積極推進對影響中國工程事業發展的重大問題的解決，爲國家科技發展與經濟建設做出了重要貢獻。它是民國時期中國「最大最強的學術團體」〔註 1〕，在中國近代科技史中佔有重要一席。

　　中國工程師學會成立後，首先面臨的就是工程名詞的統一問題。當時，隨著西方科技著作大量傳入，產生了大量新的工程名詞，這些名詞的翻譯缺乏一定的規則，混亂現象日益加劇。鑒於剛成立不久的民國政府對之無暇顧及，中國工程學會將統一工程名詞視爲己任，對其做了深入討論，一致認爲統一工程名詞是中國工程發展的當務之急，而要做好此事，首先需要有專門的機構專心於此。爲此，1918 年，中國工程學會在美國成立了名詞股，專門審定各種工程學名詞以求劃一適用。1920 年，因學會重心逐漸移至國內，名詞股被取消。1926 年，中國工程學會在國內重新設立名詞審查股，後改稱工程名詞編譯委員會，繼續致力於推進工程名詞統一工作，後因日寇侵華逐漸停止活動。該機構成立以後，主要從兩方面開展工作：

　　首先，建立比較完備的組織機構及制定嚴密的工作程序。名詞股設股長一人，下設土木、化工、電機、機械及探冶等五個科室，每個科室設科長一名、科員若干。名詞股成立伊始，連同股長在內，共有職員 6 人。隨名詞統一工作漸次展開，工作人員逐漸增多，1930 年工程名詞編譯委員會委員增至 16 人。工程名詞編譯委員會由委員長負責，按土木、化工、電機、機械及探冶等專業分爲五個組，其工作程序爲〔註 2〕：1.科主任會同股員選定本科應編譯的工程名詞，分期印出；2.發交本科會員審譯；3.各科匯總結果，從各詞中選擇一、二個最適宜之名詞譯名，然後上交股長；4.股長審定，交學會會報刊登，作爲學會規定之名詞。

　　名詞股的這種結構是合理的。隨著工程科學的發展，工程學科各分支逐漸建立起來，相應地產生了工程名詞按學科分類的客觀需求。學會名詞機構採取股長或委員長負責下的「五大分科」模式，既利於分門別類編譯名詞，

〔註 1〕茅以升：憶中國工程師學會，中國文化史科文庫，文化教育編第十六卷（20～160）〔M〕：734。

〔註 2〕名詞股〔J〕，中國工程學會會報，1919：11。

也利於不同專業科技人員合作，其嚴密的工作程序也有助於保證譯名的科學性。

其次，廣泛動員工程科技人才參與名詞統一工作。除了聘請多名工程專家擔任股員或委員外，該機構還聘請多位會員參與編譯或修訂工作。另外，該機構還委託中央大學工學院、北洋大學及唐山交通大學的科技人員擬訂工程名詞，並函託各大學工學院進行審查原有名詞及增訂新名詞，同時還在《工程》及《工程週刊》刊登啓事，面向社會徵求工程名詞。

工程名詞統一工作能否順利實施，科技人員是關鍵。1928 年，中國工程師學會有會員 1120 人，1931 年增加到 2169 人，是彙集工程科技人員最多的學術組織。名詞股依託中國工程師學會和大學，爲名詞統一工作彙集了充足的人才，使學會工程名詞統一工作有了可靠保障。特別值得一提的是，上述人員大都是留學人員，不但精通外語和工程技術，而且中文底子厚，還有一定的社會影響力，樂於參與工程名詞統一工作。由他們來從事此項工作，既可以確保譯名質量，也有利於名詞的推廣。

總之，學會通過成立專門機構，動員了大量科技人才，制定了嚴密的工作程序，爲名詞統一準則的擬定及實際工作的開展提供了可靠保障。

4.1.2 工程名詞統一準則之擬定

要統一工程名詞，必須首先擬定統一的準則，包括名詞的翻譯準則和審定準則兩部分。因爲名詞首先要翻譯過來，這就需要有翻譯規則；譯出後還需要有個審定過程，審定之後，才能向社會公佈。如何審定，也需要規則。對這兩個規則的制訂，中國工程師學會主要是通過廣泛開展討論的方式，求得共識，再予推行。

1. 工程名詞翻譯準則的討論

工程名詞的翻譯方法主要包括意譯、音譯、造字法等。對此，當時的學者知道得很清楚。1919 年，會員徐世大在《中國工程學會會報》刊文指出：「名詞之規定，無外乎下列各法。一意譯，二譯音，三造字。自宜以意譯爲最要。然其困難也最甚，蓋以吾國固有科學名詞太少，固應用太廣，如同一力字，可譯爲 power、force、energy、stress、reaction 之類，即可加冠詞，如 stress 之爲內力，Reaction 之爲應力。其意義能顯明者也殊少。譯音不顧字義，但求諧音，其困難之點，則西國一字之音太繁，與吾國文體不稱。一則各地方言

不同，譯者無所依從。……吾國各地語音不同，也有此病。造字以定名詞，……然其中也有弊病」〔註3〕。

徐世大把名詞翻譯的三種方法做了清晰的說明，辨析了其各自的優缺點，指出「以意譯為最要」。他的見解是正確的。除人名、地名及單位外，絕大部分工程名詞是「學名」。這類名詞肩負反映科學概念的重任，需根據其含義翻譯成對應的中文名詞。因此，工程名詞的翻譯方法應首選意譯。其關於三種譯名方法缺陷的論述也很中肯。

程孝剛也認為意譯是最重要的，而音譯則不可取。他提出：「工業發達的國度，地球面上很多，各有各的名詞。我們若是譯意還是沒有妨礙，因為意義總是一致的。但是不得已譯音的時候，那就不但世界的方言有幾十種，中國土音還有幾百種」〔註4〕。所以，用音譯法是無法統一的，有悖於統一工程名詞的初衷。

音譯不能傳意，意譯則會遇到有時無對應名詞可用的情況，對此，羅英認為可用造字法予以彌補。他在《規定名詞商榷書（其一）》中指出：「近世學者於定名之際，因字數不敷用，或譯其音，致名詞失本來之義，或譯其意，致名詞變為解句。……此種弊端皆由不引用新字，而拘於固有字之作用也。倘能於此引用新字，於工程學科中固添一新法」〔註5〕。名詞股長蘇鑒也認為：「遇現有文字不足用時，應製造新字」〔註6〕。

羅、蘇兩位會員的觀點有一定道理。在某些特定情況下，造字法確實是一種有效的方法，此法在化學學科中運用比較成功。在工程名詞的翻譯中，劉仙洲也曾運用過造字法，例如，熱工學名詞「entropy」（熵）、「enthalpy」（焓）即是他創造的，並且沿用至今。但是造字法也存在缺陷，會員朱一成、許應期曾指出，造字法要造出新字，而「新字之定，漫無標準，讀音印刷，益增糾紛」〔註7〕，易造成新的不統一。

此時期，會員對翻譯方法進行了較為深入的探討，但並未在其使用原則上達成一致。

〔註3〕徐世大：規定名詞商榷書（其三）〔J〕，中國工程學會會報，1919：268～269。
〔註4〕程孝剛：工程界之標準〔J〕，中國工程學會會報，1919：292。
〔註5〕羅英：規定名詞商榷書（其一）〔J〕，中國工程學會會報，1919：263。
〔註6〕蘇鑒：規定名詞商榷書（其二）〔J〕，中國工程學會會報，1919：266。
〔註7〕朱一成、許應期：電工譯名標準之商榷〔J〕，工程週刊，1935，4（3）：34～35。

　　爲使工程名詞的翻譯有則可循，1925 年 9 月，中國工程學會在杭州召開第八屆年會，討論統一中國工程名詞議題。會議由張濟翔主持，錢昌祚等多名會員參加。經過討論，就工程名詞翻譯方法達成了共識。具體爲：工程名詞的翻譯應「1.以譯意爲主，不得已時譯音；2.譯意未必能確切時，不如譯音」〔註 8〕。此共識成爲學會編譯工程名詞的準則。1928～1931 年，學會編譯並出版土木、機械及電機等九種工程名詞草案，其譯例均取音意之適當，兼收並蓄。

　　學會擬定的原則只涉及意譯、音譯，忽略造字法，這可能與兩方面因素有關。其一，民國初期，工程名詞統一工作處於起步階段，但社會急需標準的工程名詞，在名詞統一工作緊迫情況下，學會自然傾向於選擇熟悉的、易操作且使用範圍大的意譯及音譯法；其二，對於普通科技工作者而言，新造字屬於冷字，不利於使用與交流，這與學會秉持「工程名詞，原以切合實用爲主」〔註 9〕之精神不符。雖然學會擬定的準則適合當時的譯名工作，但完全拋棄造字法，是有失偏頗的。

　　在實踐中，一些會員對上述準則做了補充與完善。1927 年，陳章發表《本會對於我國工程出版事業所負之責任》〔註 10〕一文提出：「最好譯意，次爲譯音，然或音意兩難，則用相近之字代之，或竟造新字以用。」陳章所言，對學會 1925 年形成的共識有所補充。

　　另外，一些會員從不同學科角度，闡述了翻譯方法的具體使用範圍。1927年，孔祥鵝發表《商榷電機工程譯名問題》〔註 11〕一文強調：「1.譯學名最好用音意兼譯，即使稍微在發音上有些勉強，也不妨事。不能兼顧時，只好譯音或譯意法。2.凡譯外國人名地名，除已習見者外，都可以使它中國化了；換句話說，就是使它變成中國式的人名地名，如譯美總統 Coolidge 爲顧理治。3.外國地名，凡有譯意的可能者，不必用音譯法。如 green hill，可譯作『青山』或『綠邱』。」孔祥鵝的主張較爲具體，可操作性也較強，因而在社會上有一定影響，如著名翻譯家傅冬華 1940 年翻譯美國名著《飄》時，對其中的人名地名就全部中國化了。不過孔祥鵝的主張與科技名詞翻譯的趨勢不合，科技

〔註 8〕　會務報告〔J〕，工程，1925，1（3）：228。
〔註 9〕　工程名詞草案──土木工程名詞序〔M〕，中國工程學會，1929。
〔註 10〕　陳章：本會對我國工程出版事業所負責任〔J〕，工程，1927，3（1）：49。
〔註 11〕　孔祥鵝：商榷電機工程譯名〔J〕，工程，1927，3（1）：40。

界在翻譯一般的外國人名地名時，最終形成的共識是以音譯爲主，而且在音譯時要儘量避免中國化的傾向。

1935 年，朱一成等四名會員聯合發表《電工譯名標準之商榷》〔註12〕，提倡：「電工名詞，除人名地名及單位外，均以譯意爲原則。」可見，不同工程學科的會員在翻譯方法具體使用範圍上固然有差異，但總體上贊同意譯爲主、音譯爲輔的原則。

經過反覆討論，學者們就此問題達成了共識：工程名詞翻譯方法遵循的規則應是意譯爲主，其次是音譯，最後是造字。這一規則符合中文科技名詞的特點。因爲中文是表意文字，而西文重在表音，如果按西文的發音來翻譯工程名詞，既不能達到表意目的，讀音上也會與西文原來的術語有相當大的差異，也不能實現表音的功能。因此，大多數工程名詞需要用意譯方法進行翻譯。譯音法翻譯人名地名及單位是比較合適的，這類名詞不同於一般的工程名詞，不具備特別含義，不需要理解它的意義，而採用音譯的方法翻譯人名地名等，則有容易發音，便於記憶的長處。造字本身困難，加之新造字易造成新的不統一，科技界通常把造字法作爲意譯、音譯的補充，在實踐中很少使用。

2. 工程名詞審定準則的討論

作爲科技交流與發展的載體，工程名詞應該具備一定的標準。比如科學化、單一化的名詞有利於準確地反映科技概念；簡明、易懂的名詞便於科技工作者的交流與使用。要確保翻譯過來的工程名詞符合上述要求，就必須對其進行審定。名詞的審定也要遵循一定的準則。審定準則主要包括譯名是否符合科學性、單一性、連貫性、簡明性及約定俗成性的要求等。學會經過探討，對上述準則達成了共識。

科學性，即按科學概念的內涵來定出規範的名詞。1919 年，羅英發表的《規定名詞商榷書》一文中指出：「規定名詞須從學理及物質上之本旨著想。每立一名詞，當有定義確實而不移，有界說分析而不亂，加附圖繪以瀏覽」〔註13〕。羅英的文章，強調的是科學性和準確性，即名詞的確定應有助於準確反映所指事物的性質、功能。

〔註12〕 朱一成、許應期：電工譯名標準之商榷〔J〕，工程週刊，1935，4（3）：34～35。

〔註13〕 羅英：規定名詞商榷書（其一）〔J〕，中國工程學會會報，1919：263。

連貫性，即名詞在相關學科內是相互聯繫的。1927 年，孔祥鵝發表《商榷電機工程譯名問題》一文中認為：「譯學名不可只照一個字單譯，要顧到它和其他學名的關係，使各個譯名於文字間表示它們的連貫」〔註 14〕。如「reactance」、「resistance」、「impedance」三詞之間有學理上的關聯，數值上滿足下列關係：（reactance）2＝（resistance）2＋（impedance）2。孔建議採用「電抗」、「電阻」及「電阻抗」等譯名。首先，「電」體現了三個譯名的共性；其次，「阻抗」、「電阻」及「電抗」字樣，能直觀顯示它們某種關聯。這些譯名一直沿用至今。孔的觀點有見地，科技概念是有機體系，反映概念的工程名詞也應具有連貫性。

單一性，即名詞應該是單一的、專用的。1929 年，趙祖康發表《道路工程名詞譯定法之研究》〔註 15〕一文，特別強調譯名要遵從單一性原則，他說：「原名一名一義者，以譯成一名為原則」。如 curb 譯為「緣石」，其他「側石」、「站石」等譯名均擯棄不用。而對於那些原本具有「一名數義」性質的西文名詞，他提出的解決辦法是：「原名一名數義者，分譯之」。如 camber 可譯為「拱橋」，或譯為「拱」，具體依據行文內容而定。

對於那些已有多名並存的譯名，趙祖康也提出了解決辦法，主張以「適宜」、「約定俗成」為原則。他指出：「已有若干時，取最通行而不悖於學理，並參以其他譯名律較為適當者用之，否者另立新名。至若習俗沿用已久，勢難更改者，仍之」。同時指出：「譯名以適當為主，其有字繁複，或取義太古，晦澀難明者，避免之。」在《道路工程名詞譯定法之研究》一文中，趙祖康提出了二十一條譯定名之法，是當時研究科技譯名最為深入的學者之一。他倡導的「單一性」、「適宜性」及「約定俗成」，也成為最基本的定名原則。

1932 年，學會委託劉仙洲修訂機械工程名詞。此前，社會上已出版了《華英工學字彙》、《英和工學字典》等多種辭典類出版物，以及多種中文機械工程書籍。這些書籍辭典中的譯名大都不一致。例如 value 一詞，有「舌門」「汽門」等 6 個中文譯名。pump 一詞，有「恒升車」、「抽水筒」等 14 個中文譯名，顯得非常混亂。為此，劉仙洲擬定了四項定名原則，具體是：（1）從宜；（2）從熟；（3）從簡；（4）從俗。他依據上述原則，完成了《機械工程名詞》的修訂，匯詞 11000 餘，1934 年由商務印書館正式出版。

〔註 14〕　孔祥鵝：商榷電機工程譯名〔J〕，工程，1927，3（1）：40。
〔註 15〕　趙祖康：道路工程學名詞訂法之研究〔J〕，工程，1929，4（2）：223。

趙祖康、劉仙洲等多名會員都是工程名詞統一工作的推動者、實踐者，上述原則也是他們經驗的總結，對於當時名詞審定工作起到了指導作用，大部分至今還在使用。2000 年 6 月，我國頒佈《科學技術名詞審定的原則及方法》規定：定名應符合「貫徹單義性的原則」；「定名要符合我國語言文字的特點和構詞規律」；「定名要遵從科學性、系統性，簡明性、國際性和約定俗成的原則」〔註16〕。這些原則的基本精神與民國先賢的卓見是一致的。

4.1.3　工程名詞編譯與審定工作之開展

中國工程師學會不但重視譯名機構的建設，關注譯名理論的探索，而且從實踐上大力開展工程名詞統一工作。學會既獨立推進，也與其他社會組織合作，完成了大量工程名詞的統一工作。

1. 學會獨自組織完成的名詞統一工作

1915 年，學會出版了《新編華英工學字彙》，該書由首任會長詹天祐編纂，內容主要關於土木、機械二科，收詞萬餘。此書對工程名詞統一有奠基之功，成為土木、機械類工程書的重要工具書。

1928 年～1931 年，學會陸續出版了九種工程名詞草案：

《工程名詞草案──電機工程》尤佳章、楊錫鏐編，收詞 2500 餘則，1929 年 12 月出版。

《工程名詞草案──化學工程》張輔良、袁丕烈編，收詞 960 餘，1929 年 7 月出版。

《工程名詞草案──土木工程》程瀛章、張濟翔編，收詞 1800 餘，1928 年 8 月出版。

《工程名詞草案──染織工程》陶平叔、張元培、倪維熊編，收詞 1300 餘，1929 年 6 月出版。

《工程名詞草案──無線電工程》倪尚達、惲震、陳章編，收詞 500 餘，1929 年 5 月出版。

《工程名詞草案──機械工程》程瀛章、張濟翔編，收詞 2000 餘，1928 年出版。

〔註16〕　科技技術名詞審定的原則及方法，第二屆古生物學名詞審定委員會，網頁 www.nigpas.ac.cn/terms。

《工程名詞草案——航空工程》程瀛章、錢昌祚編，收詞 1200 餘，1929年 1 月出版。

《工程名詞草案——汽車工程》柴志明編，收詞 800 餘，1930 年 5 月出版。

《道路工程名詞》趙祖康編，收詞 200 餘，1928 年出版。

1932 年，學會委託會員劉仙洲修訂《機械工程名詞》，匯詞 11000 餘，1934年由商務印書館正式出版。

1932 年，學會委託中央大學擬定建築工程名詞，委託北洋大學及唐山交通大學擬定礦冶工程名詞。

1933 年，學會修訂土木、機械類工程名詞，修訂後機械工程名詞詞匯增至 5000 餘則，土木類不詳。

1934 年，時任編譯工程名詞委員會委員長的顧毓琇修訂電機工程名詞，收詞 5000 餘。

1937 年，學會委託會員陶葆楷擬定衛生工程名詞草案，收詞 500 餘。

2. 與國立編譯館等合作的名詞工作

在中國近代史上，從事過科技名詞統一工作的重要機構和組織還有科學名詞審查會和國立編譯館。科學名詞審查會成立於 1918 年，是民國時期一個準官方科學名詞審查組織，其前身是醫學名詞審查會。中國工程師學會積極開展與科學名詞審查會的合作，1925 年，派程瀛章爲代表參加科學名詞審查會的審查工作。1926 年，程瀛章提出審查工程名詞要求，經該會決議於民國十七年（1928 年）審查工程名詞，後因時局變化，科學名詞審查會工作於 1927年底中止，計劃未能實施。

1932 年 6 月，教育部成立國立編譯館，專門從事教科書審查、名詞編訂、辭典編訂、圖書編譯等工作。該館曾邀請包括中國工程師學會在內的多個學術團體參與科技名詞審定工作。中國工程師學會派遣多名工程專家參加了工程名詞的審定工作，具體情況如下：

（1）電機工程名詞的審定

1933 年夏，國立編譯館決定啓動電機工程名詞的編訂工作，他們收集國內外專著，作爲編訂電機工程名詞的參考，並指派康桂清負責編訂，邀請中國工程師學會負責審定。

1934 年，中國工程師學會接國立編譯館的邀請函，經第十六次董事會決定「暫先派惲震（審定負責人）、包可永、李承幹、周琦、張延金、陳章、楊允中、楊肇爐、楊簡初、壽彬、裘維裕、趙曾鈺、劉晉鈺、鮑國寶、薩本棟、顧毓琇，張承祜等 17 人參與審定」〔註17〕。

1935 年夏，康桂清完成初稿，分爲普通、電力、電訊、電化四部。初稿首先經電機工程名詞審查委員會審核，再由教育部召開審查會議，作最後之勘定。經過這樣反覆審核後，普通部分於 1937 年經國立編譯館整理後呈教育部公佈，共有 6045 則名詞，於 1939 年出版。另外電化部分名詞 2339 則，1944 年 2 月公佈；電力部分名詞 3321 則，1941 年 11 月公佈；電訊部分名詞 4559 則，1945 年 1 月公佈〔註18〕。這三部分名詞於 1945 年出版。

（2）機械工程名詞的審定

在編訂電機工程名詞的過程中，國立編譯館又啓動了機械工程名詞的編訂工作，並函邀中國工程師學會派專家審定。應此函請，1936 年 3 月，中國工程師學會決定派遣「張可治（審定負責人）、王助、王季緒、杜光祖、周仁、魏如、莊前鼎、唐炳源、程孝剛、黃炳奎、黃叔培、楊毅、錢昌祚、羅慶藩、顧毓琭、劉仙洲、陳廣源、周厚坤、林鳳歧、周承祐、張家祉、毛毅可、楊繼會、吳琢之等 24 人參加機械工程名詞審訂」〔註19〕，並成立機械工程名詞審查委員會。

1937 年春，中國工程師學會會員劉仙洲將所編《機械工程名詞》之卡片三萬餘張，裝箱送交國立編譯館，委託其繼續加以整理。國立編譯館採取分類編訂辦法，將全部機械工程名詞分成 7 類，並將第一類第二類合編一處，稱之爲《機械工程名詞普通部》。其餘五類各爲一部，分別爲第二部：工具儀器部分；第三部：動力廠設備部分；第四部：鐵路機械部分；第五部：汽車航空部分；第六部：紡織、兵工、造船部分。

〔註17〕 十六次董事會議紀錄，工程週刊，1944，4（4）：62。

〔註18〕 陳可忠：序〔A〕，電機工程名詞（普通部）〔M〕，上海：商務印書館，1939；陳可忠：序〔A〕，電機工程名詞（電力部）〔M〕，重慶：正中書局，1945；陳可忠：序〔A〕，電機工程名詞（電訊部）〔M〕，重慶：正中書局，1945；陳可忠：序〔A〕，電機工程名詞（電化部）〔M〕，重慶：正中書局，1945。

〔註19〕 22 次董事會議記錄、23 次執行會議記錄〔J〕，工程週刊，1936，5（9）：102。

　　1940 年，機械工程名詞普通部分之草案編成，寄審查委員會委員，先作初步審查。1941 年 3 月，在重慶正式開會審查通過，共有名詞 17956 則〔註20〕，於 1946 出版。1949 年前，其餘部分沒有審定。

　　（3）其他

　　會員吳承洛（審定負責人）、王璡等七人參與《化學儀器設備》名詞的審定，該名詞於 1940 年出版。吳承洛（審定負責人）、徐名材等十三名會員參與《化學工程名詞》的審定，此名詞於 1946 年出版〔註21〕。

　　中國工程師學會還參與了《土木工程之鐵路與公路部分》、《土木工程結構學部分》及《土木工程測量學》的審定工作。1949 年前，這三種名詞沒有審查完畢。因戰爭的影響，《水利工程》、《造船》、《鐵路機械》、《工具儀器與動力廠設備》及《自動車與航空器》等工程名詞也沒來得及審定。審定後的工程名詞，有七種被教育部公佈爲標準名詞並出版。新中國成立後，中國科學院編譯局接管了上述的工程名詞，將其修訂後正式出版，爲新中國的工程名詞統一工作拉開了帷幕。

4.1.4　中國工程師學會工程名詞統一工作之意義

　　民國時期，一方面，中國現代科技處於起步階段，亟需科技名詞的統一；另一方面，由於社會動盪，政府無暇關注科技事業的發展，民間科技團體成爲本世紀 10～40 年代中國科技逐步推進的有力槓杆，中國工程師學會是民間科技團體中規模最大的一個，它所做的工程名詞統一工作，對中國工程事業的發展有著極爲重要的歷史意義。

1. 加速了中國工程名詞統一工作的進程

　　中國工程師學會組織編譯了十餘種工程名詞，並出版了九種，累計詞量達四萬多則。同時期，其他科學團體與國立機構也爲工程名詞統一做出了貢獻，如 1916 年，審定鐵路名詞會出版了《鐵路詞典》，收錄鐵路名詞 700 餘則；1920 年，交通部電氣技術委員會編訂《電氣名詞彙編》，收錄名詞 3000則；1921 年，中國科學社電機股編撰《電機工程名詞》，收錄名詞 3000 餘則；1927 年，大學院譯名統一委員會編訂電機工程名詞 400 餘則；1931 年，建設

〔註20〕　國立編譯館工作概況，革命文獻 59 輯〔M〕，臺灣，414～419。
〔註21〕　國立編譯館工作概況，革命文獻 59 輯〔M〕，臺灣，438～445。

委員會編訂電機應用工程名詞 500 餘則。但無論從編譯工程名詞的種類還是數量上看，上述任何一個團體都無法與中國工程師學會相比擬。學會還參與了多種工程名詞的審定工作，教育部公佈的標準工程名詞都是學會會員主持完成審定的。另外，中國工程師學會在譯名機構的建設和理論研究方面也取得了較大成果。中國工程師學會是當時工程名詞統一工作的主力軍，它的工作，大大加速了中國工程名詞統一的進程。

2. 提供規範工程名詞，為社會發展奠定基礎

首先，規範的工程名詞便於學術的交流和工程教育的實施，有助於科技的發展。更重要的是，滿足了社會之急需，為中國工程事業的發展提供了保障。當時社會生產急需標準工程名詞，尤其是與之密切相關的土木、電機、機械類名詞。據會長胡庶華記述，1929 年，學會編訂的工程名詞草案還未來得及審查，「以各方待用甚急，先將此草案刊行」﹝註22﹞。為了滿足社會需求，1928～1933年，學會曾修訂並再版機械工程類名詞兩次，土木、電機類名詞各一次。

另外，規範的工程名詞也為各種標準的制定提供了保障。誠如工程專家程孝剛所言：「舉凡法規之條款，買賣之契約，製造之規範，均須依名詞而定界說，依界說而定權利義務。……倘能普遍採用，則公認之標準，即可於無形中建立，工商各業實利賴之」﹝註 23﹞。即是說，規範的工程名詞有利於標準的制訂，歸根結底有利於標準化的推行，而標準化是工業社會得以發展的前提。無疑，中國工程師學會所做的名詞統一工作是當時一項重要的基礎性工作，對支撐科技發展，促進社會進步有著不可替代的重要作用和意義。

4.2 《工程》、《工程週刊》：工程學術研究與交流的重要載體

中國工程師學會不但積極推動工程名詞的統一，構建工程學術研究與交流的基礎，而且通過發行刊物或專著，為科技人員搭建工程學術研究與交流的平臺。近四十年歷程中，學會曾經出版過二十多種刊物，其中《工程》、《工程週刊》在此方面發揮的作用最為突出。

﹝註22﹞ 工程名詞草案——土木工程名詞序〔M〕，中國工程學會，1929。
﹝註23﹞ 劉仙洲紀念文集編輯小組，劉仙洲紀念文集〔M〕，北京：清華大學出版社，1990，150。

4.2.1 《工程》

1925 年前，中國關於工程類刊物寥寥無幾，僅有《中華工程師學會會報》與《遠東時報》〔註 24〕。科技期刊的嚴重缺乏，制約了國內工程科技人員對於國際國內最新科技、國內工程進展情況以及工程科技人員的學術研究成果的瞭解與學習。鑒於此，1925 年，中國工程學會決定創辦專門工程學術期刊——《工程》，以期促進工程學術的研究與交流。

關於學會創立《工程》的宗旨，時任總編輯的王崇植曾這樣清楚表述。他認為工程就是創造新的東西，與人類的生活密切相關。交通、居住、衣食的改善無不歸功於工程師的創造。近代以來，關於工程的學問源於西方，中國工程學均來自於歐美。其中，中國的工程科技人員在引進、吸收及應用西方工程科技方面發揮著重要的作用，詹天祐就是傑出代表。然而個人力量有限，團結協助易見成效。為此，創建了中國工程師學會，以便於交流與研究。為了有效、廣泛地交流與合作，尤需專業刊物。同時，多年之後，此刊物成為工程事業發展的見證與研究基礎〔註 25〕。

可見，學會創辦《工程》的初衷是以供工程學術之研究，促工程事業之進步。

《工程》1925 年 3 月創刊於上海，至 1948 年止，王崇植、鮑國寶等先後擔任主編。該刊初為季刊，一年 4 期合為一卷。1933 年 2 月，改為雙月刊，至 1937 年 8 月，已發行至第 12 卷 4 期。1937 年 8 月，上海淪陷後，學會被迫內遷至重慶，忍痛暫行停刊。遷往重慶前，共出版 12 卷 60 期。1939 年在重慶復刊後，又改為月刊，發行 2 期，分別作為《工程》的 12 卷 5、6 期，從 13 卷期起重新改為雙月刊。抗戰初期，該刊移至香港發行，1942 年 5 月遷回內地發行。從復刊後至 1945 年，共發行 7 卷 41 期。其中第 12～13 卷前 8 期在香港印發，14～19 卷 33 期在重慶與桂林兩地印發。1946、1847 年，學會因回遷及經濟極度困難停刊。1948 年再次復刊後，發行至 20 卷第 4 期，同年終告結束。共發行 20 卷，105 期。作為民國時期創刊最早，發行最久的工程學刊物，《工程》是中國近代工程事業發展的歷史見證，在工程科技的研究與傳播方面居功至偉。《工程》20 卷的內容可謂洋洋灑灑，蔚為壯觀。幾十年

〔註 24〕 工程週刊之使命〔J〕，工程週刊，1932，1（2）：18。
〔註 25〕 發刊詞〔J〕，工程，1925，1（1）。

來，《工程》所登載工程學方面的文章，土木科位居首位，其次是電機、機械、化工，紡織相對較少。縱觀全篇，《工程》注重如下幾方面的宣傳：

1. 各種標準的探討

20世紀初，中國的工程名詞、電頻率、工程標準、度量衡等都尚未統一，嚴重制約工程科技的傳播與應用。爲此，《工程》首先就上述具體問題進行詳細闡述。

（1）關於工程名詞的討論。引進西方工程科技，首先遇到了科技名詞的翻譯問題，確定合適的中文譯名顯得尤爲重要。趙祖康的《道路工程學名詞訂法之研究》（4卷期號）、孔祥鵝的《商榷電機工程譯名問題》（3卷1期）、趙曾玨的《電工譯名之商榷》（8卷3期）等多篇文章，論述了工程名詞音譯、意譯、造字法等編譯方法使用原則，還闡述了工程名詞單一性、科學性、連貫性等審定原則。這些標準不僅對當時的工程名詞統一工作具有指導作用，而且對中國後來的工程名詞統一工作有深遠影響。2000年6月，我國頒佈《科學技術名詞審定的原則及方法》規定：定名應符合「貫徹單義性的原則」，「定名要符合我國語言文字的特點和構詞規律」，「定名要遵從科學性、系統性，簡明性、國際性和約定俗成的原則」〔註26〕。這些原則的基本精神與民國先賢的卓見是一致的。

（2）關於度量衡的討論。度量衡事關國計民生，因此，爲歷朝所重視。時至中國近代，因諸多原因，中國度量衡一直處於混亂狀態。南京政府成立後，即籌劃度量衡的改革劃一，欲採用萬國公制爲標準，並諮詢科技界之意見。當時，《工程》組織了大討論，會員們有兩種截然不同的主張：其一，以劉晉玨、陳儆庸爲代表。他們不贊同採用萬國制，並明確指出萬國公制的缺點；「系統不統一，就物理學而論，共分五種；十進不健全，角度與時間非十進制；標準已失原有意義」〔註27〕。另外，他們依據科學原理，考慮民間習慣，重新制定一套新制。其二，以周銘、施孔懷、吳承洛爲代表。他們主張完全採用萬國公制，理由是：「米突制（萬國公制）十分便利；世界文明各國，科學書籍、科學儀器，均係米突制；我國自通商以來，外人在華商場勢力偉大，無可諱言，米突制交易通用；完全不採用米突制有八國，占全世界人口

〔註26〕 科技技術名詞審定的原則及方法，第二屆古生物學名詞審定委員會，網頁 www.nigpas.ac.cn/terms。

〔註27〕 劉晉玨、陳儆庸：擬定中華民國權度衡單位制意見書〔J〕，1927，3（4），321 ～323。

百分之三」，另外，考慮到民間沿用，「如一時改用米突制，推行不易，故爲劃一計，自過渡期內擬比較適合民間習慣而與米突制有一簡單比例之原則，確定輔制」〔註28〕。專家不同的研究結果，反映了度量衡本身的複雜性，也爲度量衡的改革提供了多角度的參照。

（3）關於統一電頻率的探討。每種用電器都適配一定頻率的交流電。統一電頻率，既有利於供電單位，也有利於用戶和電器製造企業。當時中國採用 50 與 60 赫茲的交流電，爲此，《工程》率先倡導統一電頻率。1926 年，張惠康發表《中國電界應通用一種周率商榷》（2 卷 3 期）一文，他認爲：「中國電業尚在幼稚時代，當以他國之經歷引爲鏡鑒，勿再蹈前車覆轍，故通用一種周率，爲中國電界所不可稍緩也」〔註29〕，同時他從發電、送電、變電及用電等幾個方面比較 50 循環（赫茲）與 60 循環（赫茲）兩種交流電的優缺點，倡導中國採用 50 赫茲交流電。1930 年，周琦發表《三相交流電標準制論》（6 卷 2 期）一文，他認爲三相交流 50 周波爲：「發傳最經濟；應用最廣泛；電燈電力可同機公用」〔註30〕。新中國成立後，電頻率統一爲 50 赫茲，這體現了民國先賢的遠見卓識。

《工程》不僅倡導多種標準的制定，而且還詳細論述了標準如何爲工程或工業服務，即工業標準化的問題。克拉克的《標準》（2 卷 4 期）及吳承洛的《中國工業標準化之回國及今後應採經途之擬定》（上、下 15 卷 1 期）都屬於這類文章。吳承洛認爲：「工業標準之進行，則依照簡章成立工業標準委員會，翻譯各國標準書籍。……先由個委員會將所擬定各項標準草案送會，然後將各種標準草案分由各組，召集分組會議，開會討論，斟酌國情，參考各國成法，酌定標準送交全體會議審定，制定標準，並將標準呈核公佈，印刷刊行，以供各業採用」〔註31〕。工業標準化的實施「不僅爲生產者、分配者與消費者謀福利，並且爲勞動者、技術者及科學者謀福利」〔註32〕。

〔註28〕　周銘、施孔懷：劃一度量衡意見書〔J〕，工程，1927，3（4）；吳承洛：中國度量衡制度標準之研究〔J〕，工程，1927，3（4）；中國權度標準一二三之研究〔J〕，工程，1928，4（1）。
〔註29〕　張惠康：中國電界應通用一種周率商榷〔J〕，工程，1926，2（3）：157～158。
〔註30〕　周琦：三相交流電標準制論〔J〕，1930，6（2）：211。
〔註31〕　吳承洛：中國工業標準化之回國及今後應採經途之擬定〔J〕，工程，1942，15（1）：10。
〔註32〕　吳承洛：中國工業標準化之回國及今後應採經途之擬定〔J〕，工程，1942，15（2）：25。

可見，《工程》高度關注當時重要的基礎性工作，這對支撐工程科技的發展具有不可替代的作用。

2. 工程教育的探討

中國工程教育起步於洋務運動。由於近代工程教育是工業化的產物，是伴隨著資本主義機器大生產首先在西方國家發展起來的。作為一個現代化後發外源性國家，中國的高等工程教育與其工業化運動一樣，對西方先行國家表現出很強的依附性。盲目將西方工程教育制度與理論作為一種理想的模式不加分析地進行照搬和模仿。至 20 世紀 20 年代之後，工程界教育者要求工程教育改革的呼聲日益強烈，即中國工程教育一定要結合國情，針對中國工業建設的實際情況，有批判、有選擇地吸收、借鑒、并力圖使其與中國優秀教育傳統相融合，從而使西方的大學教育理念中國化。這種訴求與研究在《工程》裏有充分的體現，如錢昌祚的《與人論工業教育》（1 卷 3 期）、吳承洛的《國內工科學校課程之比較觀》（2 卷 4 期）、茅以升的《工程教育之研究》（2 卷 4 期）、凌鴻勳、趙祖康的《工程教育調查統計之研究》（2 卷 4 期）、周琦的《政府建設時代工程師應有之訓練設施》（4 卷 3 期）、夏堅白的《我國工程教育今後之途徑》（8 卷 3 期）、張含英的《工程教育管見》（8 卷 2 期）、楊耀德的《工程學與工程教育》（15 卷 5 期）、柴志明的《論我國技術教育》（15 卷 4 期）及徐應期的《電機工程科課程編制之商榷》（3 卷 4 期）等，詳細論述了工科的課程設置、教材、師資等方面的缺點並貢獻了改革之辦法，這些建議可謂切中時弊，對於當今的工程教育改革也具有汲取的價值。

3. 工程科技的宣傳

工程科技的宣傳在《工程》中佔有突出的地位。《工程》前 4 卷中內容紛雜，如「插圖」、「專論」、「通俗」、「試驗」「報告」、「啓事」等欄目。1928 年後，《工程》欄目減少，主要保留「研究」、「施工紀事」、「調查」、「建議」等學術較強的欄目，逐漸成為名符其實的工程專業刊物。

這些文章涉及土木、機械、電機、化學、礦冶 5 個工程科，測門、建築門、河海門、橋樑門、材料門等 40 個工程專業〔註33〕近 900 篇，大致分為試驗報告、專業研究論文及工程報告等幾類：

〔註33〕 中國工程學會會刊工程索引〔J〕，工程，1930，6（4）：461。

（1）試驗報告：主要分爲兩種：一類是關於工程材料試驗的，如凌鴻勳等《磚頭試驗》、《磚頭墩子試驗報告》檢驗磚頭或磚頭墩子抗擠壓能力。凌鴻勳《雷峰塔磚頭實驗報告》確定古磚之強度、以便推測古代製磚法。還有張雪楊的《國產製造油脂之標準及其實用實驗法》、陸志鴻的《國產水泥物理性質試驗結果》、丘勤寶等《錢塘江工程中之材料檢驗》等等，爲中國工程界提供了重要的工程材料標準；另一類是水利工程試驗，如恩格思（德國）《導黃試驗報告》主要論述黃河之病不在於堤距過寬，而在於缺乏固定的中水位河槽。方修斯（德國）的《黃河初步試驗簡略報告》詳細驗證了河灘寬廣的河流，對於低水河床之影響，最爲不利，應束狹堤距，增加河水衝力，加深河床深度。水利工程實驗的出現，爲水利定量研究提供了基礎，對於中國黃河的治理產生重要影響。

（2）專業研究論文的宣傳：隨著工程學的發展及工程實踐的需要，中國工程師開始對某些具體的問題進行深入研究。他們開始運用科學解釋工程機理，或者把工程實踐經驗上升爲理論，以便更好地指導工程實踐。《工程》載有大量此類文章，筆者只列舉一二：

在土木工程方面，如趙國華的《土方工程之圖表算法》（5 卷 1 期）、《復筋混凝土梁計算便捷法》（6 卷 1 期）及初毓梅的《木質房架接口之簡易計算法》（6 卷 2 期）等，既豐富了結構力學、鋼筋混凝土學的內容，也爲土木工程計算提供了實用工具；孫寶墀的《結構物撓度與旋度基本公式之直接證明法》（8 卷 2 期）一文，作者不採用傳統的內外功能相等的原理，創造性地用幾何方法證明物體的撓度與旋度計算公式；譚葆泰的《相似性原理力學原理及其對水工試驗之應用》（10 卷 3 期）則認爲，如果原物與模型成比例，它們受力效果具有相似性。據此，通過對模型的研究，推斷原物的狀態。這爲各種水工工程試驗提供了理論基礎。

在電機工程方面，如惲震《電氣網》（6 卷 2 期），詳細闡述了電氣網的組成、電氣網的技術組成，電氣網的行政組織，論證了電氣網的八大優點；「供電普及與穩定；成本減輕；電多廉價；節省全國燃料；減少備用機量；調劑負荷分配；分散人口與振興農村」〔註 34〕。倡導中國進行電網建設。他的良好願望，在新中國成立後得以實現。他的研究，即使以現代眼光看，也極富

〔註34〕　惲震：電氣網〔J〕，工程，1930，6（2）：213～215。

科學價值。再如張延祥的《南寧電燈整理之成功與方法》，作者以自己整頓南寧市電力的經驗，總結出整理國內電廠標本兼治的辦法。同時期，《工程》登載了一系列研究電力整改的文章，如譚友岑《整理無錫市電力事業之商榷》（3卷3期）、錢福謙《統一上海電廠計劃書》（4卷1期）、張延祥《梧州市電力廠改良及經驗》（4卷2期）、沈嗣芳《整理首都電廠工作之一段》（4卷2期）、鮑國寶《首都電廠之整理及擴充》（4卷2期）等，這些研究無疑為國內電力事業的改革提供了有益借鑒。

機械工程方面，如張可治的《提士機關之現勢》（4卷2期）、王寵植的《提士引擎之理論及其在工業上之應用》（1卷2期）則重點介紹內燃機改進及其應用，增進人們對內燃機的認識。聶肇靈之《防禦鐵路水患之研究》（5卷1期）一文，分河流之測量、事前之籌劃、雨期之戒備、臨時之救濟四部分系統探討了鐵路水患防治措施，對保障鐵路正常運行具有重要意義。

化學工程方面，如顧毓珍《化學工程》（6卷1期）一文，系統闡述了化學工程之含義及內容、化學工程與化學工業之關係及化學工程與工程教育之關係，指出：「化學工程並非一種工業之技術，又非半為化學半為機械工程之學科，而為設計、構造、及管理工廠與設備，俾化學方法得致用於實業之一班獨立工程也，於近代工業中，應用之廣、範圍之大，遠勝於任何工程」〔註35〕。陳德元《談（氮）氣救國論》（8卷2期），介紹氮氣不僅是製造炸藥的原料，而且是製造化肥、顏料、人造絲、開礦的重要物質，呼籲欲救危機之國防，濟農村之破產，均非努力從事於氮氣事業不可。

礦冶工程方面，如王寵祐之《檢取煤樣之原理》（8卷1期）一文，作者參照英、美、德學說，結合自己工作經驗，總結了四條煤樣檢取的法則及五條煤樣選擇的方法，頗具實用性。賀贏《二十年來之銻業》（8卷2期）一文，詳細闡述了中國銻礦的分佈、成分及出口價格。他建議中國銻業界應聯合一致，自行直接運銷海外，掌握自主定價權，並加強研究銻之新用途。

《工程》還注重國外工程學術的宣傳。據筆者統計，《工程》前9卷就達34篇，內容涉及建築、市政、橋樑、水利、道路溝渠、電光、電氣機械、電學、儀器、材料、鐵路、鐵道等諸多方面。如雷德穆（德國）《發展中國交通事業之意見》（8卷3期）、清之譯《減輕電車軌道維持費之新方法》（8卷3期）、盧毓駿譯《城市計劃新論》（8卷5期）、戴第瑪（德國）《發展中國電氣

〔註35〕 顧毓珍：化學工程〔J〕，工程，1930，6（1）：15～27。

事業之意見》（8 卷 4 期）、胡樹輯譯《德國汽車專用路設計要點》（9 卷 6 期）及《普通房屋之防空辦法》（9 卷 6 期）、李崇德譯《飛機場之設計》（9 卷 5 期）、稽銓譯《加固橋樑點焊法》、《機車駛過彎道時之力學》、《鐵路鋼橋之試驗》（10 卷 5 期）、趙國華譯《路基混入水泥之安定增進法》（11 卷 3 期）等都屬於這類文章。

（3）工程報告的宣傳：該刊還重視工程案例的報導，除上述電力工程外，大都為土木工程方面。如張含英的《李升屯黃河決口調查記》、馮雄的《宮家壩黃河決口堵築記》、茅以升等的《檢查津浦鐵路黃河橋毀壞情況之報告及舉起與修理之建議》、張連科的《蕪湖市政問題之考察》及惲震等人的《揚子江上游水利發電勘測報告》等。

後來，《工程》還開設輪渡、橋樑、水利專集，系統介紹相關工程案例。為了直觀感受具體情況，筆者列舉了部分題目如下表 4.1。

表 4.1：《工程》第 11 卷 6 號目錄（錢塘江橋工程專號）

題　目	作　者	題　目	作　者
錢塘江橋一年來施工之經過	茅以升	錢塘江橋橋墩工程	羅英
錢塘江橋橋樑工程	楊鳴春	錢塘江橋浮運沉箱施工概況	李仲強
錢塘江橋氣壓沉箱沉奠工程	魯廼參	錢塘江橋正橋橋墩大樁工程	卜如默、何武堪
錢塘橋基礎井箱沉奠工程	孫鹿宜	錢塘江橋混凝土施工概況	李學海、王同熙
錢塘江橋浮運沉箱設計大綱	李學海	錢塘江橋鋼板樁圍堰工程	羅元謙
錢塘江橋鋼板樁圍堰工程被沖毀後之打撈	卜如默等	錢塘江橋橋基之開挖	熊正
錢塘江橋之墩蓆	李洙	錢塘江橋橋址測量	李文驥
錢塘江橋橋基鑽探	朱紀良	錢塘江橋工程中之試樁	余權
錢塘江橋過程中之材料試驗	丘勤寶等		

資料來源：《工程》第 11 卷 6 期。

與學術論文比較，工程案例則更全面。一項具體工程不僅要考慮工程技術要素，還要兼顧社會政治、經濟、文化等因素，即考慮人與社會的需求。對於工程科技人員而言，工程案例是一個個生動教學課，是學習借鑒工程技術、積累工程經驗的有效途徑。

由《工程》內容不難看出，該刊是以宣傳工程試驗、學術論文、工程案例為主，兼顧探究工程標準及工程教育的專業刊物。關注中外工程學術交流，促進工程科技研究水平是該刊的辦刊宗旨，也是其明確的辦刊定位。

4.2.2 《工程週刊》

1932 年 1 月 1 日，中國工程師學會又出版另一種工程刊物《工程週刊》。時任主編張延祥稱：「惟季刊（工程）每三個月出版一冊，集稿付梓，又需時日、內容多為學術研究，長篇巨帙，故不能採納新聞消息，或短文紀事。……在德國，則德國工程師學會出版 Nachrichten der V.D.I. 週刊風行各國，均足為發展工程事業，促進工程學術之一助也。本會鑒於吾國工程界出版週刊之急要，以德國 V.D.I 為楷模，出版本刊」〔註 36〕。

可見，出版《工程週刊》的目的：一是較迅速反映工程界的信息；二是傳播較淺顯的工程知識，以彌補《工程》的缺陷。

1931～1937 年，中國工程師學會共出版了 6 卷《工程週刊》。張延祥、鄒恩泳等先後擔任主編。抗戰全面爆發後，學會遷往重慶，《工程週刊》被迫停刊。《工程週刊》的內容豐富，通俗易懂、圖文並茂，在聯絡會員，溝通社會，普及知識方面發揮著重要作用。六年來，《工程週刊》的宣傳主要圍繞以下幾個方面。

1. 宣傳「工程」與「工程師」的基本知識

鑒於普通民眾不瞭解工程，不知工程的重要性。《工程週刊》登載了一系列文章，工程週刊》登載了一系列文章，如《工程與資本》、《工程事業與工程》、《工程經濟》、《工程＋商業＝工業》、《工程與民眾》、《自來水工程》、《業餘工程家》、《工程與復興》、《運輸工程》及《過去一年之工程成績》等，這些文章都載於刊首，處於顯眼位置，短小精練，但宣傳的內容比較豐富，如什麼是工程？工程如何實施？工程與普通民眾、工業、資本、國防的關係？中國工程建設狀況等等。

〔註 36〕 工程週刊之使命〔J〕，工程週刊，1932，1（2）：18。

　　其中《工程與民眾》一文指出：「工程之定義，用最經濟的方法，得最大之效果，為多數人之享用。故工程師係站在一般民眾方面，而絕非為資本主義或帝國主義之工具也」〔註37〕。

　　《工程＋商業＝工業》一文認為：「工業之解釋，當為工程與商業合併之企業，採取工程之首字，商業之末字，以寫成上列之代數式」〔註38〕。作者用通俗簡明語言介紹工程基本知識，讓大眾瞭解工程為何物。在《業餘工程家》一文，作者強調普及工程知識重要性。他呼籲：「欲全國國民均幫助我工程事業之發展，則可做到，惟須先施工程之民眾教育，引起興趣。……民眾若漠然不知工程為何物，不知工程之重要，則雖有專家之提倡，即使得少數從者，亦屬盲從，其事業之結果，成功者鮮」〔註39〕。

　　《工程週刊》還持續宣傳「工程師」這一職業。首先介紹工程師的工作對象，如《工程師救國》一文中，作者指出：「獨工程師不以人為對象，而以物質為對象，以宇宙為對象，穴山架水，土木工程師之所致力者也；錘輪，機械工程師之所致力者也；鑒石取金，採礦工程師之所致力者也；攝聲發光，電氣工程師之所致力者也；提膠煉革，化學工程師之所致力者也」〔註40〕，還有文章結合具體行業，講解工程師的工作性質。如《工程師與製造》一文，指出：「製造即生產，為今日經濟落後之我國所宜急起直追，而尤為我工程師所應負之責任，製造在化工如製酸、製糖、製城之類，……製造程序可概分為二段，第一段製造工廠或工廠之本身，第二段為維持其工廠或工作物之運用，以製出其目的物」〔註41〕，這二個階段均需工程師設計、建造與管理。另外，還有《計劃與實施》、《工程師與數字》、《工程師的責任》、《工程師與會計師》、《工程師與政治活動》等多篇文章，從不同行業、不同崗位介紹了工程師的角色定位。

2. 報告工程信息

　　及時全面地報告工程界訊息是《工程週刊》的重要特點。從工程紀事、最新工程科技方面，商業信息到工程職位的介紹都是該刊宣傳對象。

〔註37〕　工程與民眾〔J〕，工程週刊，1933，2（19）：320。

〔註38〕　編者言〔J〕，工程週刊，1932，1（17）：237～238。

〔註39〕　編者言〔J〕，工程週刊，1932，1（2）：285～286。

〔註40〕　翁為：工程師救國〔J〕，工程週刊，1933，2（11）：169～170。

〔註41〕　編者言〔J〕，工程週刊，1932，1（19）：269～279。

在工程紀事方面：如湘鄂鐵路工程紀要、海河指標工程完成、青島自來水、武漢電話局最近擴展工程、首都電廠新發電所工程、中國煤氣機械製造廠之內容、天原電化廠概況、漢冶萍大冶廠近況、民國十九及二十年世界石油（煤、金、鋼鐵）產量等，涉及土木、水利、橋樑、建築、電機、機械、化學、礦冶等多個工程專業。介紹的工程既有已完成的，也有正在建設中的，還有規劃中的，既有新建的，還有改建的，為工程界提供了比較全面的信息資料。

最新工程科技方面：一般報導中國當時的科技創新，如《新中工程公司自製提士引擎之成功》一文，介紹了新中工程公司成功研製了四程提士引擎。工程界評價「我國近年來中小規模之機器廠似甚發達、惟製造工作機多、而製造原動機少，製造進百匹馬力之新式提士引擎則屬創見」〔註42〕。再如《北寧鐵路自造天王式機車》、《軍政部試驗木炭汽車紀錄》、《實業部中央工業實驗所新法製造之乾電》等都屬於當時工程科技新發明。

商業信息：鑒於工程與商業關係密切，《工程週刊》重視商業信息的宣傳，如」開成造酸廠定期出貨」、「益中瓷磚行銷兩旺」、「北寧路標購機車」等，以便工程師瞭解最新業界動態。

另外，《工程週刊》還及時刊登招聘信息，為工程科技人員與各大學及公司牽線搭橋，頗受歡迎。

3. 事關戰爭的報告

《工程週刊》創刊之際，恰值全面抗戰爆發前夕，該刊發表了許多與戰爭有關的文章。文章大致分為兩類：（1）工程科技人員的戰爭動員，如《總動員！！！》、《國難當前吾人所期望於吾國之工程師者》、《工程師救國》、《工程師與政治活動》、《戰時之工程師》等，指出「自熱河失陷平津告急，吾國已臨到生死關頭，處此暴風疾雨時代，欲圖只有生存，除速堅誠團結拼血肉以禦侮外，惟有積極從事於國防之充實。然欲充實國防必須注重軍事工業之設備，此則非吾前方將士所能勝任，凡吾工程界人士應負最大之責任」〔註43〕。呼籲中國工程師「快快起來實行總動員，要知道現在不努力，來日徒悲傷，莫要等待悲傷時，恐怕努力已無濟於事」〔註44〕。建議政府成立戰時動

〔註42〕　工程與製造〔J〕，工程週刊，1932，1（19）：270。

〔註43〕　國難當前吾人所期望於吾國之工程師者〔J〕，工程週刊，1933，2（4）：49。

〔註44〕　總動員〔J〕，工程週刊，1933，2（6）：27～28。

員機構，組織全國人力、物力、才力開展戰時國防經濟之研究。（2）結合戰事，大量介紹現代戰爭中工程科技知識及備戰，如《軍械一覽表》、《日本工廠總動員》、《毒瓦斯一覽表》、《戰時 100 師軍隊兵器彈藥之供給》、《中國軍艦一覽表》、《作戰時之火藥補充問題》、《火藥一覽表》及《卸彈設備》等，指出中國應該丟掉和平幻想，積極備戰，積極開展軍事研究並客觀判斷中國的國防力量。

4. 會務與會員信息

作爲中國工程師的會報，《工程週刊》承擔對外宣傳與對內交流之義務。該刊登載了大量學會動態信息，如董事部會員紀錄、執行部會議紀錄、會務總報告、會計報告、年會事項、各分會信息、會員通訊地址、工程界名人介紹等，主要介紹學會的人事決定、從事的工作、年會的具體情況及財務狀況等，是學會與社會溝通的重要渠道。

另外，載有少量工程學術論文。如沈熊慶的《七十餘煤樣分析報告》、程贏章的《數字記法與讀法商榷》、嚴演存的《作戰時火藥之補充問題》及徐應期的《對於度量衡名稱之意見》等。與《工程》中學術論文相比，《工程週刊》的論文一般篇幅較小，語言通俗簡明。

總之，《工程週刊》以內容形式多樣、文章通俗易懂、短小精練，圖文並茂爲特點，深受廣大會員喜愛，而且吸引了不少學會以外的工程界人士訂閱〔註45〕。《工程週刊》在普及工程知識，聯繫工程科技人才方面所起的積極作用，是《工程》所無法替代的。

4.2.3 個案：「黃河問題」之討論

《工程》創刊於 1925 年，止於 1948 年，在動盪的時局裏，幾乎沒有中斷。該刊內容宏富，蔚爲壯觀，反映了中國第一代工程科技人員在引進、吸收和應用工程科技方面的努力與重要作用，是中國近代工程事業發展的歷史見證。本節以「黃河問題」爲具體案例，講述民國時期，中國工程師及國外工程師之間的合作與交流，論證《工程》在傳播與研究工程科技方面所發揮的巨大作用。

〔註45〕 中國工程師學會二十一年度會務總報告〔J〕，工程週刊，1933，1（14）：214。

1. 黃河問題

　　黃河發源青海，全長四千六百公里，其上、中游水患極少。從河南孟津至山東的出海口及江蘇的黃河古道等黃河下游區域，是黃河水患的高發區。黃河有三個主要特點：

1. 黃河屢次改變河道。上古時代，黃河下游的河道全在北方，後來一再南移。1855 年，黃河重新回到北方，成爲今日的河道。四千年來，黃河改道次數至少有數百次，其中有六次大改道。

2. 黃河含泥沙量高。黃河上游途經陝西、山西及甘肅東部，這些區域全是黃土，其成分均，容易碾碎，雨後溶解入河，使河水成爲泥漿，是全世界泥沙含量最高的河流。

3. 河床位置高。由於泥沙含量高，且未能全部輸送入海，日積月累，河底墊高，下游某些區域成爲「懸河」〔註46〕。

黃河將大量泥沙沖至下游，由於通常沖力過小，泥沙中途淤積，導致黃河大堤之內，河線無常，時常改道，河槽有時逼近壩根，危及大壩，加之大堤路線曲折綿長，如修補不周，一遇大水，極易潰決。特別是因爲泥沙淤積，導致河床高於兩旁地面，如遇大水決潰，則成一片汪洋。泥沙含量高是黃河水患的問題所在，也是研究黃河治理的人所要力求解決的。中國有史以來，迄 20 世紀末，一直爲黃河水患困擾，這些水患即現在習稱的「黃河問題」。

2. 民國時期關於「黃河治理問題」的討論

　　歷經數千年的「黃河治理」，中國積累了豐富的治河經驗，也提出過多種治河主張。漢代，賈讓提出「開閘築渠、分殺水怒」，以減少洪水流量，同時利於灌溉。時至近代，這一主張仍得到許多人贊同〔註47〕。明代，潘季馴主張「以堤束水，以水攻沙」，清代治河名臣靳輔，採用潘氏方法，取得明顯治河效果〔註48〕。然而，上述措施大都是「有效力僅維持於一時，即非長久治安之策」〔註49〕。要解決「黃河問題」仍需另覓途徑。

〔註46〕　沈怡：五十年來的黃河治理研究〔M〕，革命人物志第 22 集秦孝儀主編：63　～64。
〔註47〕　李都賦：黃河問題〔M〕，工程，1932，8（6）：511。
〔註48〕　李都賦：黃河問題〔M〕，工程，1932，8（6）：511。
〔註49〕　李儀祉：治河研究之意見〔M〕，新陝西月刊，1932：51。

民國時期，中國開始擁有一批近代水利工程師，如李儀祉、沈怡、鄭肇經、李都賦〔註50〕等，他們留學德國，獲得水利方面的碩士或博士學位。回國後，他們在高校或黃河水利委員會工作，專門從事包括黃河在內的水利研究與建設。於此同時，國外一些水利專家也開始參與「黃河問題」的研究，如費門禮、方休斯、恩格斯〔註51〕等。本節圍繞上述人物，就「黃河治理」的主張與「黃河試驗」展開論述。以重溫近代西方工程科技給中國傳統的水利工程與技術帶來的新變化。

1919年，費門禮（John Ripley freeman）實地考察黃河下游，1922年在美國土木工程學會刊物發表《中國洪水問題》一文。他認爲黃河具有顯著的自行刷深其河槽之功能，河道越窄效果越明顯，目前問題出在黃河河床太寬。在他看來，「縮小河床之結果，不僅可使之自行刷深，且能獲得黃河之所需之洪水河槽而維持之，甚至將水中所挾之沙——輸送入海」〔註52〕。

因此，他主張築一直線新堤，以約束此窄而且直之新槽，使不復迂迴曲折，新堤用丁壩加以保護。他建議把黃河下游堤距從四至八英里縮小至二分之一英里，新洪水河槽水面寬度寬約三分之一英里（約800公尺或537米），增加河水的衝擊力，靠黃河本身的力量，沖深河床，形成新的河床。

〔註50〕　李儀祉：陝西蒲城人，1919年前後兩次赴德國學習水利。1915年學成回國，曾擔任第一任黃河水利委員會委員長，西北大學校長。創辦陝西水利道路工程學校、陝西水利專修班、水利工程學會。創辦了《黃河水利》、《水利》等月刊。發表了《黃河治本的探討》、《治理黃河工作綱要》等論文，是中國近代水利與治黃專家。沈怡，1921赴德國學習，恩格斯的學生，與恩格斯合作，從事黃河第二次試驗及丁壩試驗，是民國時期中國著名水利及市政專家。鄭肇經，1921留學德國，恩格斯的學生，曾參與丁壩試驗。李都賦，陝西蒲城人，20世紀20年代，留學德國，方修斯的學生，與恩格斯合作，主持黃河第一次試驗。1932年，籌建天津第一水工實驗所，是中國近代水工試驗事業的開創者。

〔註51〕　恩格斯：德國教授，研究黃河長達三十年，出版《制馭黃河》一書，與中國工程師合作，做了兩次黃河試驗。費門禮，美國人（John Ripley freeman，1855～1932），曾任美國土木工程學會會長。民國時期曾兩度來華，多次來華實地考察運河及黃河，發表《中國洪水問題》，方修斯，德國教授，曾參與中國導淮計劃的擬定，主持兩次黃河試驗，發表《黃河及其治理》一文。

〔註52〕　費門禮：中國洪水問題，歷代治黃文選（下冊）〔M〕，黃河水利委員會黃河志總編輯室編：123～135。

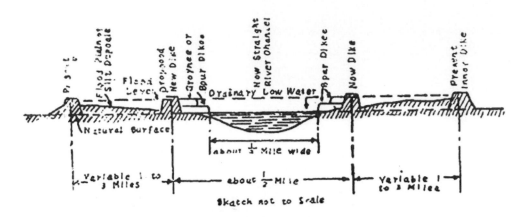

圖 4.1：費門禮治河方案中之新河床

　　費門禮深信，若干年內，新河槽形成後，不僅可使洪水水位顯著下降，而且極大增強排泥沙的能力。另外，黃河舊內堤與新直堤之間廣約二至三英里之隙地，最後將爲泥沙墊高至於尋常洪水位相等，形成一片肥腴農田。

　　費氏的主張得到了方修斯的贊同。方修斯，德國人，1929 年來華，聘爲淮海治理顧問，1930 年在德國土木工程雜誌發表了《黃河及其治理》。他認爲「黃河之所以爲患，由於洪水河床之過寬，黃河灘地甚廣，灘上之水甚淺，沙隨水落，與年俱積」〔註 53〕。他主張整理洪水河床，乃治理黃河第一步，把現有四至八英里洪水河床縮狹至四分之一英里左右（600 公尺左右）。採取辦法是在現有黃河內堤內部，加築一至二道新堤，平均堤距離約六百五十公尺左右。凡老堤堅固者，加築一道；否則修建二道新堤。新堤與內堤沒有高低的要求。

　　方氏認爲新堤具有重要作用。首先，新堤可以縮小洪水河床，利用年年出現的中量洪水，在新堤之間沖刷出一個固定並且較深的新河道，增大洪水河床容量，使洪水水位降落。

　　其次，新堤與內堤、內堤與正堤構成兩個河道，對洪水也起著多重屏障與約束作用。

　　另外，新堤與老堤之間，每經過一次洪水，就可淤高一次，久而久之，就可以塡充成一個廣闊的河岸。

<hr />

〔註 53〕　沈怡：治理黃河之討論續編〔J〕，工程，1932，8（6）：499。

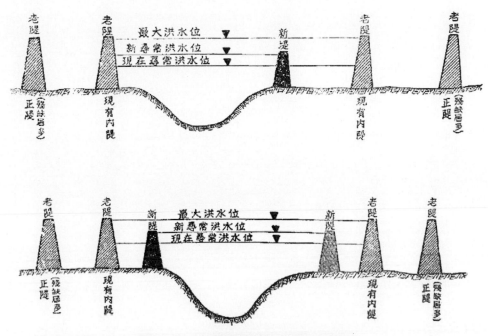

圖 4.2：方修斯新堤計劃示意圖

依照方修斯看法，只要上述廣大灘地一旦出現，這樣黃河就永遠不會再有決口的事了，黃河所負「中國之憂患」惡名將從此解除。

與費門禮的主張不同的是，方修斯打算順河流之勢修一條非直的，更加狹窄的洪水河床，而不是費氏理想中筆直的河床。

恩格斯，德國人，1923 年在《工程》第四卷四期發表《制馭黃河論》，闡述了治理黃河的理念。他認為：「黃河之病，不在於堤距之過寬，而在於缺乏固定之〔中水位河槽〕，於是河流乃得於兩堤之間任意紆曲，左右移動。⋯⋯及至河流日益逼近，刷及堤根，則堤防不堪問矣」〔註 54〕。

他主張「宜於現有內堤之間，實施適當之護岸工程，固定中水位河槽，次者裁灣塞支」〔註 55〕。即加強內堤維護，在此基礎上，固定尋常水量河道，以期逐漸沖刷新河道。

在恩氏看來，如果依上述措施，可以產生兩方面的益處。其一，河水在中水位時，可以得到一個固定不移的河槽。至此以後，河流將一變向旁沖刷之狀態，而轉向深處。其二，河槽不再逼近堤身，遼闊的灘地得以保全，而

〔註 54〕　恩格斯：制馭黃河論〔J〕，工程，1928，4（4）：246。
〔註 55〕　沈怡：治理黃河之討論續編〔J〕，工程，1932，8（6）：500。

當洪水之後，水停沙落，灘地日益增高，添補堤與河道空間，使河床由「雙式」變爲「單式，進而形成一個寬厚的河岸。

　　恩氏還樂觀認爲，黃河河槽由此逐漸加深，沖刷力也隨之增大，即使低水位時之流速，其力足以沖刷泥沙，河床之墊高可由此停止，所有因堤距過大引起不良結果，將因中水位河槽之固定而盡除。即使遭遇洪水，也不會漫溢出單式河床，黃河水患得到解決。

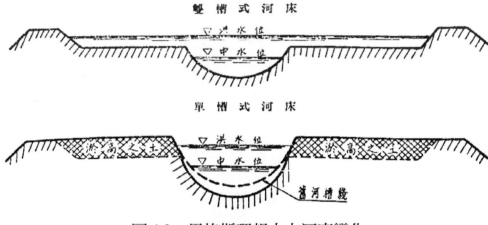

圖 4.3：恩格斯理想中之河床變化

　　由上敘述可知，恩格斯與費門禮、方修斯在治河方面方案上存在差異。恩氏認爲「黃河問題」主要癥結在於「中水位河槽」或者通常水位下的河槽不確定，導致河床容量減小以及破壞河堤，反對縮小洪水河床以及大堤堤距。費、方二人則認爲洪水河床過寬是引起水患的重要原因，提倡縮狹堤距。於是雙方展開激烈爭論。

　　恩氏認爲費氏的主張太過理想，不實用，他批評：「裁灣取直，果爲治河之一原則，然也需因地而施，如費氏意欲以盡短之路徑，造一深廣且直之新河，故不能不取直線，則結果必然發生下列二弊：1、水之下傾度愈大。2、裁過大之灣，工程太大，工費亦將因而增大」。〔註56〕

　　恩格斯認爲，凡原有河堤堅固者都要利用，無護堤設備者，亟需鋪設草皮，施工保護。河道不必要加以更動，至多在太彎處，稍加取值。

　　恩格斯的觀點是有其可取之處，任何河流都不可能是筆直的，特別是黃河，一般爲「之」字形，完全取直河道，工作量太大，不現實。

<hr />

〔註56〕　沈怡：恩格斯氏治理黃河之談話〔J〕，同濟雜誌，1933，2：27～28。

恩格斯認為方修斯的主張主要有以下幾個弊端：

1. 河床之刷深，非朝夕之功，在新河床未沖刷至期待的深度，洪水水位必將驟然增加，且增加高度足以超過新堤，侵及內堤，並且洪水力量本來已經很大，萬不可再有增強，否則將可能使堤毀壞。

2. 上游縮狹之段以內，因河床突然及大規模之沖刷結果，足使下游尚未縮狹之河床，與日墊高，為害之大，不可預料。

3. 因為洪水時沖刷力增強之結果，將沿河河道灣處格外沖深，並將沖刷的巨量泥沙堆積成高大沙欄，阻礙洪水下泄。

4. 洪水沖刷力固可由此增強，但是否由此達到將河床一律沖深之目的，亦屬疑問。〔註57〕

應當說，恩格斯所謂的「弊端」，都有可能發生。特別是第一條，將洪水河床由原來的四至八英里縮小至三分之一英里，寬度為原來的二十分之一。在流量穩定的情況下，其高度與壓強就相應增加二十倍左右。這樣，一方面，洪水水位將遠高於堤壩的高度，不可避免漫溢；另一方面，強大的洪水壓力極有可能摧毀堤壩，以致決口，造成更大的破壞。恩格斯認為，洪水時水壓力就很大，萬不可再增加壓力。其觀點是有道理的。

方修斯對於恩格斯的質疑，主要集中在以下幾個方面：

1. 中水位河槽的沖深與兩岸的淤高是動態呼應的，即河槽沖刷的泥沙要淤積在岸邊，因此對整個河槽平均深度沒有大的影響。考慮到中水位河槽寬度不及全部河床的十分之一，即使中水位河槽的泥沙大部分沖到下游，其沖刷深度對全河槽平均深度影響極小。

2. 利於尋常水量能否沖刷成中水位河槽。另外，當洪水退落時，兩旁灘地向中央移動，致中水位河槽重新填沒〔註58〕。

從理論講，由於中水位河槽寬度遠小於洪水河床的寬度，中水位河槽的高度變化對整個河床平均高度變動影響極小，「中水位河床」對降低洪水水位沒有重大作用。

另外，尋常水量對於「中水河槽」的形成是否具有顯著效果，確實也有待於進一步檢驗。方修斯的質疑也有道理。

〔註57〕　沈怡：治理黃河之討論續編〔J〕，工程，1932，8（6）：499。
〔註58〕　沈怡：治理黃河之討論續編〔J〕，工程，1932，8（6）：504。

　　恩格斯與方修斯都非常耐心地解釋對方的疑問並闡述自己的主張，但都說服不了對方。特別說明一下，恩格斯是方休斯的老師。爲此事，師生間展開激烈的筆戰。於短短兩個月中，雙方互通信札二十餘封，不肯相讓。最後，甚至惡語相向，方修斯警告老師說：「如果兩人這樣爭執下去，勢必損害德國學術在海外的尊嚴」〔註59〕。他還質問老師：「中國政府並沒有請你當顧問，你何必如此多事？」〔註60〕面對學生的這樣質問，恩氏一怒之下，聲明將此後不再談論「黃河問題」。

　　在這次爭論中，「黃河試驗」之前，中國水利工程師大都傾向於「縮狹河堤」之說。中國著名水利專家、黃河水利委員會委員長李儀祉的觀點頗具代表性。他說：「方修斯縮小堤距束水刷深河床之論，固似偏於理論，但吾國四百年前潘氏季馴亦主是說，並實行之，雖未全部奏功，而部分生效者已經彰著，後清代靳輔亦依理以治河，亦頗見功」〔註61〕。

　　從治河原則看，古今中外的水利學者，自潘季馴、費門禮、方修斯、恩格斯等，都本無二致，都是「以水治水」，即依靠黃河本身的力量來沖深河床，以達到降低洪水位的目的。所不同的只是各人主張的具體方法，如潘季馴主張築縷堤來拘束河流，費、方二人主張修狹堤來縮小洪水河床，恩氏提倡築護岸工事來固定中水河槽。

　　雙方之所以都無法說服對方，是因爲各自的主張都有一定的道理，也都有不足的地方，至於哪一種更適合於黃河的治理，必須經過實踐或實驗的檢驗。於是，雙方不約而同開始從事大型黃河實驗，爲自己尋找有利證據。

3. 黃河試驗

　　隨著自然科學的不斷發展，「試驗方法」逐漸引入水利工程領域。其原理是根據天然河流的流勢，以及其挾帶泥沙含量，以比例建造模型。導治規劃，也按比例實施其間，觀察其效用以及河流變化情況，然後，根據試驗結果確定治理河流的方案和標準。

〔註59〕　沈怡：五十年來的黃河治理研究〔M〕，革命人物志第 22 集秦孝儀主編：69。
〔註60〕　沈怡：五十年來的黃河治理研究〔M〕，革命人物志第 22 集秦孝儀主編：70。
〔註61〕　李儀祉：託沈君怡至德國向恩格斯質疑之點〔J〕，水利月刊，1934，8（4）：205。

德國是世界最早成立水工與水利研究院的國家。1893 年，恩格斯在德國蘭詩頓創建河工試驗所。1930 年前後，德國漢諾佛大學創立水工試驗場。同時在德國南部奧貝那赫設立巨型試驗場。其主持人分別是方修斯、恩格斯。

1931 年 10 月，恩格斯致函李儀祉，且曰「予對於黃河之興趣，始終不衰，最近以費門禮及方修斯之來相質論，益觸研究興致。……願盡義務，不收報酬」。〔註 62〕同時，希望中國政府派一名工程師，共同試驗。

李儀祉聯絡黃河水患嚴重的豫、魯、冀三省，共同承擔試驗費用，派李都賦到德國參加黃河試驗。1932 年 9 月初，李都賦到達德國奧貝那赫水工試驗所，歷時一個多月，完成了一次黃河試驗〔註 63〕。

因經費短缺，中途停止，第一次黃河試驗未能解答全部問題。1934 年 6 月，中國政府派沈怡赴德國，再次與恩格斯合作，開展第二次黃河試驗。1934 年 12 月中旬結束〔註 64〕。

第一次試驗的目的為「關於含泥之直形河流，在各種堤防形式及各種水位下所受影響之大規模模型試驗，以作治導黃河問題之助」〔註 65〕，即寬河槽與窄河槽哪一個對河槽沖刷更有效？第二次試驗時，將河道改為「之」字形，試驗目的一樣。

兩次試驗結果一樣，試驗條件相差不多，筆者選擇 1932 年的黃河試驗為例，闡述試驗過程及結果。

此次，實際與模型尺寸的比例為 165：1。設天然堤距為 1470 公尺，則模型尺寸為 8925 公釐，天然中水位河槽寬為 325 公尺，模型尺寸則為 1970 公釐。模型總長 100 公尺。一組堤距離為 3825 公釐，對照組為 8915 公釐米，試驗時間為 72 小時，試驗水位由低到高，其他條件如水量、水面坡度、水槽底部坡度均相同，即觀察堤距不同的河槽在多個水位下沖刷河槽的效果。

〔註 62〕　李儀祉：恩格斯治導黃河試驗之緣起〔J〕，水利月刊，1931，2（3）：55～58。
〔註 63〕　李都賦：黃河問題〔M〕，工程，1932，8（6）：509。
〔註 64〕　沈怡：五十年來的黃河治理研究〔M〕，革命人物志第 22 集秦孝儀主編：71。
〔註 65〕　恩格斯：導黃試驗報告〔J〕，工程，1932，8（6）：179。

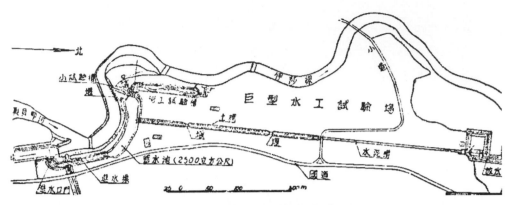

圖 4.4：恩格斯試驗場之布置

本次試驗，河槽用混凝土建築，意在固定中水河槽。河床底部用與黃土性質相似的瀝青木屑鋪設，以使河床沖刷之情形，可以一覽無遺。兩旁灘地用白色石灰石粉粒製作。水中泥沙用煙煤粒代替，其直徑為 0 至 2.1 毫米。

由上圖，水由槽首經放水渠、河槽流入河槽底部的沉澱池。試驗用水及料多，所以採用循環試驗，即把流入沉澱池的水再抽回槽首。經過 3 天一組的試驗，得到如下部分數據。

表 4.2：1931 年黃河模型試驗部分數據

內　容	試驗組一（堤距 3825 公釐）	試驗組二（堤距 8915 公釐）
河灘平均淤積高度	1.84 公釐	5.33 公釐
沉澱池泥量	465.9 公升	777 公升
河槽輸出總泥量	1466.8 公升	4693.5 公升
河槽平均刷深	7.9 公釐	27.4 公釐
洪水泥沙含量	0.992 克每公升	0.568 克每公升

資料來源：工程，8（2）：182。

試驗結果中，恩格斯發現寬堤距河床無論在排泥沙量或刷深方面，都遠高於狹窄河床，其中，灘地淤高、河槽平均刷深方面，前者都是後者的 3 倍，而前者輸送泥沙量將近為後者的 4 倍。恩氏還發現「堤防位置逼狹洪水河床太甚，不能使洪水面因以降落，而反以增高」〔註66〕。

〔註66〕 恩格斯：導黃試驗報告〔J〕，工程，1932，8（6）：179。

　　這一結果證明了費門禮、方修斯「縮小堤距，降低洪水水位」的主張不可能實現。另一方面，有力地支持了恩格斯的「寬河床沖刷效果優於狹窄河床」之說。

　　同時，方修斯教授在漢諾佛大學也做了兩次「黃河試驗」，其試驗規模略小於恩格斯的試驗。河槽長約 20 公尺，寬 2.5 公尺，深越 0.5 公尺，河槽底部鋪沙，平均寬度約 30 公分。試驗分為甲組灘地寬廣——河岸堅固；乙組灘地狹窄——河岸堅固——堤防平行；丙組灘地狹窄——河岸堅固——堤防狹窄不等三組，試驗水位由低——高——低。

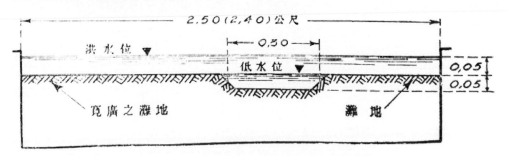

圖 4.5：方修斯甲組河槽剖面圖

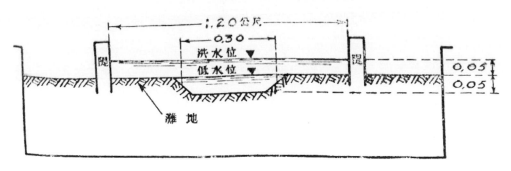

圖 4.6：方修斯乙丙兩組河槽坡面圖

　　方修斯曾如此描述試驗結論：「灘地寬廣之河流，對於低水河床之影響最為不利，蓋洩洪之斷面遼闊，則水流無力攜挾砂石俱去也。故束狹平行之堤防，以及堅固之河岸與灘地，使低水位河床經過洪水以後，大為刷深，更於相當處所斟酌的河流形勢，束狹堤距，則河床之刷深，更加平整有律矣」〔註67〕。很顯然，這個結論支持費、方二人主張。其結果與恩格斯的試驗結果完全相反。

〔註67〕　方修斯：黃河初步試驗簡略報告〔J〕，工程工程，1932，8（6）：339～346。

面對兩個截然不同的試驗結果，中國工程師大都對恩格斯的試驗結果產生質疑。例如 1932 年，李儀祉致函恩格斯，特別提到「寬床之沖刷，反較狹床爲過，愚始終未明其理，敢祈明教」〔註68〕。恩格斯的學生沈怡曾說：「李先生（李儀祉）提出的，正是人人心中疑惑不決的問題」〔註 69〕。其黃河試驗的合作者之一李都賦，曾非常明確指出：「束水攻沙，經方修斯之黃河試驗，與余在德黃土試驗，確已證明，亦理之當然，可推知束水之法，不能爲謬」〔註70〕。之所以產生質疑，這可能與兩方面因素有關：一方面，方修斯的試驗結果與日常經驗相符，河床縮小，流速增大，其衝力也隨之增大，沖刷效果明顯。另一方面，恩格斯也沒有給出合理的解釋。

從試驗的過程來看，恩、方兩人的試驗結果都是可信的。爲什麼會產生如此相反的試驗結果呢？仔細閱讀了恩格斯、方休斯的試驗報告，發現二人的試驗差別其實很大。除了規模不同外，兩人的試驗材料，試驗程序及方法都不同。事實上，黃河水工試驗是一項複雜試驗，當初始條件改變時，結果必然隨之變化。

又如何解釋恩格斯的實驗結果呢？當時的中國工程師也都積極地探究與嘗試。例如李都賦曾提出「飽含點」概念，即「失去再收容泥質之可能，在達到此點後，河底不能再有顯然之沖刷」〔註71〕。換言之，「飽含點」類似今天的「最大溶解度」（不嚴格，溶解度特指溶質，泥沙不是水的溶質），當水中泥沙達一定程度時，成爲飽和液體，就不能從河底或岸邊帶走泥沙。寬堤河床之中泥沙含量較狹窄河床低，就不易達到「飽含點」，因此，從長期來看，寬堤之中水攜帶泥沙能力更強，沖刷河床效果更明顯。用此概念解釋恩格斯的試驗結果，看上去是合理的。

李儀祉從水力學的角度也給出一個解釋。李儀祉指出：「即按以前的理論，水的押轉力，與平均水深與水面坡度成正比。築堤束水，可以增加水深，但同時也減少了水面坡度。尤其是下游束水，上游水面比致平緩。其刷深較少於寬河床的緣故，或即因此」〔註72〕。

〔註68〕　李儀祉：託沈君怡至德國向恩格斯質疑之點〔J〕，水利月刊，1934，8（4）：205。
〔註69〕　沈怡：五十年來的黃河治理研究〔M〕，革命人物志第 22 集秦孝儀主編：73。
〔註70〕　李都賦：黃河問題〔M〕，工程，1932，8（6）：518。
〔註71〕　李都賦：黃河問題〔M〕，工程，1932，8（6）：518。
〔註72〕　李儀祉黃河治本的探討歷代治黃文選（下冊）〔M〕，黃河水利委員會黃河志總編輯室編：35～41。

　　另外，李儀祉根據 ASchoklitsch 的試驗中沖刷泥沙量經驗計算公式 $G=CI^2(O-O_0)$，其中 G 為泥沙量、C 為系數、I 水平坡度、O 為水量，O_0 為極限水量（恰好可以推斷河床泥沙的水量）。可知，在相同流量的情況下，沖刷泥沙的量與水面坡度的平方成正比。河道越寬，水位越低，上下游水面坡度就越大，因此沖刷泥沙量就越大。由此公式看，恩格斯的試驗結果是有道理的。

　　從黃河水的實際情況看，大都是泥沙，接近恩格斯的試驗條件，應該出現恩氏試驗結果。黃河水利委員會成立後，李儀祉帶領委員做了許多實地勘探，發現若干橫斷面寬的河床，刷深也特別多，正好證明試驗結果與實際很相符合〔註73〕。

　　從當代的眼光看，計算黃河輸送泥沙的能力依然是一項很複雜工作，沒有一個確切的萬能公式。國內外水利工程專家根據觀察資料總結了一些經驗公式，它們形式大致相似，系數隨具體條件有所變化。筆者舉一例，如 1959 年，武漢水利電力學院水利挾沙研究組曾導出了水流挾沙能力公式。$S=K_0[U^3/h\omega]^m$

　　其中 S 指挾沙能力，U 指流速，h 為水深，ω 為泥沙下沉速度，$U^3/h\omega$ 稱水沙因子。通常情況下 m 為定值，由公式可知 S 與 $U^3/h\omega$ 成正比。由黃河觀察資料檢測，當泥沙含量低於 100 千克沒立方米時，$U^3/h\omega$ 隨泥沙含量增加而增加；當泥沙含量高於 100 千克沒立方米時，$U^3/h\omega$ 隨泥沙含量增加而減小〔註74〕。即泥沙含量低時，縮小河槽，增加泥沙濃度，相應增加水流挾沙能力，沖刷能力也隨之增加。否則，相反。

　　尋常水位下，泥沙含量低，恩格斯、方修斯的黃河試驗結果應該遵循「縮小堤距離，增加沖刷效果」的規律。當洪水時，泥沙含量高達 920 千克每立方米，遠遠超過 100 千克每立方米的臨界值，試驗規律應該遵循恩格斯的結果。

　　綜上所述，民國時期，在西方工程科技傳入之際，「黃河問題」成為國內外工程師關注的對象。從理論、方案、試驗等方面，他們紛紛提出自己的主張，有些甚至向佐。這些爭論對「黃河問題」的解決及中國工程師的成長產生了深遠的影響。

〔註73〕　沈怡：五十年來的黃河治理研究〔M〕，革命人物志第 22 集秦孝儀主編：73。
〔註74〕　郭慶超：天然河道水利挾沙能力研究〔J〕，泥沙研究，2006，5：45～49。

4. 歷史之影響

從《工程》上的文章及相關資料來看，民國時期，「黃河問題」的爭論促進了水利工程的科技交流，使國內外的聯繫也更加緊密，這有助於水利工程事業的發展，其作用主要表現在以下幾個方面：

首先，促進了中國工程師的成長。時至近代，黃河、長江、淮河等頻繁發生災害，學習西方工程科技，以期解決水利問題成為當時的共識。李儀祉、沈怡、鄭肇經、李都賦等都在此時，先後留學德國，獲得水利方面的碩士或博士學位，掌握了西方先進的工程技術和理念。同時，李儀祉等又結識國外最頂尖水利專家，（大都是師生關係，如恩格斯是沈怡、鄭肇經的老師；方休斯是李都賦的老師）與他們一起開展黃河問題的研究及黃河試驗。回國後，他們在高校或黃河水利委員會工作，專門從事包括黃河在內的水利研究與建設，成為國內水利方面的專家。可以說，「黃河問題」是他們學習、研究、建設中國水利工程事業的一個重要緣由，也是推動他們成長的作用動力。

另外，通過「黃河問題」的探討，中國工程師不再是被動的接受者，而是主動地、批判地吸收西方工程專家的觀點。

以李都賦為例，他曾指出恩格斯的試驗在指導實際工作方面，尚存在很大差距或者疑點，主要是黃河實際含沙量、水量遠高於模型之量，這樣實驗結果是否與實際結果相當〔註75〕。

鄭肇經認為」黃河試驗」最好能在黃河舉行，「同時實地選擇黃河內河床之變化較少之寬堤與窄堤，趁今年枯水期內，測繪地形……於明年中水洪水之時，與各段同樣測驗，並詳加觀察，互相比較」。〔註76〕這樣才能對於恩氏試驗結果有相當的證明，有利於因地制宜擬定方策，循序實施。

李儀祉對於國內外的治河理論，也是詳加分析，結合自己的工作經驗，從而形成獨到見解。例如他接受「固定中水河槽」之說，認為中水河槽固定後，才能控制洪水的流向，不然如野馬無韁。同時，他指出「中水河槽固定後，使河槽永不近堤，不發生險工」之說不可靠〔註77〕。因為洪水大溜方向，往往不按中水、低水河槽方向。一般河槽方向向東北，而洪水方向則偏趨東南，很難保證洪水不沖刷河堤。

〔註75〕 李都賦：黃河問題〔M〕，工程，1932，8（6）：518。
〔註76〕 鄭肇經：治導黃河試驗報告書書後〔M〕，工程，1932，8（6）：562。
〔註77〕 李儀祉黃河治本的探討歷代治黃文選（下冊）〔M〕，黃河水利委員會黃河志總編輯室編：35～41。

其次，促進了「黃河問題」的研究。民國時期，「黃河問題」引起國內外水利專家興趣。除了上述的費門禮、恩格斯、方休斯外，還有西維京（德國人）、亨利毛（法國人）、普得利（荷蘭人）等十幾人〔註78〕，都對「黃河問題」頗有研究。

此時，中國水利工程師當然是「黃河問題」研究的主力軍。例如李儀祉撰寫了《黃河治本的探討》、《關於黃河治導之意見》、《治理黃河工作綱要》等四十幾篇文章，闡述了治理黃河方案及具體主張。張含英發表了《論治黃》等多篇文章，出版《治河論叢》、《黃河志水文工程》、《黃河水患之控制》、《歷代治河方略要》等專著。沈怡發表《防洪與治河》、《黃河問題》等10多篇文章，出版了《黃河年表》、《黃河研究資料彙編》等著作。李都賦、鄭肇經、汪胡楨等都有自己的研究成果。可見，民國時期，對「黃河問題」的研究不再僅限於少數專家，而是出現一批致力於此的群體。特別是中西合作交流的情況下，出現了諸多黃河研究成果。這些都表明，西方工程科技的傳入及本土工程師的成長，極大促進了黃河問題的研究。

另外，爲「黃河問題」的研究提供了新方法。「黃河模擬試驗」是近代中國引入西方治理河流的重要方法與手段。1924、1931、1933年，沈怡、鄭肇經、李都賦等在德國參加了丁壩試驗、黃河泥沙試驗。經過實地學習，他們掌握了試驗的程序、原理及技術，並將此帶回中國。

在李儀祉等人的倡導下，決定成立中國自己的水工試驗所。1933年8月，協助恩格斯舉行黃河試驗的李都賦回國，並帶回經恩格斯、方修斯等人審閱的實驗所計劃。1935年11月12日，中國天津第一水工實驗所正式成立，李都賦任所長〔註79〕。

1934年9月，政府決定成立中央水工實驗所，鄭肇經任籌備主任。中央試驗所曾主持合辦5個試驗室：磐溪水工試驗室、石門水工實驗室、昆明水工試驗室、武功水工實驗室、成都水工實驗室〔註80〕。隨後，多個大學及機構先後成立了水工試驗室。「模型試驗」法已被中國瞭解與接收，並成爲「研究黃河」

〔註78〕　沈怡：五十年來的黃河治理研究〔M〕，革命人物志第 22 集秦孝儀主編：75
　　　　　～77。
〔註79〕　周魁一：我國水工試驗的創建〔M〕，歷史的探索與研究　水利史研究文集，
　　　　　中國水利水電科學研究院水利史研究室編，2006：51～57。
〔註80〕　周魁一：我國水工試驗的創建〔M〕，歷史的探索與研究　水利史研究文集，
　　　　　中國水利水電科學研究院水利史研究室編，2006：51～57。

的重要方法與手段，有效地彌補了理論計算的不足。至今，模擬試驗仍然是「黃河問題」研究及工程建設的重要手段。如黃河小浪底水庫規劃試驗、黃河調水調沙試驗，無不是借助試驗活動相關數據，然後確定實施方案。

總之，民國時期，隨著西方工程科技的傳入，以及本土工程科技人員成長，極大促進了「黃河問題」研究的轉化：由經驗為主的總結轉化到日益向事物內部機理的深入，由定性為主的分析轉化為定量為主的實驗。在此工程中，民國時期的專業雜誌如《工程》、《水利》、《電工》等扮演了重要角色，是當時國內外工程師之間互相交流提供了重要平臺，也為當今我們提供了一個瞭解西方工程科技引入、傳播及消化過程的非常珍貴的窗口。

4.3　年會：工程學術研究與交流的重要渠道

舉行年會是中國工程師學會的要務之一。關於年會的使命，時任《工程週刊》主編張延祥曾如此表述：「聯絡工程界同志，為聯絡、研究、促進、發展各項工程事業及工程學術起見，應有集會。……年會一年一度，所負使命，對於學術方面為宣讀論文及考察地方工程建設，對於團體方面為鞏固組織，發揚精神，及與外界相接觸聯絡」〔註81〕。

可見，開展工程學術的研究與交流，是年會的重要任務之一。中國工程師學會高度重視年會的學術功能，在其章程中給予明確規定：「常年大會應辦之事為選舉本會名譽會員，接受各職員之報告及表決本會所有重要事件。執行部各職員與各委員股股長每屆常年大會時應協同籌備關於工程學業上與交際上之種種開會事項」〔註82〕。本節從年會的概況、特點分析、各界的評價等方面展開論述，考察學會在工程學術交流方面的貢獻。

4.3.1　中國工程師學會年會之概況

1913～1949 年間（1937、1944、1946、1949 因戰爭原因未能舉行年會），中國工程師學會共舉行了 33 次年會。年會的規模逐漸增大，內容日趨豐富，學術交流逐步規範、影響力不斷擴大。為了考察學會年會狀況，筆者選取了

〔註81〕　編者：工程師之集會〔J〕，工程週刊，1932，1（14）：205～206。
〔註82〕　中國工程學會總章（1918）〔J〕，中國工程學會會報，上海圖書館藏，1919 年版。

時間、地點、提交論文的數量、參加人數、參加團體數量等幾個參量，編制如下表 4.3。因中華工程師學會年會前面已經述及，加之沒有學術交流活動，故不在此表範圍，即從 1918 年的康奈爾大學年會開始至 1948 年的臺北年會。

表 4.3：中國工程師學會歷屆年會信息表

時　　間	地　　點	參加人數	論文數量	參加團體
1918 年 8 月	康奈爾大學	不詳	12 篇	中國科學社、中國工程學會
1919 年 9 月	倫色例爾大學	不詳	10 餘篇	中國科學社、中國工程學會
1920 年 8 月	倫色例爾大學	不詳	不詳	中國工程學會
1921 年 9 月	康諾的克脫省湖學校	不詳	不詳	中國科學社、中國工程學會
1922 年 9 月	康奈爾大學	不詳	不詳	中國科學社、中國工程學會
1923 年 7 月	上海	10 餘	10 餘篇	中國工程學會
1924 年 7 月	上海	16	10 餘篇	中國工程學會
1925 年	杭州	40	10 餘篇	中國工程學會
1926 年 8 月	北京	30 餘	10 餘篇	中國工程學會
1927 年 9 月	上海	40 餘	10 餘篇	中國工程學會
1928 年 8 月	南京	100 餘	20 餘篇	中國工程學會
1929 年 8 月	青島	不詳	20 餘篇	中國工程學會
1930 年	瀋陽	不詳	20 餘篇	中國工程學會
1931 年 8 月	南京	130	20 餘篇	中國工程師學會
1932 年 8 月	天津	127	20 餘篇	中國工程師學會
1933 年 8 月	武漢	103	20 餘篇	中國工程師學會
1934 年 8 月	濟南	157	20 餘篇	中國工程師學會
1935 年 8 月	南寧	120 餘	10 餘篇	中國科學社、中國工程師學會、中國動物學會、中國植物學會、中國化學會、中國地理學會
1936 年 5 月	杭州	140 餘	67 篇	中國工程師學會、中國電機工程學會、中國化學工業會、中國自動機工程學會、中國化學工程學會

時　間	地　點	參加人數	論文數量	參加團體
1938 年 10 月	重慶	134	20 餘篇	中國工程師學會
1939 年 12 月	昆明	269	60 餘篇	機械、土木、水利、化學工程、電機
1940 年 12 月	成都	334	80 餘篇	化學工程、礦冶、電機、機械
1941 年 10 月	貴陽	582	160 餘篇	機械、電機、土木、水利、化學工程
1942 年 8 月	蘭州	525	204 篇	礦冶、化學工程、水利、電機、機械
1943 年 10 月	桂林	1265	240 篇	礦冶、化學工程、水利、電機、土木、機械、紡織
1945 年 5 月	重慶	1700	334 篇	電機、機械、化學工程、水利、土木、礦冶、航空、市政、衛生、自動機、紡織、造船、建築工程
1947 年 10 月	南京	1140	200 餘篇	電機、機械、化學工程、水利、土木、礦冶、航空、市政、衛生、自動機、紡織、造船、建築工程
1948 年 10 月	臺北	1000 餘人	不詳	不詳

資料來源：茅以升，憶中國工程師學會〔M〕，中國文化史科文庫，文化教育編第十六卷（20～160）；中國工程師學會三十五、三十六年度會務報告 25～26 頁；《工程》中第七、八、九、十年會記錄；《工程週刊》中關於武漢、天津、濟南、杭州學會會務紀錄；《建設評論》，第 1 卷 2 期，46～47；《新世界月刊》，1945 年 6 期，第 1～6 頁。

4.3.2　年會特點之分析

由「表 4.3」及年會的其他信息，大致總結有如下特點：

1. 年會舉辦地點遍佈全國

1918～1948 年，中國工程師學會分別在 20 個不同城市舉行年會。除上海、南京各 3 次，其他城市大都一次，這種輪流舉辦的方式，有利於聯繫不同地點的工程科技人員，促進各地工程技術的交流。特別值得一提的是，學會選擇年會地點兼顧了社會對工程科技的實際需求。全面抗戰爆發後，開發西部

的呼聲日益高漲，加之廣大工程科技人員遷往大後方，爲了協助地方政府發展經濟，方便會員之間的工程學術交流，故年會的舉辦地均在西部的重慶、成都、貴陽、蘭州、桂林等地。

2. 舉辦聯合年會

在美國期間，中國工程學會與中國科學社聯合舉行四次年會，開啓了聯合年會之先聲。回國後，中國工程師學會先後曾與中國科學社、中國動物學會等自然科學團體舉辦聯合年會。另外，隨著各專門工程學會的創立，自 1936 起，中國工程師學會主要與各專門工程學會舉行聯合年會，這不僅便於不同專業工程科技人員相互交流信息，協調行動，更有助於解決工程技術上的困難，同時也可克服各專門工程學會無力獨自舉行年會的困難，體現了中國工程師學會在工程界的領導與組織作用。

3. 參加人數與提交論文數量逐年增加

由上表可見，參會人數及提交論文的數量大致分爲三個階段：1918～1927 年間，與會人數平均 20 多人，提交論文 10 多篇，這一時期交流範圍有限，影響較小；1928～1936 年間，與會者平均達 120 人，論文數量平均 20 多篇，表明年會初具規模，影響力逐漸增大；938～1948 年間，參加年會人數平均達 800 多人，最多一次爲 1550 人，是 1918～1927 年間的 80 倍。每屆論文平均達 200 餘篇，最多達 334 篇，是 1918～1827 年間的 20 倍。這一時期是年會的成熟期與高峰期，無論從與會人數還是提交論文的數量看，都是民國時期其他任何科技團體所無法比擬的。即使以現代的眼光看，年會的規模也是空前的。中國工程師學會年會成爲當時工程科技交流的主要渠道，在推進學術研究與交流方面具有不可替代的重要作用。

4. 交流的形式多樣

中華工程師學會成立伊始，年會內容比較簡單，大都是審查會員入會資格及職員換屆選舉等，幾乎沒有學術研究與交流活動。到了中國工程學會階段，學會開始注重學術探究，主要包括論文宣讀、學術演講、參觀考察、專題討論等。到中國工程師學會階段，年會的交流與研究達到高峰，不僅內容豐富，而且形式多樣。

論文宣讀與學術演講是工程師進行學術交流的主要方式。1918 年 8 月，中國工程學會在康奈爾大學舉行第一屆年會。會上，共宣讀了 10 篇論文。同時，

邀請美國知名工程師或大學教授到會演講。此後，這一形式被固定下來。回到國內後，年會仍然保留宣讀論文和學術演講這一傳統。提交論文的作者大都是生產一線的工程師，這些論文是他們實踐經驗的總結，具有很強的實用性與科學性。通過宣讀與討論，不僅擴大了作者的思路，也使與會者深受啓發。

中國工程師學會不僅爲會員提供了面對面探討與研究的場合，還爲與會者提供了實地參觀考察的機會。除了名勝古蹟外，會員參觀的單位大都是企業、工程院校。如 1932 天津年會，會員們參觀了北寧鐵路工廠、啓新新磁廠、啓新洋灰廠、唐山交通大學工學院、永利製城公司、三里河電車機器修理廠等〔註 83〕。參觀考察對於工程技術人員而言具有重要意義。誠如工程師張延祥所言：「百聞不如一見，他人所述或非我之所欲知也，而細節小目不爲他人所道者，或對己有極大興趣，非躬身觀察，實難從他處求得。參觀時一日所見，或較一年中所讀所聞者，更爲詳晰清楚」〔註84〕。

另外，從 1925 年杭州年會開始，學會設置中心專題，集合與會者一起討論。1926 年，北京年會探討了「工程教育問題」；1928 年南京年會重點探討「城市問題」；1940 成都年會則以「專利問題」爲中心；1942 蘭州年會商討「西北建設問題」；1945 年重慶年會討論「戰後交通問題」。這些議題都與當時的工業和工程建設密切相關。通過專題討論，可調動不同專業工程師間的集體智慧，尋求切實可行的方案，來更好地服務經濟建設。

5. 學術性不斷增強

細查歷屆年會的論文，發現年會的學術性不斷增強，主要表現在以下兩個方面。

（1）宣讀論文的專業化程度越來越高

1918 年，中國工程學會第一屆年會在康奈爾大學召開，宣讀的論文有：《美國教科書對華態度之研究》、《測量光速新法》、《植物之應用》、《復性鹽對於電流分解之作》、《誘鳥談》、《電話》、《工業之標準》、《選擇棉種術》、《國外資本輸入問題》等〔註85〕。

〔註83〕 中國工程師學會民國二十一年天津年會紀事〔J〕，工程週刊，1933，1（16）：244～247。

〔註84〕 工程師之集會〔J〕，工程週刊，1932，1（14）：206。

〔註85〕 楊銓：中國科學社、中國工程學會聯會年會記事〔J〕，上海檔案館藏，Q546──1──226，第 7 頁。

　　1924 年上海年會，宣讀了《無線電新發明之收音機》和《低循環交流障量法》兩篇論文。1926 年北京年會，宣讀了《改正電力因率之凝電器》及《京漢鐵路橋樑之近況》兩篇論文。由上述論文題目不難看出，1918～1926 年間論文，大都屬於基礎科學部分或工程學的，事關工程技術的則較少，屬於基礎科學引進與傳播階段。這可能與會員剛剛回國，缺乏實際工程實踐，鮮有相關研究有關。與會工程師不分專業，全部在一組交流與探究。

　　從 1928 年南京年會起，論文的內容有了明顯變化，專業性增強。此次年會宣讀了 8 篇論文：《首都電廠之整理及擴充》、《『無線電譯名草案』之釐定及討論經過》、《對於南京道路工程之意見》、《觸電之研究》、《改良電報電鍵之我見》、《濾波器之瞬變電流》、《中央廣播電臺之建築經過及現況》、《長江三峽水電廠之計劃》〔註 86〕。1932 年年會，宣讀了劉俊峯的《青島大港第五岸牆之切面》、李文驥的《武漢漢跨江橋計劃》及王寵祐的《檢取煤樣之原理》等 14 篇論文。由此可見，1928～1936 年間，論文開始以中國工業或工程建設實踐爲研究對象，涉及土木、無線電、水利、橋樑、道路等多個工程專業。與 1918～1926 年間的論文比較，此階段的論文專業性明顯增強。爲了便於交流，中國工程師學會分兩組宣讀論文：一組爲土木水利工程組；一組爲礦冶織化機電組。這階段時局比較穩定，中國的鐵路、橋樑、礦冶等工程事業皆有了初步的發展，與此相關研究也開始逐步增多。

　　抗戰時期，論文的專業化程度進一步提高。由最初的土木、機械，逐步擴充到化工、電機礦冶、紡織、航空等科目。每一科又細化爲多個專業，如土木科分爲測量、建築、水利、橋樑、道路、市政等。爲了適應這一變化，中國工程師學會按專業分組或按專門工程學會分組宣讀。如 1939 年昆明年會分成了土木、化學、機械、電力等七組，1943 年桂林年會分爲土木、化學、機械、礦冶、電機、市政、衛生、水利等九組。這一階段的論文，主要關注與國防和工業經濟建設密切相關的化學、機械、礦冶等。

　　（2）年會論文評獎制度、工程師社會貢獻之獎勵的確立

　　1933 年中國工程師學會在武漢召開年會，有會員在會上提出議案，建議「年會論文應擇優給獎」，並提議「由董執兩部請專家三人，組織委員會分別審查，然後開聯席會議，確定受獎論文，授獎論文之標準，由年會授權董執

〔註86〕　申報，1928 年 9 月 3 日。

兩部鳌定之」〔註87〕。該議案得到與會者一致贊同。第二年 6 月，中國工程師學會第十四次董事會議討論通過了「年會論文給獎辦法」，規定從民國二十三年即 1934 年起，學會的每屆年會要遴選出三篇學術論文，分爲一二三等獎，對其作者給予獎勵。第一名獎 100 元，第二名獎 50 元，第三名獎 30 元。關於具體評獎過程，則是採用初選和復選兩個階段完成。會員向年會提交論文，經學會聘請的論文委員會審核，通過者在年會上宣讀論文，由論文委員會根據宣讀討論情況，每組選出一至三篇不等，作爲初選結果。初選通過的論文提交給學會的工程編輯部，由編輯部在《工程週刊》雜誌上刊載，然後由學會聘請的論文複審委員會對刊載出的這些論文進行評選，從中選出三篇，評定名次，作爲最終獲獎論文。獲獎論文評定後，要將評定結果在《工程》週刊上刊載，公示業內〔註88〕。

論文獎的設立，起到了鼓勵工程師研究學術興趣的目的，既給予一定的物質獎勵，也肯定了獲獎者在《工程》上發表論文的學術能力，起到了精神鼓勵的作用；更重要的是，獲獎論文的刊載，也起到學術規範和學術示範的作用，對提高中國工程界學術水平大有裨益。論文評獎制度的確立，是中國工程師學會會員學術性提高的重要標誌。

工程學是一門研究工程機理的技術科學，其目的是解決生產領域帶有普遍性的工程技術問題，爲工程技術的進步提供學術支撐。學會在設立年會論文獎以獎勵工程學術研究的同時，還設有專門獎項，獎勵那些利用工程技術服務社會作出巨大貢獻的工程師。該獎項比年會優秀論文獎影響更大，成爲社會上廣爲人知的工程師「榮譽金牌」獎。

該獎項是 1933 年武漢年會時，上海分會提議設立的。上海分會向年會提交了設立該獎項的議案，並就獎項評選辦法建議：「擬授獎者由會員十人以上，用書面提交董執兩部，如認所提尚無不合，即請專家五人，組織委員會審查之，將審查結果提交年會覆議。授獎者之資格、標準、及獎勵辦法，由年會授權董執兩部鳌定訂之」〔註89〕。1934 年 6 月 24 日，第十四次董事會通過了《中國工程師學會頒給榮譽金牌辦法》。該辦法規定，「對於工程界有特別貢獻之人」，中國工程師學會將頒予榮譽金牌。辦法特別指出，獎勵對象「須

〔註87〕　中國工程師學會武漢年會會務會議記錄〔J〕，工程週刊，1933，2（12）：188。
〔註88〕　中國工程師學會年會論文給獎辦法〔J〕，工程週刊，1934，3（20）：224。
〔註89〕　中國工程師學會武漢年會會務會議記錄〔J〕，工程週刊，1933，2（12）：189。

為中國國民，但不限於本會會員」。那麼，何為「工程特別貢獻」呢？《辦法》給定的「工程特別貢獻之標準為：

（甲）發明工程上新學理者；有裨人類及國防之機械物品或製造方法者；

（乙）負責主持巨大工程，解決技術上之困難，以底於成功者〔註90〕；

凡是符合這兩條標準的，經中國工程師學會會員十人聯合提名，即可作為候選人，然後由中國工程師學會董事會和執行局聯合聘請五位專家，組成審查委員會進行評定，通過者經董事會確認，在每年年會時由中國工程師學會贈予其榮譽金牌。

《中國工程師學會頒給榮譽金牌辦法》通過後，經多名會員提議，審查委員會通過，學會決定第一塊榮譽金牌授予天津永利化學工業公司總工程師侯德榜博士。因為，侯德榜先生主持天津永利製鹼公司，推進中國製鹼工程事業十餘年，頗著勞績，並著有製鹼工業一書，對於工程界確有貢獻。金牌授予在 1935 年南寧年會上進行。此後，頒發榮譽金牌成為中國工程師學會年會一項的重要活動。中國工程師學會一共頒發了九枚榮譽金牌，其具體獲獎人及獲獎原因按年度排列如下：

1. 侯德榜，1935 年得獎，得獎事蹟為「主持天津永利製鹼廠之建廠工作，著《製鹼工業》一書」；

2. 凌鴻勳，1936 年得獎，得獎事蹟為「主持修築隴海鐵路和粵漢鐵路」；

3. 茅以升，1941 年得獎，得獎事蹟為「主持修築錢塘江大橋」；

4. 孫越崎，1942 年得獎，得獎事蹟為「主持甘肅玉門油礦的開發」；

5. 支秉淵，1943 年得獎，得獎事蹟為「國內創始製造各種柴油機及其他機器」；

6. 曾養甫，1944 年得獎，得獎事蹟為「抗戰期間主持修築成都等各後方城市飛機場」；

7. 龔維成，1945 年得獎，得獎事蹟為「負責修築中印公路和鋪設油管」；

〔註90〕　中國工程師學會贈給榮譽金牌辦法〔J〕，工程週刊，1934，3（20）：413～414。

8. 李承幹，1946 年得獎，得獎事蹟爲「對兵工器材生產有重大貢獻」；

9. 朱光彩，1947 年得獎，得獎事蹟爲「完成花園口黃河堵口工程」〔註91〕。

榮譽金牌獎是民國時期國人自己設置的工程類最高獎項，對於弘揚工程事業的重要性、鼓勵工程科技人員專心致志於建設事業具有重要意義。對學會而言，則大大增強了其社會影響力。年會不再僅僅是會員研究與交流的場合，更是工程界的盛會。

總之，中國工程師學會年會貫穿民國始末，分佈 20 多個城市，聯合所有專門工程學會及部分自然科學團體，採用多種交流方式，大規模地開展科技研究與交流工作，是當時工程科技交流最重要的渠道。

4.3.3 各界之評價

中國工程師學會年會在社會引起廣泛關注。工程師、舉辦地工商界、媒體、政府等各階層大都給予高度評價和肯定。

作爲年會的受益者，工程師是學會的直接參與者，對於年會的認識也較爲具體和全面。其中工程師沈怡的評價頗具代表性，他認爲年會有以下各點益處。

工程師年會的益處之一：爲處在各地不同崗位上的會員提供了一個交流學術的機會，各地會員可以將個人所學分享給其他會員，同時汲取其他會員的研究成果。

工程師年會的益處之二：彙集各領域專業人才，共同磋商同一問題，利於集思廣義，開拓思路，促進問題的解決。

工程師年會的益處之三：年會期間，密集的舉辦各專業的演說、討論、參觀和學習，會員們在此期間吸收新思潮，開拓新思路，各抒己見，爲行業改良革新獻策獻計。

工程師年會的益處之四：工程師年會是在國難日益深重的大環境下舉辦的，一切的工程事業都關乎國家的危亡，此時年會上提出的問題也都是國家當下面臨的非常重要的工程問題。會員們懷揣著救國之志，竭力爲國家存亡貢獻己力。

〔註91〕 鍾少華：《九枚中國工程榮譽金牌獲得者》〔A〕，收入鍾少華：《進取集》，北京：中國國際廣播出版社，1998 年 6 月，第 25 頁。

工程師年會的益處之五：工程師年會的開會地點也會有針對性的選取在當時存在大量待探討的工程問題的地方，比如說選取在武漢，便於探討以下問題：

（1）武漢地理位置貫通南北，如何促進其工業中心的建設。

（2）如何疏通長江，免於水災。

（3）長江上游湍急，如何利用其水力之利。

（4）粵漢鐵路之建設完成，刻不容緩〔註92〕。

沈怡的評價是中肯的。隨著工程科技的發展，專業越分越細，專業化程度也越高。很多工程問題超越了個人的研究範圍，不同專業間的合作成為必然。年會為工程師提供了面對面的交流機會，也為今後的合作奠定了基礎。特別是抗戰時期，一方面社會各地亟需工程科技，另一方面工程人員缺乏且不集中。年會召集全國各地工程專家，齊聚在舉辦地，為當地經濟會診，提出針對性、操作性很強的經濟發展方案，有力地促進了各地經濟建設，這可能是年會的最大價值所在。

舉辦地的工商界對於中國工程師學會年會持歡迎態度。例如天津工業協會代表陳德元曾如此表明：

如學生之教師，事事可就指教師望糾正。教師當不至吝教，故將二十留個事業開發，以供老師之觀察。

如前線軍人之遇參謀將校，在長期抵抗之前線軍人，一遇參謀來臨，軍氣為之一壯。華北生產機關，如一起工作，抵抗一起壓迫，為華北保存其元氣，則其有賴於參謀者實巨〔註93〕。

陳德元形象地描述了工業發展與工程科技人員的關係，反映了工商界對於科技作用的深刻認識，表達了對年會的熱烈歡迎和對工程科技人員的尊重。

通過年會，集中了全國的專家，為舉辦地解決工業發展難題，不僅有助於當地的經濟建設，也起著鼓舞士氣的作用。特別抗戰期間，人們都希望快速發展工業，增強實力，早日取得抗戰的勝利。中國工程師的貢獻增強了堅持抗戰人們的信心。為了表彰中工程師學會的獨特作用，教育部以「工程師

〔註92〕　沈怡：年會之使命〔J〕，工程週刊，1933，2（13）：首頁。
〔註93〕　中國工程師學會民國二十一年天津年會紀事〔J〕，工程週刊，1933，1（16）：244～247。

聯合年會」爲內容編成話劇，在各地巡迴演出。可見，年會在當時的影響之大。

年會的召開也引起當時各地媒體的關注。如天津的益世報、庸報社論、商報社論、大公報，南京中央日報、南寧民國日報、武漢日報等，都給予年會及時的、熱情洋溢的報導，他們的觀點大致如下：

1. 年會是學術界團結之新風。「今日世界競爭，全憑智識，學術救國，捨此無路，以中國學術之幼稚，急起直追，猶恐無及，吾人甚願全國人士，實受此種學術界團結之新興風氣，鞭策鼓勵，使之益趨普遍化、實際化」〔註94〕。

2. 工程師要勇於承擔責任。「最少，專家人才，應認識科學知識與二十世紀政治的關係，同時中國專家人才，應明白本身對政治的責任；希望一班工程專家，不要依賴政府或社會現成機關的聘用，要自己努力去創造新事業」〔註95〕。

3. 工程師是經濟建設的主力軍。「現在中國立於存亡興廢關頭。救國方法千言萬語，而結論不外增加生產，不外經濟建設。而在這方面，其立於最前線者便是全國工程師」〔註96〕。

有媒體告誡中國工程師學會「力避流入空疏標榜之途，致成爲社交機關，或限於小組織作用，則去學術救國之本旨遠矣」〔註97〕。

可見，媒體對工程師及其團體抱有很高期望，甚至某些方面已超過工程師自身的能力。

中國工程師年會的學術功能及社會影響力同樣也得到政府要員的肯定。中國工程師年會開幕多有政府要員參加。如1933武漢年會，省政府主席張群蒞臨大會並致歡迎詞。1935年，南寧年會李宗任、白崇禧等軍政要員到會歡迎。實際上，從1939年年會起，蔣介石、陳立夫、翁文灝、孔祥熙、張家璈等要員每年都致信祝賀或參加會議。蔣介石曾如此評價年會：

　　昆明年會中國工程師學會諸君均鑒。貴會集會滇垣，萃全國專家於

　　一堂，檢討抗戰以來我工程學界進步之事實，研究解決戰時服務，

〔註94〕　中國工程師學會武漢年會之輿論〔J〕，工程週刊，1933，2（12）：201。
〔註95〕　天津益世報社論〔J〕，工程週刊，1932，1（21）：311。
〔註96〕　天津庸報社論〔J〕，工程週刊，1932，1（21）：312。
〔註97〕　中國工程師學會武漢年會之輿論〔J〕，工程週刊，1933，2（12）：201。

所親自經驗之實際問題，必多可貴之收穫，以慰全國之企望。……

貴會倡導技術報國之新風氣，鼓舞我全國工程學者之熱情，集中我

工程學者之力量，對人對事物，均已快幹實幹之精神，從事於創造

與培護〔註98〕。……

中國工程師學會年會之所以得到社會各界的認可與好評，是因為人們深刻認識到工程科技的威力，希望中國工程師能推進工業及經濟建設，加強國防力量，改善民生。

4.4　個案：抗戰時期中國工程師學會的科技交流工作

科技交流是科技事業能夠發展的前提。因日寇的侵華，致使多個學術機構都遇到嚴重的生存困難，「上至獨立之研究院、下至各大學之研究院與研究所，多是經濟困難，不能發展」〔註99〕。國立科研機構尚且如此，民間科技團體的境遇更加困難。「抗戰初期，以至於民國三十一年（1942 年），各種學會，凡是在抗戰以前成立者，皆很少活動」〔註100〕。1942 年前，大後方（川、康、滇、黔、桂、湘、粵）的科技交流陷入困境，嚴重制約了中國的科技與經濟發展。

在特困時期，仍有極少數科技團體活躍如舊，如中國地質學會、中國生理學會成都分會、中國工程師學會。其中，中國工程師學會是當時中國工程界科技交流活動的倡導者和組織者，其抗戰時期的學術交流工作形式多樣、成效顯明，並且貫穿抗戰時期的始末，具有典型性。

4.4.1　中國工程師學會科技交流之開展

中國工程師學會成立伊始，即以提升中國工程技術人員學術水平、推廣工程科技為己任，並為之做了大量不懈的努力。

在提升中國工程技術人員學術水平、推廣工程技術方面，學會主要採用召開學術年會、發行學術刊物、舉辦專題會議及實地考察等形式。抗日戰爭爆發後，學會克服戰爭帶來的不利影響，仍然堅持這些行之有效的交流方式，

〔註98〕　中國工程師學會年會訓詞〔J〕，工程，1940，13（4）：146。
〔註99〕　孫本文、郝景盛：中國戰時學術〔M〕，正中書局，1946：5。
〔註100〕　孫本文、郝景盛：中國戰時學術〔M〕，正中書局，1946：167。

最大幅度地降低了戰爭給中國工程事業帶來的不利影響，並以學會自身的努力，促成了抗日戰爭的早日勝利。

1. 舉辦學術年會

學術年會是中國工程師學會組織工程科技交流的主要方式。1937 年，中國工程師學會隨國民政府遷至重慶，次年即在重慶召開戰時的第一屆年會。至 1945 年，共舉行 7 次學術年會。年會情況如下表 4.4。

表 4.4：抗戰時期中國工程師學會召開年會一覽表

年會時間	地點	人數	參加的專門工程學會
1938 年臨時大會	重慶	134	
1939 年八屆年會	昆明	269	機械、土木、水利、化學工程、電機
1940 年九屆年會	成都	334	化學工程、礦冶、電機、機械
1941 年十屆年會	貴陽	582	機械、電機、土木、水利、化學工程
1942 年十一屆年會	蘭州	525	礦冶、化學工程、水利、電機、機械
1943 年十二屆年會	桂林	1265	礦冶、化學工程、水利、電機、土木、機械、紡織
1945 年十三接年會	重慶	1550	電機、機械、化學工程、水利、土木、礦冶、航空、市政、衛生、自動機、紡織、造船、建築工程

資料來源：中國工程師學會三十五、三十六年度會務報告，第 25～26 頁。

由上表可見，中國工程師學會的學術年會有兩個特點：其一，參加人數多，參加人數基本上呈現逐年增加趨勢，其中 1943、1945 年年會與會人數均超過 1000 人。當時大後方所有工程科技人員大約 2 萬多〔註 101〕，其中中國工程師學會的會員有 9500 人左右。在戰爭的特困情況下，無論從絕對數，還是相對數考量，這些年會的規模都是較大的。其二，均是聯合年會，這便於不同專業工程科技人員互相交流信息，協調行動，有助於解決科學技術上的困難，也有助於各專門工程學會克服無力獨自舉行年會的困難。

年會程序嚴謹，內容豐富。除會務報告、領導換屆外，年會還有宣讀論文、公開演講、參觀考察、專題討論等活動。

〔註 101〕　陸仰淵、方慶秋：民國社會經濟史〔M〕，北京：中國經濟出版社，1991：585。

　　7 屆年會共收到 1188 篇論文，占與會總人數的 1／4 弱。可見在抗戰極端困難的情況下，還有許多會員抱著學習提高的目的，前來參加年會。提交論文的作者大都是生產一線的工程師，這些論文是他們實踐經驗的總結，具有很強的實用性與科學性。通過宣讀與討論，不僅擴大了作者的思路，也使與會者深受啓發。

　　年會期間，一般都進行多場公開演講，主題多是關於中國工程事業介紹及中國工業化道路探索。例如，1943 年年會公開演講的題目爲：《中國電氣工程》、《機械工程在工業化運動中之重要性》、《鐵路機械事業之演講》、《鐵路與工業建設》、《中國鐵路應採之十大政策及全國鐵路系統》、《中國水泥事業》等。這些演講所涉及的內容雖然各不相同，但是都注重內容的通俗易懂，使普通的聽眾能對中國工程事業發展現狀及其重要性有所瞭解，加強了工程界與社會的溝通。

　　參觀考察是年會的重要一環。每次年會後期，學會都要組織與會會員考察參觀當地企業單位。如 1939 年的昆明年會，參觀了昆明資源委員會化工材料廠、機械廠、電工器材廠等 14 個單位。中國工程師學會的任務之一，就是研製和推廣先進的工程技術。通過參觀企業，有助於科技工作者進行現場考察與交流，使先進的科學技術能夠進一步的推廣。

　　根據社會發展需要，每次年會都圍繞經濟建設或國防建設，設置相應的中心議題。如 1938 年爲重工業與交通問題，1939 年爲計劃經濟和工業化問題，1943 年爲西南建設問題，1945 年爲戰後交通問題。這些議題，基本上都與當時中國經濟發展密切相關。學會年會組織與會專家進行討論，大家集思廣益，做出方案，以作爲有關部門制定建設計劃的參考，可以使國家建設少走彎路，加快國家發展。

　　除了全國性的學術年會外，中國工程師學會還在各地設立分會，以便在各地廣泛開展科技交流活動。至 1937 年，中國工程師學會在上海、北京等地設 23 個分會。1937～1945 年間，學會在大後方又發展了 38 個分會（另設香港、美洲分會），分佈 14 個省。抗日戰爭爆發後，淪陷區的分會大都處於停頓狀態，大後方的分會則很活躍。鑒於篇幅所限，這裡只列舉部分分會的學術交流活動。如 1941～1942 年度，重慶分會主要活動：

（一）參觀附近工廠。一年來共計舉行 6 次，參觀 20 多個廠，參加人數總計
　　　270 人，使會員瞭解後方各種工業之實際情況。

（二）召集全體會員大討論工業動員問題，並聘請章乃器、張劍鳴等演講，以提高會員工業動員意識。

（三）舉行學術演講、無線電展覽會並請中華無線電協會表演無線電。

分會的科技交流活動是有效且必要的。其一，通過分會的活動，可以快速聯絡工程科技人員，使工程科技人員避免了一盤散沙的局面。其二，分會的科技交流使各地科技工作者有了合作與交流的中心，便於會員就近參加經常性的活動，有利於本地技術進步問題的研討與動員。特別在戰爭期間，因安全缺乏、經費短缺，交通不便，全國性的活動不易舉行，分會的活動無疑是中國工程師學會科技交流活動的重要組成部分。

2. 發行刊物

發行刊物是學會促進學術交流的另一種重要形式。抗戰時期，中國工程師學會發行了《會務特刊》與《工程》兩種刊物。《工程》始發於 1925 年，初為季刊，後改為雙月刊，一年六期合為一卷。至 1936 年，已發行至第 12 卷。1937、1938 年停刊。1939 年在重慶復刊，又改為月刊，旋移香港發行，重新改為雙月刊。1942 年 5 月遷回國內發行。復刊後，從第 13 卷開始至 1945 年，共發行 7 卷 41 期。其中第 12、13 卷前 8 期在香港印發，後 14～19 卷 33 期在國內印發。《工程》所登載論文大都為會員所撰寫，絕大部分是年會獲獎作品，內容多針對工程技術的學術見解及政策規劃，如第 13 卷第 5 期《工程》（1940 年十月一日發行）刊發文章目錄如右：戰後中國工業政策、長方薄板撥皺之研究及其應用與鋼板梁設計、連杆與活塞之運動及惰性效應、論電氣事業之利潤研究、鼠籠式旋轉子磁動力之研究、蒲河閘霸工程施工之研究、電話電纜平均之原理及其實施等。這些論文在當時是最高水平的〔註102〕。

學會發行的另一種刊物是《會務特刊》，其前稱為《工程週刊》，始發於 1932 年，雙月刊。抗戰期間，發行了 7 卷。該刊主要介紹中國工程師學會和各專門工程學會的會務情況，以及國內外實際工程建設報告。

另外，中國工程師學會還通過各專門工程學會發行《電工》、《水利》、《礦冶》、《化學工程》、《紡織》、《土木》及《機械》等刊物。這些刊物彼此關係密切，各專門工程學會之編輯，皆同時為中國工程師學會之編輯，所需編輯

─────────────

〔註102〕 茅以升：憶中國工程師學會〔M〕，中國文化史科文庫，文化教育編第十六卷（20～160）：734。

資料，互相供給，刊物互相交換。論文來源以中國工程師學會會員所作爲主，在 1942～1943 年間，中國工程師學會曾爲上述刊物共提供了 200 餘篇論文〔註103〕。

抗戰時期，國內發行的工程科技方面的刊物大都與中國工程師學會有關，成爲當時工程科技人員瞭解工程科技與工程事業發展最新動態的主要渠道，並在一定程度克服了交流時間與空間的限制，爲會員、其他團體及個人提供了一個靈活便捷的工程科技交流平臺。

3. 實地考察

除了年會時考察當地企業外，學會還組織大型實地考察，爲政府決策提供支持。這些考察決非現在人們理解的遊山玩水，而是抱有很強的工程事業目的所做的實地科學考察。如 1940 年，中國工程師學會與中國地質學會聯合舉行川康、西北、西南一帶的科學調查；1942 年，中國工程師學會發起組織蒙新考察團，同年又與中央設計局合作考察西北建設，考察項目爲交通、水利、農牧、資源等。通過實地調研，考察人員瞭解了中國自然資源的分佈狀況，形成了初步的相應發展思路，同時也與當地人員進行了充分的交流，考察人員彼此之間也在考察過程中加強了相互瞭解，爲進一步的合作與交流奠定了基礎。

4. 專題會議

爲了適應中國工程事業的發展，中國工程師學會成立了多個專題委員會。至 1945 年，中國工程師學會成立了如工程名詞委員會、經濟設計委員會、獎學金審查委員會、職業介紹委員會、戰時工作計劃委員、工程標準協進會等 20 多個專題委員會。這些委員會都是結構完整的機構，依據所欲解決的專題，獨立地組織與協調工程專家與相關部門進行活動。抗戰時期，多個專題委員會舉行了廣泛的學術會議、公開演講等活動。如 1941～1945 年，實業計劃實施研究委員會共召開 51 次專題會議，20 多次公開演講；1942～1945 年，材料試驗委員會舉行 6 次專門會議；1942～1945 年，工程標準協進會每年都舉行學術會議。

總言之，抗戰時期，中國工程師學會既舉行規模較大的全國性聯合學術年會，也召開規模較小、形式靈活的各地科技交流活動，還有專題形式的交

〔註103〕 編輯報告〔J〕，中國工程師學會三十二年度會議報告，1943：33。

流活動與發行刊物，這些活動，構成了當時工程科技交流的主要渠道與重要平臺。

4.4.2　科技交流工作之貢獻

抗日期間，一方面，國家的經濟開發與國防建設都亟需先進的工程技術；另一方面，由於戰爭的動盪環境，工程科技的研討與傳播都十分困難。中國工程師學會是當時唯一的全國性工程科技組織，它所做的科技交流工作，無論在抗日戰爭時期還是在經濟建設的歷史上，都具有十分重要的影響力。

1. 維繫與推動了戰時科技交流

1942 年前，大部分學術機構減少甚至停止活動。此時期，中國工程師學會卻在大力開展工程科技交流活動：1938 年開始舉行戰時全國性學術年會，1939 年所主辦之《工程》雜誌復刊，1940 年發起大型實地科技考察，1941 年開始舉行專題會議，至 1942 年，大後方的 22 個分會都在開展科技交流活動。抗戰初期，中國工程師學會是極少數開展工程科技交流活動的團體之一，而就交流的深度和廣度而言，沒有其他學術團體可與之比肩。

八年抗戰間，中國工程師學會舉行了 7 次年會，參加人員多達 4659 人次，提交論文 1088 篇，發行《工程》雜誌 7 卷 41 期、《工程週刊》雜誌 7 卷；1939 ～1941 年，組織參觀考察了 90 多個企業單位，發起了三次大型實地科技考察，1941～1945 年，中國工程師學會的實業計劃實施研究委員會共召開 51 次專題會議，20 多次公開演講，材料試驗委員會舉行了 6 次專門會議，工程標準協進會也每年都舉行學術會議，大後方的 38 個分會也開展了豐富的科技交流活動。無論從交流形式還是規模上看，中國工程師學會在所有的學術機構中是首屈一指的。另外，值得一提的是，抗戰期間，土木、機械、礦冶等各種專門工程學會為了提高交流效率，都停止獨自活動，在中國工程師學會統一協調與組織下，以工程學會集團的形式開展工程科技交流與研究。顯然，中國工程師學會是維繫與推動戰時工程科技交流的重要力量，其作用應予充分肯定。

2. 促進了工程科技的傳播

正是由於中國工程師學會的工作，保障了戰時科技交流工作的開展，工程科技得以順利及時地推廣。為了直觀感受工程科技交流及推廣情況，筆者列舉第 10 屆貴陽年會部分論文如下表 4.5。

表 4.5：中國工程師學會十二屆年會（1941 年）得獎論文

論文題目	作者	所在單位
黔桂鐵路測岑牛欄兩處路線之勘探及研究	裴益祥	黔桂鐵路局
公路路面研究與實驗	李謨熾	西南聯合大學
非常時期橋樑之建築	羅英	滇緬鐵路局
近代城市規劃原理及其對於我國城市復興之應用	朱泰信	唐山工學院
手搖離心機製糖試驗	李爾康 張力田	經濟部中央工業實驗所
桐油之重疊作用	劉馨英 沈善炫	浙江大學
植物油製成潤滑油之氧化試驗	孫增爵 錢鴻業	經濟部實業委員會
四十種著名酒精酵母發酵力之比較	金培松	經濟部中央工業實驗所
國產造紙纖維之顯微化學分析	張永惪 李鴻皋	經濟部中央工業實驗所
壓熱對木油分解之關係	李壽垣 李照東	浙江大學
十年來動力用酒精之試驗研究	顧毓珍	經濟部中央工業實驗所
四極管及聚射管之調幅研究	孟昭英 張守廉	清華大學
感應電動機直流制動之理論實驗	楊耀德	浙江大學
電網計算之簡易新法	蔡金濤	中央無線電器材廠
機車在變道上行動有無出軌可能之研究	陳廣沅	滇緬鐵路局
自由活塞加長膨脹內燃機之理論與實際	田新亞	不詳
保形銑力制齒機及使用	李漢超 高緒侃	經濟部中央工業實驗所
急回機構之圖解法	翟允慶	經濟部中央工業實驗所
差壓引火式內燃機	武霈	恒順機器廠
正向質薄板之安定問題	林致平	航空委員會
工程解高次方程序根值	林士諤	航空機械學校
坩堝煉鋼	周志宏 岳玉池	兵工署第 28 廠

資料來源：中工程師學會三十一年度會務報告，第 19～20 頁。

　　上述科技人員所提交的成果大致反映了當時中國工程科技的最高水平，因爲作者均來自當時最好的工科院校、研究所、國企及工程管理機構。

3. 對經濟專題與國防建設的研討，為政府制定經濟建設政策提供了基本依據

　　通過科技交流工作，一方面，推廣了工程技術；另一方面，集中多位工程科技人員，開展經濟專題與國防建設問題的研討，提出解決方案，爲制定大後方經濟建設政策提供了基本依據。

　　例如，「實業計劃之研究」是中國工程師學會開展的一個重要經濟專題之一，其研究目的是爲中國制定一個經濟發展方案。該項研究歷時多年（1931～1945），其成果——工業建設 16 條綱領、91 條實施原則，均被國民政府採納並公佈〔註104〕，成爲國民政府制定戰時乃至戰後工業政策的指導性文件。

　　再如，抗戰時期，我國工程材料標準不一，雜亂已極，嚴重阻礙工業建設。1942 年，中國工程師學會成立了材料試驗委員會，旨在推行材料規範及其試驗方法之標準化。至 1945 年，該委員會編訂了《金屬材料試驗手冊》一書、《中國波蘭特水泥標準規範》、《試用石灰規範》、《電氣絕緣材料規範及試驗方法》、《各種油脂規範及試驗方法》、《國產木材規範及試驗方法》等多種書籍〔註105〕。其開拓性的工作爲後來工程材料標準化工作奠定了基礎。

　　實際上，根據戰時經濟發展的需要，中國工程師學會每年都提出了相當數量的提案。例如桂林年會共貢獻 36 個議案，分別呈送教育部、工程標準協進會、內政部、經濟部、中央設計局、國防科學策進會、行政院及省政府等相關部門，以備其參考〔註106〕。這些提案，即使從現代眼光來看，也是極富科學價值的。

　　另外，1931 年，「九一八」事變發生，作爲工程界領導者與組織者，中國工程師學會立即開始了國防建設問題的研討。爲了幫助中華民族贏得抗戰勝利，學會首先成立了專門的軍事研究機構。1931 年 12 月，學會成立了戰時工作計劃委員會，分別從兵器彈藥、糖煤、油料、酒精、皮革、紙、酸及氯、

〔註104〕　鍾少華：出取集，鍾少華文集〔M〕，北京：中國國際廣播出版社，1998：340。

〔註105〕　材料試驗委員會報告〔J〕，中國工程師學會三十二年度會議報告，1943：27～28。

〔註106〕　本會十二屆年會及各次董事會執行部聯席會議決議案辦理情形〔J〕，中國工程師學會三十三年度會議報告，1944：17～20。

機械、電工、戰地工程材料、鋼鐵、運輸、銅鋅鋁等 14 項進行研究〔註 107〕。

1932 年 2 月，中國工程師學會上海分會成立了國防技術委員會，並制定了詳細章程。該委員會每日下午 1：00～3：00 及 5：00～6：00 集會，就軍事技術、國防計劃、國防問題開展研討〔註 108〕。上海淪陷後停止工作。

全面抗戰爆發後，事關戰地工事、槍炮、電信、彈藥等方面軍事工程技術的需求極為迫切。1937 年 9 月，中國工程師學會在戰時工作計劃委員會基礎上又成立了軍事工程團，1938 年改為軍事工程委員會，集中開展與軍事有密切關係之土木、機械、化學、電信等四項工程的研討〔註 109〕。為了協同政府及軍隊關係，該機構推舉陳誠為總團長，陳誠辭任後總團長一職又由分別陳立夫（會員）、曾養甫（會員）擔任。由他們擔任軍事工程委員會總團長，可以使中國工程師學會更好地瞭解抗戰活動中急需解決的工程問題，同時在有了解決方案後，也有利於快速推廣解決方案，提升中國的軍事工程技術，及時處理軍事工程問題。

同時，學會還積極組織會員，在學會的刊物發表軍事文章，或在學會年會開展專題討論，以此推動與戰爭有密切關係的工程技術問題的解決。如吳欽烈、李待琛的《戰時 100 師軍隊兵器彈藥之供給》、嚴演存的《作戰時之火藥補充問題》、《如何使技術員工與軍隊聯繫配合》等（1939 年昆明年會專題），均屬此類論文。

在艱苦卓絕、風雨飄搖的年代，這些交流活動尤顯珍貴，它促進了工程技術與管理經驗的傳播，推動了大後方經濟與國防建設，增強了科技界的團結，鼓舞了工程師群體的抗戰信念與決心。也正是這些學術活動使中國文化的命脈不絕於縷，科技思想和精神在炮火中得以傳承，科技交流的體制化與制度化得以形成。

4.4.3 取得成就的原因之淺析

戰爭期間，中國工程師學會是極少數一直堅持開展工程科技交流活動的團體之一，無論從交流形式與規模還是發揮的作用上看，沒有其他學術團體可與之比肩。中國工程師學會為什麼能客服重重困難並能逆勢而上？筆者認為主要有三個原因：

〔註 107〕 戰時工作委員會結束〔J〕，工程週刊，1931，1（2）：31。
〔註 108〕 上海分會國防技術委員會章程〔J〕，工程週刊，1932，1（7）：108。
〔註 109〕 本會組織軍事委員會〔J〕，工程月刊，1939，1（1）：43。

第一，學會擁有一批樂於奉獻，積極推動會務的會員。抗戰時期，學會曾經遇到過多種困難，解決這些難題，往往得益於會員的努力。如 1937 年，學會隨政府遷至重慶，既無會所也無會員辦理常務，時任中國工程師學會的總幹事長與中央工業實驗所所長的顧毓瑔，主動借用「中央工業試驗所辦公處及辦事人員」〔註 110〕，積極推進會務。1941 年，因經費竭蹶，中央工業試驗所又借 7000 元幫學會渡過難關。顧毓瑔還利於忙碌工作之餘義務爲學會編輯《工程月刊》，組織年會，開展實業計劃之研究。

時任經濟部工業司司長的吳承洛以公余時間爲學會編輯《工程》、推進中國工程標準協進會的工作。

當年學會工作的積極參加者還有，如陳體誠、胡庶華、凌鴻勳、翁文灝、惲震、沈怡、羅英〔註 111〕、茅以升等人。這些工程專家數年都是學會的董事會成員，同時又在政府部門任重要職務，爲學會會務的開展提供了很大便利。正是有了上述大批熱心會務的會員，學會才能在戰爭的環境下得以維持生存與發展。

第二，學會得到了社會多方的認可。如上所述，學會的交流工作極大地滿足了戰爭時代對工程科技的需求。另外，學會開展的科技人員戰爭動員、國防與經濟專題研究、以及一直秉承堅持抗戰與工程建國的信念、國家利益至上的信條，都與政府號召相一致。正因如此，學會的工作得到了政府以及各界認可。自 1938 年，蔣介石、張家傲等政府要員均關注中國工程師學會，孔祥熙、張家傲兩人還參與過年會。當時的媒體也高度關注學會年會並給予充分肯定〔註 112〕。昆明、桂林、蘭州等地方政府均積極邀請學會到本地召開年會，參與當地經濟發展規劃。這爲學會的發展創造了良好的社會環境。

最後，學會的快速發展離不開社會各界的大力資助。據不完全統計，戰爭期間，學會募款達 70 多萬元，大多涉及工程機構，如中華文化基金會〔註 113〕、經濟部、湘桂鐵路、交通部、社會部、寶天鐵路局〔註 114〕、以及會議

〔註110〕 南京寧海路臨時會所〔J〕，中國工程師學會三十七年度會議報告，194：7。

〔註111〕 茅以升：憶中國工程師學會〔M〕，中國文化史科文庫，文化教育編第十六卷（20～160）：738。

〔註112〕 中國工程師學會第八屆年會開會概況〔J〕，工程，1939，13（4）：89～90。

〔註113〕 經費〔J〕，中國工程師學會三十一年度會議報告，1942：21。

〔註114〕 個機構補助本會經費〔J〕，中國工程師學會三十三、三十四年度會議報告，1943：45。

舉辦地政府等。社會補助費是學會當年總收入的主要部分。如 1942 年 7 月至 1943 年 6 月，學會收入為 448669 元，其中社會募款為 392877 元、會費為 18392 元，總支出 104442 元。一般情況下，會費不能滿足正常的開支。可見，社會資助是學會良好運行的重要保障。

　　中國工程師學會克服戰爭帶來重重困難，毅然堅持開展形式多樣、規模宏大的交流活動，推動了工程科技與管理經驗的推廣，有力地支持了國防與大後方經濟建設。因此，學會也得到政府及各界認可與支持，進而為自身的發展創造了有利條件。學會的交流體現了工程界堅持抗戰與工程建國的信念、決心及力量，是「科技社會化」實踐之重要成就之一。

第五章　推進工程技術的應用與進步

隨著中國工程事業逐步發展，對於工程技術的需求日益增加。於是，開展工程技術的研究與應用成為必需。中國工程師學會利於科技人員集中的優勢，積極開展工業標準化、工程材料試驗、實業計劃之研究、實地科技考察等工作，推進工程技術的進步與應用。本章以上述四項工作為線索展開論述，探討中國工程師學會在工程技術的研究與應用方面的獨特貢獻。

5.1　工程材料之試驗

材料是工程的基礎元素，優良的材料是工程質量的重要保障。確定材料的質量及探尋材料改進的方法，首先都要進行材料的試驗。民國初期，中國工業落後，「一切器材，大都仰給國外，設廠自製者，寥若晨星，對於材料試驗，尤不注意」〔註1〕。這樣「蓋商品無檢差之設備，則優良混淆，商界無號召之憑藉，原材料無試驗之場所，則良劣莫辨，工廠少取捨之準繩」〔註2〕，工程缺乏質量之保障。因此，材料試驗是一項重要的基礎性工作，也是當時亟需開展的工作。

5.1.1　工程材料試驗機構之成立

1. 材料試驗委員會成立

在中國，1920 年前後，除了上海交通大學、直隸唐山大學、中央大學等

〔註1〕李法端：三十年來中國之材料試驗〔J〕，中國工程師學會三十年紀念刊。
〔註2〕籌設工業材料實驗所報告〔J〕，工程週刊，1933，2（17）：204。

設有材料試驗室外，其他機構均沒有設置專門材料試驗機構，這遠遠不能滿足社會的需要。於是，中國工程師學會決定成立專門之機構，切實推動材料試驗工作。

在 1924 年上海年會，有會員提出成立材料試驗委員會，組織開展國產材料試驗議案。此議案得到董事會批准通過。1924 年 10 月，中國工程學會聘請周仁、顧宜孫、茅以升、薛次莘爲材料試驗委員會委員，凌鴻勳爲委員長。同年 10 月 27 日，該委員會舉行工作會議，制定了材料試驗進行辦法：

1. 試驗之材料：各類水泥、磚瓦類、金屬類、木材類等，均在應行試驗之列。今可先從磚及水泥著手，以其用途廣及試驗方法較便易，餘再繼續。

2. 徵集材料方法：製造廠家，有願送料至試驗者，也有不願者，即情願者，於發表結果方法，亦須謹慎。故本委員再行斟酌。至於每一材料之徵集，應分別記錄其出產地點、材料質地等級、製造方法等，以資比較。

3. 試驗之舉行：試驗材料，須藉機械及各種器具之設備，在本會未曾自行設置實驗所之時，只有就地借用，上海南洋大學、直隸唐山大學及南京河海大學等試驗儀器，先行舉辦，並就近聘各該校教授或助教，幫同辦理。若有借用之件，由本委員會委員保管，所以費用，由本會負擔。將來試驗成績，由本會與各該校聯合發表，以照慎重。

4. 試驗方法：擬以美國試驗材料公會所訂定之試驗方法爲依據，其未爲該公會所訂者，臨時再徵集同人意見，斟酌定之。

5. 宣佈方法：擬制定一種標誌記錄式樣，所以文字，以國文爲本位，其特別名稱，得以外國文說明之。實驗結果，廠家既有願宣佈者，有不願宣佈者，先得廠家之同意，其不願宣佈者，所有結果保存〔註3〕。

上述「辦法」不僅詳細規定了材料試驗工作的方方面面，而且制定切實可行的工作步驟。材料試驗委員會成立伊始，沒有專門試驗場所與試驗儀器設備，委員會靈活務實地與上海南洋大學、直隸唐山大學及南京河海大學等合作，

〔註 3〕材料試驗委員會第一次報告〔J〕，工程，1925，1（1）：66。

先開展建造材料試驗，因爲這些「材料用途廣及試驗方法較便易」，然後逐漸向機械、化工、紡織材料拓展。

由於採用穩健、務實辦法，加之社會的急需，材料委員會在不到兩年的時間裏，就取得了顯著成績。之後，「遠近工廠，以各項出品，需求實驗者，近更絡繹不絕」〔註4〕。爲了大規模地服務社會，加之「學校設備，專供教育上之便利，且其自身需要甚需，不便爲長時間之借用」〔註5〕，學會決定成立工程試驗研究所。

2. 工業材料實驗所的籌建

1925 年 9 月，學會開始正式籌設工業實驗研究所。對於學會來說，建立一個研究所是一項浩大工程，從地基購買到研究所的設計，再到試驗設備購買及各種款項的籌備，可謂千頭萬緒。爲此，學會成立專門委員會負責各項具體事宜。

1929 年春，學會設立建築工業材料試驗委員會，聘請沈怡、徐佩璜、薛次莘、李垕身、徐恩曾、支秉淵、裘奕鈞、顧道生、黃伯樵爲委會，以沈怡爲委員長，主持實驗所籌備事宜。另聘請董大酉、李鏗負責設計及建設任務。

委員會第一項任務是購置基地。1928 年冬，學會在上海新西區楓林橋市政府路，購買 4.04 畝地基，地價共 14125.15 元。後來因市中心轉移，復經董事會議決，以原楓林橋地位較爲偏僻，不如改建市中心區。1931 年底，學會重新在新中心規劃區市民路民壯路購地四畝，共 8000 餘元。

房屋圖樣由董大酉設計。全屋分三部分，中部兩層爲辦公室，東部爲實驗室，西部爲大禮堂。建築面積約占 120 方。建築形式取最新方式，綴以中國裝飾。估計造價約在 60000 元。

中國工程師學會每年能做到收支平衡，就很不易〔註6〕。上述 70000 元左右的款項，對於一個民間科技團體來說，可謂費用甚巨。爲此，學會不得不向社會募款。會長徐佩璜兼任籌款委員會委員長，發動廣大會員籌集資金。因爲當時中國經濟凋敝，籌款工作進展緩慢。

〔註 4〕籌設工業材料實驗所報告〔J〕，工程週刊，1933，2（17）：264。
〔註 5〕籌設工業材料實驗所報告〔J〕，工程週刊，1933，2（17）：264。
〔註 6〕二十年度經常收支對照表〔J〕，1932，1（14）：261；二十一年度經常收支對照表〔J〕，1933，2（17）：262。

截止到 1935 年 9 月，花費近 11 年的時間，學會共籌集現款 40000 元，其中社會各界捐款 23000 元，利息 7000 元，政府補助費 10000 元〔註7〕。

另外，大約 50 家商企業捐贈建築材料。其中啓新洋灰公司捐水泥 150 桶，益中機械公司認捐房內全部瓷磚及馬達，中國水泥公司捐水泥 100 桶，泰山磚瓦公司捐面磚 25000 塊，瑞士著名阿姆斯樂試驗機械公司捐贈 3000 公斤動力試驗機一部，總價值 40000 元左右〔註8〕。

中國工程師學會經過 10 多年的不懈努力，在經歷了無數困難和曲折後，終於籌夠了工業材料試驗所建築所需的費用。1934 年 8 月，正式開始動工，1935 年 7 月建造完成，並順利通過了學會的驗收。

研究所建造完成之後，學會面臨更大的困難是缺乏購買試驗設備的資金。因實驗設備所需費用非常龐大，遠遠超過了建築費用，中國工程師學會打算先購買機械、化學類實驗設備，待經費寬裕時，再擴充到電機、物理及其他設備。

負責採辦研究器械材料的會員認爲，當前必不可少的設備如下：

1. 100 頓量之通用試驗機一座，可以試驗拉力、壓力、彎力、剪力、硬度。所需材料：五金、鋼鐵、鐵鍊、鐵絲等各種水木材料等，價值約爲國幣 30,000 元。其他附件約合國幣 10,000 元。

2. 60,000 磅扭力試驗機一座，連附件，約國幣 5,500 元。

3. 試驗機校準器一具，約國幣 1,000 元。

4. 40,000 磅量筒試驗機一座，約計國幣 2,500 元。水泥試驗儀器設備，約國幣 8,000 元。其他零件設備，約合國幣 5,000 元。

5. 化學試驗用重要儀器藥品等，共計國幣 29,120 元。其他玻璃及瓷瓦器皿，約共 5,000 元，以上各項設備，共合國幣 91,000 餘元〔註9〕。

由上可見，即使購買最基本的設備，所需花費就已高達 9 萬多元。這遠超過中國工程師學會的經濟能力，加之學會前期所籌款項已所剩不多，所以不得已再次向社會募款。

〔註7〕中國工程師學會會務消息〔J〕，工程週刊，1936，4（23）：414。
〔註8〕籌設工業材料實驗所報告〔J〕，工程週刊，1933，2（17）：266。
〔註9〕三委員報告〔J〕，工程週刊，1935，4（14）：347。

1934 年 3 月，學會聘請康時清、徐名材、沈熊慶等人負責籌集設備款。爲了鼓勵和吸引社會捐贈，請徐佩璜、徐名材及王魯新擬定與工商業機構合作辦法，例如，「捐款在 500 元以上者，2 年內，減免收手續費 10%；捐款在 1000 元以上的，2 年內，可減收手續費 20%；捐款在 10000 元以上者，10 年內，連續減免手續費 30%，並可擔任試驗所理事」〔註10〕。

同時，發動分會募捐。經第十九次執行部會議決定，各分會組織募捐隊，每隊設隊長一人負責向會員勸募，目標每人捐四十元。爲了鼓勵各隊，學會也制定了獎勵辦法，規定如下：

1. 每隊隊員募得 100 元以上者，贈銀表鐘一塊；200 遠以上者，贈大銀表鐘一塊；500 以上者，金表鐘一塊，1000 以上者，大金表鐘一塊，3000 元以上者，另行酌贈……。

2. 捐款人不滿 1000 元者，鐫刻芳名於實驗所壁上；不滿 10000 元者，備置照相懸掛室內；10000 元以上者，另行酌定〔註11〕。

各分會馬上行動起來，其中「上海分會、太原分會、大冶分會，以將捐款匯寄，成績甚佳」〔註12〕。

正當中國工程師學會全力以赴、千方百計籌集設備資金，建立全國最完備試驗所之際，日本全面侵華戰爭開始了。1937 年，上海淪陷，中國工程師學會材料試驗所被迫停止工作。

1940 年，學會又恢復了材料試驗委會，聘請李法端、顧毓瑔、邵逸周等 48 人爲委員。內戰爆發後，該委員會逐漸停止工作。

5.1.2　具體工作之開展

1. 工業材料試驗

材料試驗委員會首先開展建築材料試驗。例如 1925 年，由凌鴻勳負責團隊，開展了磚頭墩子擠壓試驗。實驗對象是十個用同種磚頭砌成墩子，其中五個用灰沙砌成，另五個用水泥黃沙砌成。主要目的是考察兩種墩子抗擠壓的能力，試驗時間分爲二月、四月、六月、一年、一年半五種。詳細試驗數據也公佈在《工程》上，爲相關人員提供了重要參考。

〔註10〕　本會工業實驗所徵求合作〔J〕，工程週刊，1934，4（17）：352。
〔註11〕　本會工業材料實驗所募款獎勵辦法〔J〕，工程週刊，1934，4（17）：352。
〔註12〕　中工程師學會民國二十三年度會務總報告〔J〕，工程週刊，1934，4（22）：363。

同年，三人借用南洋大學材料實驗室，對雷峰塔磚頭的橫撓、擠壓、密度等三種物理性質做測試，並與機制紅磚、手製青磚、太原城磚、南京城磚比較。試驗結果表明，雷峰塔磚頭橫撓力比南京城磚高，比太原城磚低；其側放抗擠壓力均比其他兩種古磚高；而與現代的青磚與紅磚比，相差無幾〔註13〕。

另外，1925 年，凌鴻勳獨自開展了磚頭試驗。上述試驗結果都發佈在《工程》上。

隨著試驗工作漸次展開，該委員會的影響逐步增大，各界機關委託試驗者，相應增多。對於試驗商品及格者，材料試驗委員會給與證書，以資鼓勵。具體情況如下表。

表 5.1：中國工程學會材料材料表

合作方	試驗材料	合作方	試驗材料
上海美孚洋行	焊錫	上海中浮絹絲公司	水
上海久記建築事務所	竹節剛、石子、花崗岩、水泥黃沙	杭州工務局	黃沙、石子
無錫利農磚廠	磚頭	上海姚新記營造廠	水泥、鋼條
孫中山葬事籌備處	花崗岩、石子、水泥、黃沙、竹節鋼	上海益中機器公司	馬達、方棚
上海英工部局	竹節鋼、平鋼	上海齊清公司	無線電收音機
莊俊建造師	鋼條	上海美成木行	各種枕木
上海興和鋼鐵廠	竹節鋼	上海錫德記	水泥、煤、灰、磚
上海泰山磚瓦公司	面磚	上海盧浦局	混凝土
南京中華水泥公司	水泥	吳興電燈廠	黑漆油

資料來源：中國工程學會第九次年會紀錄，工程 2 卷 4 期，第 262～263 頁；籌設工業材料實驗所報告，工程週刊，2 卷 17 期，第 266 頁。

由上表可見，學會服務範圍由上海逐漸擴大至南京、杭州等地，試驗材料涵蓋建築、化工、機械等領域，爲近 20 家企事業提供了服務。

〔註13〕 凌鴻勳、楊培瑋、施孔懷：雷峰塔磚頭試驗報告〔J〕，工程，1925，1（4）：312～313。

2. 國產材料展覽會

在試驗所尚未投入使用前，爲了擴大影響，學會決定於 1935 年 10 月 10 日至 1935 年 10 月 19 日，在材料試驗所舉行國產建築物材料展覽會。學會推定濮定清、薛次莘、黃自強等人負責籌備此事。此次展覽會邀請了六十多家建築材料廠商，共展出近百件產品。同時學會還組織了審查委員會，對展品質量進行評比。

實業家胡厥文從另一角度高度了評價此次展覽會的價值，他認爲，展覽會是生產者與消費者相互瞭解的重要渠道，也爲產銷雙方之間的合作提供了基礎〔註14〕。

3. 制定工業材料試驗規範及標準

抗戰期間，材料試驗委員會擬定多種材料試驗方法與規範。其中，有學會會員戴禮智編寫的《金屬材料試驗手冊綱要》、陳章等的《電氣絕緣材料規範及試驗方法》、王善政的《各種油脂規範及試驗方法》、郭履基的《中國波蘭特水泥標準規範》、《試用石灰規範》及唐耀的《國產木材規範及試驗方法》等〔註15〕。

另外，該委員會還開展了國內材料試驗設備及人才的調查，將所查結果編印成冊，以供各會員參考。同時，與國內有關研究工程標準機關團體相互聯繫，以增互相切磋討論之機會，避免工作重複之弊端。

5.1.3　材料試驗工作的歷史意義

民國初期，國產工業材料的生產剛剛處於起步階段。通過試驗，瞭解原材料的物理及化學性質，制定科學的生產方法，是提高與改進國產材料質量的必要手段。但是，材料試驗工作還沒有被政府及社會重視。中國工程師學會是較早開展此類工作的科技團體，其工作具有重要歷史意義。

首先，直接促進國產工業材料質量的提高。由表 5.1 不難看出，學會與多家企事業都有合作關係，不僅從事磚、瓦等建築材料方面的試驗，而且還進行石油，馬達、無線電收音機等化工、機械材料的試驗研究。除上海外，還

〔註14〕　中國工程師學會主辦國產建築材料展覽會報告〔J〕，工程週刊，1936，5（4）
　　　　　3：64。
〔註15〕　材料試驗委員會報告〔J〕，中國工程師學會三十二年度會議報告，1943：27
　　　　　～28。

包括南京、杭州等地的企業。中國工程師學會目標遠大，不僅僅以代社會試驗材料為滿足，而是懷抱著研究以製造新型材料的理想，推進國產材料自給自足，從而推動工業工程技術的進步。可見，中國工程師學會是改進工業材料質量的重要推手。

其次，奠定了材料試驗的基礎。民國時期，中國材料試驗方法及標準尚未釐定，「一起均引入外人標準，英、德、美、法之標準無不採用，雜亂已極」〔註16〕。學會初期就採用美國標準，這樣，不同機構的試驗結果不具有可比性，不利於企事業的採用。抗戰時期，學會會員克服各種艱難困苦，擬定工業材料試驗規範及標準。雖然僅涉及金屬、水泥、木材、油脂、電絕緣體、石灰等部分材料，但為其他材料標準的制定提供了借鑒。當時擬定的試驗規範與標準，也為後來的材料試驗工作提供了參考，奠定了基礎。

另外，由於國事衰敗、經濟低迷，加之時局動盪，工業建設極其困難。作為民間科技團體，中國工程師學會在開展科技事業中所遇到的困難可想而知。十年來，中國工程師學會歷經多種艱難，千方百計、堅持不懈地籌措建造費和設備費，終於建成材料試驗所，為工程界創造了奇蹟。展現了中國工程科技人員為國為民、鞠躬盡瘁的職業操守及國家利益至上的原則。

中國工程師學會通過材料試驗與建立試驗研究所，成為材料權威。在當今，這類實體除行政部門舉辦外，沒有一個學會勇於獨立舉辦。中國工程師學會舉動確實值得令人敬佩和意義非凡。

5.2 工業標準的制定與實施

標準化活動古已有之。如文字的統一、度量衡的劃一及貨幣統一均屬於標準化範疇。標準化是人類活動所遵循的基本準則，在推動人類社會進步方面起著重要作用。近代以來，工業在人類社會發展中佔有重要地位，工業標準化成為產業合理化之核心也逐漸被多國認同。它提倡：管理科學化，增加效率；組織協作化，提供利益；材料標準化，節省資源。是促進工業發展的重要基礎。

〔註16〕 材料試驗委員會報告〔J〕，中國工程師學會三十二年度會議報告，1943：27
　　　　 ～28。

近代工業革命最先發生在西方，相應西方發達國家的工業標準化運動也開展較早。19 世紀中後期，德國，美國、瑞士等國相繼成立專門機構組織與推進工業標準化事業。

與西方發達國家相比，中國工業標準化事業將近晚了 80 年。1931 年，國民政府成立了工業標準委員會，標誌著中國工業標準化事業的起步。該委員會收集各國標準以資參考，制定符合中國工業發展水平的統一標準。從草案到頒佈的正式標準，再到實施環節，需要社會各界緊密合作，方能順利推行。在這個過程中，中國工程師學會起到了重要的研究和組織作用。

5.2.1　中國工程師學會早期工作

由於會員大都從事工程建設、工程教育或與工程相關職業，中國工程師學會很早就認識到工業標準化的重要性。在中國工程師信條中，明確指出學會重要任務：「推行工業標準化，配合國防民生之需要」〔註17〕。中國工程師學會早期的工作主要宣傳與編寫工程標準。

1. 工業標準化的宣傳

1926 年，中國工程學會北平年會時，曾請交通部顧問克拉克演講「標準法則」。之後的年會也多有涉及標準化研究與宣傳。例如在 1933 年的武漢年會上，時任標準化委員會總幹事長的吳承洛先生就「工業標準問題」發表了重要演講。作為一個一直關注工業標準化問題並對其有深入研究的會員，吳承洛先生認為手工藝品的大量生產、出口和品質保證都依賴於工業標準化，工業標準化的實行是符合當時國情民生需要的。對於如何推進工業標準化的實施，吳承洛先生認為國內的實業正在起步階段，各行業沒有足夠的資源在短時間內自行制定實施標準，如果由國家統一制定標準並且推行到全國各行業，那麼將在最短的時間內取得工業標準化的成效。吳承洛先生對工業標準化的突出貢獻也決定了他在近代工業發展史上的重要地位。通過宣傳，使與會會員增強了標準化的認識。

除了年會的宣傳，學會還通過刊發的雜誌，面向社會宣傳。如《中華工程師學會會報》開有「章程條例」專欄，介紹多個工程機構的管理法則。如

〔註17〕　中國工程師學會三十二年度會議報告〔J〕，1943：首頁。

「陸軍兵工廠編制條例」、「國有鐵路之編制通則」、「民業鐵路法」等〔註18〕。
《工程週刊》也載有工程標準的文章。如《七省公路會議決定之公路標準》〔註
19〕。《工程》也載有大量關於標準化的文章。如《中華民國國有鐵路建築標準
及規則》（2卷1期）、《交通部制定國有鐵路建築標準及規則》（3卷1期）、《中
國電界應通用一種周率商榷》（2卷3期）及《三相交流電標準制論》（6卷2
期）等。與《中華工程師學會會報》不同，《工程》上的文章大都偏向標準化
學術方面研究。

2. 協助與編製工業標準

1930年，學會幫助實業部成立工業標準委員會。

1931年，中國工程師學會會長徐佩璜向當局提出的「擬請工商部規定全
國出品標準案」，引起當局關注。

中國工程師學會爲「前建設委員會之電氣各項標準與前實業部安全衛士
檢驗法規」提供諮詢。

不僅如此，1934年，中國工程師學會還自編各種工程行業標準。例如學
會編製的「建築條例」等。

1934年8月，中國工程師學會開始編訂各種工程規範，例如「鋼質構造
規範」與「鋼筋混凝土規範」兩種〔註20〕。

5.2.2 協助推進工程標準的實施

抗日戰爭爆發後，爲了準備和長期堅持抗戰，國民政府決定在中國的西
部地區建立新的國防工業基礎，工業標準化問題日益受到重視。中國工程師
學會決定抓此機會，一方面，大量推動工業標準的實施；另一方面，積極制
定新的工程標準。

1. 工程標準協進會的成立

1941年10月，中國工程師學會貴陽年會，特意探究了「工業標準化」問
題。與會者一致認爲工業標準化不僅對實業的發展有著舉足輕重的作用，對
國防工業等基礎產業意義更加重大。本會應盡快設立工程標準協助組織與管

〔註18〕　目錄：中華工程師學會會報，1915，2（10）。
〔註19〕　七省公路會議決定之公路標準〔J〕，工程週刊，1933，2（8）：117。
〔註20〕　本會啓事〔J〕，工程週刊，1934，3（33）：267。

理機構，聯絡社會相關部門及其他分工者，共同訂立標準，一起參與到工業
標準化的推進中〔註21〕。

　　此次年會，還詳細制定了中國工程協進會的工作步驟：

1. 以三十一年五月至七月之三個月期間，整理並印刷所編成之世界
   標準文獻及中國標準規範初輯。

2. 下屆本會蘭州年會，在三十一年八月間，當即擇其重要者，在年
   會期間，分組開會討論所編之標準規範，酌予核定，作爲暫行標
   準。

3. 本協進會應於三十一年工程師節後，將各方面所發表提倡並推定
   工業標準化運動之論文及演講，彙編爲工業標準化特刊，以便在
   下屆年會分發。

4. 本協進會擬請本會與二十年合併之歷屆會長副會長及董事基金
   監以及各專門工程學會負責人及各標準之機關負責人爲基本會
   員。

5. 本協進會遇必要時得商請生產分配並使用有關之農工商團體，指
   定與標準工作有關及有興趣之專家爲聯絡會員。

   ……

6. 本協進會對於協助各機關團體推廣標準一節，特予重視，爲緊急
   需要，本協進會得受主辦機關團體之委託或自動建議戰時或臨時
   標準，相繼貢獻提前實施〔註22〕。

   ……

上述計劃共 16 條，詳細闡述了工程標準協進會的各項工作。主要任務是聯合
社會各界，共同制定統一工業標準，並積極推進實施。可見，中國工程師學
會高度重視工業標準化工作，並勇於任事。

　　1942 年 8 月 6 日，中國工程師學會工程標準協進會在蘭州正式成立（簡
稱中國工程協進會）。此次會議，與會人數 265 人。政府代表有交通部技監韋

〔註21〕　吳承洛：三十年來中國之中國工程師學會〔M〕，中國工程師學會編：三十年
　　　　來之中國工程，上海圖書館藏，1946：21。
〔註22〕　中國工程師學會：中國工程師學會第十屆年會推行工業標準化運動旨趣書，
　　　　天津圖書館藏，1942：13。

以戮、經濟部長翁文灝、全國度量衡局長鄭禮明。凌鴻勳、吳承洛分別任中國工程協進會正副會長。此次會議通過四項議案：「確定該會在工業標準化生產系統中所佔之地位；添設常務委員會；請各專門工程學會完成各該標準委員會之組織；經濟研究，貢獻意見，協助推行；請中國工程師學會，確定該會經費」〔註23〕。由此，中國工程標準協進會開始運行。

5.2.3　中國工程標準協進會的工作

中國工程標準協進會成立後，其重要任務就是組織與聯絡相關機構，共同推進工業標準化實施。具體情況如下表 5.2。

表 5.2：參加工程標準協進會機構分類表

工程門類	參加單位
土木工程	中國土木工程學會、交通部鐵道技術標準委員會、交通部橋樑設計處、運輸統制局、公路工程設計研究部分、內政部建築技術部分
機械工程	中國機械工程學會標準委員會、中國航空工程學會、軍政部兵工署設計處、交通部鐵道技術標準委員會及機務設計處、中央機器廠、中央汽車配件廠、中國工程師學會材料委員會、經濟部全國度量衡局機械標準起草委員會、海軍總司令部輪機部分
電機工程	中國電機工程師學會標準委員會、中央電工器材城、交通部電信材料程序部分
礦冶工程	中國礦冶工程學會、經濟部礦冶研究所
化學工程	中國化學工程師學會標準委員會、永利化學工業公司、中央工業實驗所、度量衡局化學工業標準起草委員會
紡織工程	中國紡織學會
水利工程	中國水利工程學會標準委員會、水利委員會技術部分、中央水利實驗處
衛生工程	度量衡局醫藥器材標準起草委員會
農林工程	農林部墾務、農林與畜牧試驗局、各地商品檢驗局
航空工程	中國航空工程學會

資料來源：工程標準協進會成立大會記，國家圖書館館藏，第 3 頁。

由上表可見，參加協進會的單位大致分為三類：其一，官方標準化主辦

〔註23〕　工程標準協進會成立大會記〔J〕，國家圖書館館藏：3。

機關；其二，民間各專門工程學會機構；其三，企事業單位。從專業方面看，該會涉及當時十個工程門類，當具廣泛性。表明中國工程協進會確實起到了聯繫政府、科技團體與工商各界的獨特橋樑作用，這既有助於工業標準制定，也有利於工業標準化實施，也預示該協進會將在工程標準實施過程中扮演組織與協調者的重要角色。

其次，該協進會制定了工業標準產生程序。工業標準從制定到實施，需經擬定草案、研究、試行、公佈及推行等多個步驟，同時需要多個單位合作，是一項複雜的工程。鑒於此，該協進會制定了工業標準生產程序，具體如下：

1. 由各機關、團體、學校、工廠呈請提案。

2. 全國度量衡局審查提案，收集相關資料編比較表。

3. 交由各工業標準起草委員會起草。

4. 各專門工程學會工程標準起草委員會研究。

5. 各種工業標準起草委員會審核各方意見。

6. 工業標準委員會、經濟部、度量衡局審核，整理複印，公佈試用標準。

7. 中國工程協進會推行試用標準。

8. 工業標準委員會、經濟部、度量衡局覆核，轉呈行政院公佈正式標準。

9. 中國工程協進會推行〔註24〕。

依據上程序，中國工程協進會負責提出提案，然後對各工業標準委員會起草的草案進行研究，解決技術問題，為政府制定試用標準提供依據，最後負責推行。5年後，中央標準局成立，其工業標準產生程序與工程協進會相似。中央標準局「標準起草委員會委員亦係延聘有關機關、團體、學校、商場及其他專門人員充任」，其中兩會會員兼任很多，特別是工程類。筆者推測，後者很可能借鑒前者。

最後，審核工業標準草案。審核工業標準草案是協進會的重要任務。該會曾審核「金屬材料試驗手冊、潤滑油劑標準規範、電絕緣材料試驗方法、

〔註24〕　中國工業標準產生程序圖〔J〕，工程標準協進會成立大會記，國家圖書館館藏：3。

波蘭特水泥標準、石灰試驗標準」〔註 25〕等草案，並向工業標準委員會推舉這些草案。

除了標準協進會外，中國工程師學會年會仍然是會員提交各種標準草案，討論草案的重要場合。抗戰時期，學會年會共提交 227 項工業標準草案，其中土木工程類 5 項；機械工程類 41 項；電機工程類 105 項；化學工程類 61 項；衛生工程類 14 項；水利工程 1 項〔註26〕。這些草案大都移交中國工程協進會作進一步審核。

總之，中國工程師學會是最早關注工業標準化問題的科技團體，並以年會、雜誌等形式積極宣傳，同時憑藉自身科技人才集中、權威，嘗試編製多種工程標準。抗戰時期，學會組織中國工程協進會，聯絡政府主辦機關、各專門工程學會及工商界，大力推行工業標準化的實施，是推進中國標準化事業的重要力量。

但遺憾的是，從 1944 年起，隨著大後方惡性通貨膨脹的加劇，大後方的工業急劇衰落，因缺乏資金資助和社會支撐，中國工業標準化事業陷入停滯，學會的標準化工作也受到嚴重影響，從 1945 年起，逐漸停止。

5.3 《實業計劃》之研究

1919 年，孫中山先生發表了《國際共同發展中國實業計劃書》簡稱《實業計劃》，該書全面闡述了中國經濟發展構想——優先發展以交通業、工礦業與農業為主的工業體系，實現農業、工業現代化，建設成國富民強的新中國，是中國較早的現代經濟發展方案。該書發表後，民眾交口稱讚之詞不絕，其勾勒的宏偉藍圖成為全民族奮鬥的目標。

如何實現這個目標？或者說實現經濟現代化需要哪些更具體計劃及可行措施？《實業計劃》沒有給出答案。為此，當時一些政府機構、學術團體都關注此事。他們組織科技專家按《實業計劃》中規劃項目進行調查、研究，然後制定詳細的措施，以供政府參考，這就是所謂《實業計劃》之研究，其實質是探索符合中國國情的經濟發展方案。其中中國工程師學會發揮的作用最為突出。

〔註25〕 中國工程師學會三十三、三十四年度會議報告，1945：28～29。
〔註26〕 中國工業標準產生程序圖〔J〕，工程標準協進會成立大會記，國家圖書館館藏：3。

5.3.1　具體工作之開展

　　爲了制定適合中國國情的經濟建設方案，促進中國工程事業快速發展，學會決定組織專門研究機構。1931 年 12 月，「總理實業計劃實施委員會」正式成立。韋一黻爲委員長，夏光宇、吳承洛、鈕因梁等任幹事，連同主任委員共有 17 人，分成鐵路、工業及墾殖等 13 個組，具體情況爲：凌鴻勛鐵路委員、孫謀公路委員、夏孫鵬航業委員、陸桂祥電信委員、聶開一航空委員、李書田商港委員、沈怡市政委員、惲震動力委員、張自立水利委員、程振鈞工業委員、胡博淵礦業委員、楊繼曾兵工委員、李儀祉墾殖委員。

　　根據國內各專業人才的數量，該委員會認爲應該先制定一個 5 年短期計劃。鑒於日本的侵略，委員會決定以戰時國防、民生建設爲重要研究目標，以支持民族抗戰。

　　委員會每兩個月至少召開一次會議，各組每月至少集會一次，討論調查研究。經過多年的努力，該委員會制定了動力、化工、燃料等 7 項專業的發展計劃，1935 年以《中國工業自給計劃》〔註 27〕出版。

　　該項目的研究者都是「當時中國工程界建設最有學識經驗，或其現任職務與各項建設最有關係的工程專家」〔註 28〕。他們大都年富力強，面對中國的落後狀況，以前所未有的魄力與精湛的專業技術，爲祖國的發展奮鬥。所撰寫的經濟發展計劃具有較高的可行性與科學性，可惜只有 7 個專業，不足爲全國計劃。

　　抗日戰爭爆發後，國防及民生對實業巨大的需求，使大家清楚認識到實業是國家力量的重要部分，因而必須考慮戰時及戰後的經濟建設。爲此，中國工程師學會決議在原來研究的基礎上，作進一步系統研究。

　　1940 年成都年會上，中國工程師學會通過了「研究總理實業計劃案」。鑒於《實業計劃》的研究是一項複雜的系統項目，需要多個機構與團體的合作，尤其是各專門工程學會的協同。爲此，中國工程師學會首先制定《實業計劃》研究的六項原則，具體如下：

　　　1. 本會應以總理建國方略中之實業計劃爲中心，參照其他各先進國家經濟建設方法與經驗，並顧及現在環境之特徵，擬具整個實業

〔註 27〕　胡淵博：中國工業自給計劃〔M〕，中華書局：1935，1。
〔註 28〕　總理實業計劃實施委員會籌備會議紀錄工程週刊 19311（2）；31。

計劃之細密計劃，以爲全國人民集中努力之鵠的，而爲建國之張本。

2. 計劃應根據國防及民生之需要，以達到自衛自足爲目的，從輕工業的起點，順序計劃及輕重工業。在實施方面，則以重工業先於輕工業，並使交通事業優先發展與爲適當之配合，復以各種已知之條件，計劃其各個之分期。

……

6. 爲便利本案工作之進行，本會應組建實業計劃研究會，負責收集材料，收集意見，整理報告圖表，綜合編配各部工程計劃，並調融各關係工程學會間之研究設計的意見〔註29〕。

中國工程師學會制定上述原則後，又確定了《實業計劃》研究的方法——分工合作。爲此，須先分析各事業及工業項目，然後由各學會或專家分任其工作。依照《實業計劃》之包容而分類，則前三個計劃就西北、西南及揚子江流域三部分地域範圍，做關鍵及其根本工業的設計。第四計劃爲鐵路交通的補充計劃。第五計劃下列爲工業部分。第六爲礦冶工業計劃。綜合歸納其性質，則有交通事業、重工業、標準輕工業三大類及其相關工程。爲了便於折成分類，中國工程師學會規定了下列標準。

1. 凡可以一總的名稱而概括數種工程事業者，用此總的名稱。至於一種項目下有，而有特殊重要之一子目者，析而出之。

2. 若干種項目均需各有其必需之機械供給，如非大量，均不將其機械之製造專列項目。

3. 更有目前已成重要事業之項目，在實業計劃中正包含其意義於其他項目中者，折而出之。

4. 新興工程技術增列專項〔註30〕。

中國工程師學會依據上述分類標準，將中國整個實業分成以下五十五類，具體如下：

〔註29〕 中國工程師學會第九屆年會研究總理實業計劃原提案〔J〕，工程，1942，15（2）：83。

〔註30〕 葉秀峯：實業計劃之綜合研究總論〔M〕，1944，4。

表 5.3：實業計劃研究 55 項目

（一）港埠工程、（二）造船業、（三）建路工程、（四）機械車製造工業、（五）公路工程、（六）自動車製造工業、（七）水運工程、（八）防洪工程、（九）灌溉工程、（十）水利工程、（十一）農具製造工業、（十二）農業製造工業、（十三）米麥工業、（十四）農產運輸工程、（十五）農倉建設工程、（十六）製茶工業、（十七）豆製品工程、（十八）絲工業、（十九）麻工業、（二十）棉工業、（二一）毛工業、（二二）皮革工業、（二三）紡織縫紉機械工程、（二四）建築材料工程、（二五）家具製造工業、（二六）居家建築工程、（二七）塗料工業、（二八）印刷工業、（二九）造紙工業、（三十）油漆工業、（三一）木材工業、（三二）窯工業、（三三）水泥工業、（三四）採煤工業、（三五）煤油製造工業、（三六）採礦工業、（三七）鋼鐵製造工業、（三八）冶煉工程、（三九）機械製造工業、（四十）電訊工業、（四一）電力工程、（四二）電力機工業、（四三）工具機工業、（四四）機械工業、（四五）酸城鹽工業、（四六）煤焦工業、（四七）膠體工業、（四八）油脂工業、（四九）糖工業、（五十）肥料工業、（五一）幕工業、（五二）纖維工業、（五三）肥料工業、（五四）化學工業、（五五）航空製造工業

資料來源：《中國工程師學會第九屆年會研究總理實業計劃原提案》，《工程》，1942年 4 月第 15 卷第 2 期。

　　隨後，中國工程師學會將五十五大類研究項目分配給相應的九個專門工程學會（土木、水利、機械、電機、礦冶、化工、紡織、建築、自動車）。具體分配情況如下：

1. 土木工程學會負責項目：一、三、五、十。

2. 水利工程學會負責項目：七、八、九。

3. 機械工程學會負責項目：二、四、十一、十三、十四、二十三、三十九、四十三。

4. 電機工程學會負責項目：四十、四十一、四十二、五十。

5. 礦冶工程學會負責項目：三十四、三十五、三十六、三十七、三十八。

6. 化學工程學會負責項目：十二、二十二、二十七、二十九、三十、三十二、三十三、四十五、四十六、四十八、四十九、五十一、五十二、五十四。

7. 紡織工程學會負責項目：十八、十九、二十、二十一、五十二。

8. 建築工程學會負責項目：十五、二十四、二十五、二十六。

9. 自動車工程學會負責項目：六〔註31〕。

〔註31〕　葉秀峯：實業計劃之綜合研究總論〔M〕，1944，6。

所餘十六製茶工業、十七豆製品工業、二十八印刷工業、三十一木材工業、四十七製藥工業、五十五航空工業等由有關學會自行認定，或由實業計劃研究會聘請專家組織團體研究之。

分配以後，各專門學會接受所任計劃部門，即各自著手。為了順利推進研究，中國工程師學會規定了工作順序，具體如下：

1. 首須就所任部門在實業計劃中之部分研究其有無因時代關係而有須加改正輔充之處。

2. 就所任部門研究應搜集何種材料，如何搜集，並進行搜集之。

3. 以上二項研究完畢材料搜集後，即著手設計。於設計之時，需注意有重大關係之項有四：a.時間 b.區域 c.需要之人才及人力 d.研究步驟。

4. 對設計結果，斟酌國內現有建設能力研究其何者為自給部分，何者必須外國協助。

5. 其有關係不限於一種專門學會者，聯合設計之。

6. 集中其設計於實業計劃研究會，研究其配合調整。

7. 各專門工程學會接受調整配合案，再研究其應否修改或予以同意，重行集中於實業計劃研究會，舉行第二次之必要再調整。

8. 實業計劃研究會根據再調整案。請求工程師學會以外有關學會供給其所研究設計關聯部分之結果，重新配合，再為必要之修正。

9. 以此最後之結果，獻於中央。

10. 中央採納計劃後，由本會推進，工程師努力求其實現〔註32〕。

可見，中國工程師學會高度重視經濟建設方案的研究，不僅制定了詳細的研究原則、分類標準、分類及工作程序，而且把不同專業的研究任務分配給各專門工程學會，積極地組織全國工程科技人員參與實業計劃研究。中國工程師學會的工作體現了中國科技人員為國為民，積極投身國家建設的愛國情懷，同時也起到了協助政府推動實業建設的目的與決心。

1940 年，學會將「總理實業計劃實施委員會」改為「國父實業計劃研究會」，學會會長陳立夫任會長，14 個工程專門學會正副會長為委員。

〔註32〕 中國工程師學會第九屆年會研究總理實業計劃原提案〔J〕，工程，1942，15（2）；83。

　　1941 年 3 月，實業計劃研究會聘請組織了包括工程、農林專業在內的 175 名專家，分 55 項目，正式開展研究。歷時一年半，該研究會提出一個報告，從 17 方面提出大量的研究數據，初步完成了上述各項工程實施計劃。1943 年，該報告在內部印發。該報告不僅注重戰時的工業發展規劃，而且開始規劃戰後中國工業發展的設想。例如 10 年內中國應採煤 5.2 億噸、鐵 900 萬噸、建築鐵路 2 萬公里、培養人才 250 萬等〔註33〕。

　　在近 2 年時間裏，國父實業計劃研究會舉行實地大型科研考察一次，全體會議 4 次，專題會議 18 次（不包括建築、紡織、水利等學會爲研究實業計劃所舉行的會議），另外還有宣傳工作，包括出版的《國父實業計劃廣播講集》。

　　與抗戰前的《中國工業自給計劃》相比，1942 的研究涉及了更多的工程專業，並且進一步考慮到各個工程計劃之間的配合與統籌安排問題，更具有參考性和全面性。

　　1943 年，該研究會研究與宣傳更近一步。本年，實業計劃研究會舉行各種專門會議近二十次；與「中央設計局」合作考察西北交通、水利、農牧、資源等；同時實業計劃研究會將各專門學會擬定的各項工程實施初步細密計劃進行匯總，制定綜合計劃〔註34〕。另外，1943 年 3 月，國父實業計劃研究會在重慶中央圖書館召開「工業建設計劃會議」，由翁文灝、陳立夫主持會議，與會專家 100 餘名。根據上述研究報告，經過深入討論，該研究會最後提煉成 16 條重要的綱領，稱爲「工業建設綱領」。這項成果被政府採納並由政府公佈〔註35〕。

　　另外，學會還陸續出版了《三民主義計劃經濟》、《實業計劃之體系及實施之研究》、《實業計劃表解經濟建設統計圖》及《國父實業計劃廣播演講集》〔註36〕等相關研究成果。

　　同時，該研究會還通過廣播、演講等形式，積極宣傳「實業計劃研究」進展情況及其意義。

〔註33〕　鍾少華：三十至四十年代對「孫中山實業計劃」的專題研究〔J〕，北京社會科學，1986，4：340。
〔註34〕　中國工程師學會三十二年度會務報告，國家圖書館藏，1943：24～25。
〔註35〕　鍾少華：三十至四十年代對「孫中山實業計劃」的專題研究〔J〕，北京社會科學，1986，4：340。
〔註36〕　中國工程師學會三十二年度會務報告，國家圖書館藏，1943：24～25。

　　1944 年，該研究會的研究繼續擴大與深化研究，舉行全體會議 3 次，專題會議 26 次，如在原有的土木、機械等 15 個小組增設利用外資、醫藥衛生小組。同時對原有小組已有的計劃進行補充研究，對未完成計劃做具體設計。如土木小組分鐵路、公路、築港三項，其全部發展計劃於 1943 年完成，1944 年對築港計劃進行修正並增擬了《十年內建築二萬公里鐵路計劃》等〔註37〕。

　　1945 年，該研究會又制定了《工業建設綱領實施原則》91 條，是對《工業建設綱領》的補充，具有較強的操作性。如針對綱領的第一條，對其中的基本工資、目標等也制定了原則。後來民國政府將其公佈〔註 38〕，成為抗戰時期指導工業建設的重要方針。

5.3.2　歷史意義

　　二十世紀三、四十年代，在中華民族危機時刻，中國工業最需要之時，中國工程師學會組織了全國科技專家，歷時 14 年，開展了一項宏大的聯合科研活動。中國工程師學會的這項工作，無論在抗戰時期還是在戰後的經濟建設階段都具有重要意義。

1. 為政府制定工業政策提供科學依據

　　首先，提供了多方面的具體基礎數據。誠如研究會所言，他們「審慎草擬各建設部門之基本數字，就全國人口、土地、文化、國防等需要作通盤之計劃。……已經討論通過建設之部門有鐵路、公路、機車、自動車、商船、電力、電信、製藥、港埠、衣服、日用器皿、水利、居室等」〔註39〕。另外，該研究會所制定的《工業建設綱領》及《工業建立綱領實施原則》等成果，都被政府採用，成為制定工業政策的依據。吳承洛曾評價：「前年既已協助中央決定工業建設綱領，今年則要協助政府決定工業綱領實施原則，全國工程師學會將以此次為最大」。〔註40〕此項研究在當時具有重要的科學價值。

2. 是推動科技界大合作的嘗試

　　該研究會成立伊始，就聯合多個工程專業科技人員共同研究，如 1931 年，涉及「鐵路、公路、航業電信、港務、市政、動力、水利、工業、礦冶、兵

〔註37〕　中國工程師學會三十二年度會務報告，國家圖書館藏，194：22～23。
〔註38〕　鍾少華：三十至四十年代對「孫中山實業計劃」的專題研究〔J〕，北京社會科學，1986，4：340。
〔註39〕　中國工程師學會三十二年度會務報告，國家圖書館藏，1943：15。
〔註40〕　中國工程師學會第十三屆年會評價，新世界，1945，6：3。

工、墾殖」〔註41〕等 11 個專業。1943 年，增加了「建築、造船、農業、經濟地理、都市建設、醫藥衛生」〔註42〕等專業。1945 年，擴充了利用「外資研究組及衛生組」〔註43〕。研究會不僅包括所有工程專業，還有部分自然科學、社會科學等方方面面。

參加人員從 1931 年的 17 人，增加至 1941 年的 305 人，後來更多。抗戰時期，開展科技研究不易，合作研究更少，組織跨專業研究實屬鳳毛麟角。中國工程師學會組織的實業研究無疑促進了科技界的合作，爲後來科技界合作研究提供了借鑒。

3. 體現了中國工程科技人員「科技救國」之信念

20 世紀初，中國處於貧窮落後狀態。面對亡國亡種的威脅，每個愛國者都深感救國的急迫，於是，先後出現「實業救國」、「科學救國」、「工程救國」等思潮，它們的共同點是通過發展生產，提高國力，才能獲得自立。孫中山的《實業計劃》就是上述思想的具體體現，因此得到了廣大科技人員的認可。

《實業計劃》是時代產物，本身也存在相當多的缺陷。就今天的研究者而言，問題不在於評判其優劣，而在於充分認識到它體現了中國一代知識分子的追求，是時代精神的反映。當時的中國工程科技人員是抱著技術救國的堅定信念，積極投身到中國近代化建設這一偉業之中的。他們能克服時局的困境和戰爭帶來的極大威脅，義無反顧地堅持研究，靠自己滿腔的熱情和技能，以實現「科技救國」之理想，至今仍值得學習和敬仰。

5.4　大型科技考察：以廣西考察爲中心

除了年會時考察當地企業外，學會還組織大型實地考察，爲政府決策提供支持。這些考察決非現在人們理解的遊山玩水，而是抱有很強的工程事業目的所做的實地科學考察〔註44〕。中國工程師學會組織了多次實地考察，其

〔註41〕　中國工程師學會三十一年度會務報告，國家圖書館藏，1943：15。
〔註42〕　中國工程師學會三十二年度會務報告，國家圖書館藏，1943：24。
〔註43〕　中國工程師學會三十三、四年度會務報告，國家圖書館藏，1943：20～24。
〔註44〕　如 1932 年，中國工程師學會組織的陝西考察；如 1940 年，中國工程師學會與中國地質學會聯合舉行川康、西北、西南一帶的科學調查；1942 年，中國工程師學會發起組織蒙新考察團，同年又與中央設計局合作考察西北建設，。考察項目爲交通、水利、農牧、資源等。房正博士詳細闡述了「四川考察」，見中國工程師學會研究（1912～1950），復旦大學博士論文，2011。

中四川考察、廣西考察規模和影響最大。

隨著日寇侵華範圍不斷增大，中國的政治、經濟、文化中心逐漸西移。加強四川、廣西等西部省份的經濟建設，對於支持抗戰具有重要意義。

廣西據西江上游，西南鄰接安南，西通雲南，北接貴州，東北通湖南，東臨廣東，為中國西南之重心，國防之要地。然而，與其他西部省份相似，廣西的經濟比較落後。

5.4.1 廣西考察團的成立

1933 年，在濟南年會上，廣西會員何棟才、張文奇、葉彬代表省政府邀請中國工程師學會下年赴桂林召開年會，得到大家一致贊同。濟南年會後，廣西省政府邀請顧毓琇赴桂林指導工作三個月，顧認為個人能力有限，建議仿照四川考察團先例，選聘國內若干專家，組織廣西考察團，以便作較大範圍之考察及設計。廣西省政府主席黃旭初回電贊同這一做法並邀請到廣西考察。中國工程師學會董事會討論同意，在 1935 年組織廣西考察團，指定顧毓琇為籌備主任。

經過多方接洽，廣西考察團成員確定為 11 人，其中在機關服務者 6 人，在學術機構服務者 5 人，土木電機各 3 人，化工礦冶各 2 人，機械 1 人。顧毓琇任廣西考察團長。

表 5.4：廣西考察團成員信息表

人名	專業	單位	人名	專業	單位
惲震	電力	建設委員會	張洪沅	化工	南開大學
胡淵博	礦冶	實業部	方頤樸	土地測量	北洋工學院
何之泰	水利	經濟委員會	沈乃箐	地質礦冶	北洋工學院
莊效震	公路橋樑	江蘇省建設廳	莊前鼎	機械	清華大學
趙曾珏	電訊	浙江省電話局	顧毓琇	電機	清華大學
賀闓	化工	漢口商品檢疫局			

資料來源：廣西考察團報告，1935：2。

經過多次協商，決定考察內容為電力、化工、電訊、機械、公路橋樑、水利、市政、土地測量、礦冶、桐油等 10 項。考察時間暫定 1 個月。

5.4.2 考察之經過

1935 年 7 月 19 日，全體團員依預定計劃，從各地匯聚廣西梧州，受到了熱忱歡迎。當天，由馬君武等人陪同參觀廣西大學、桐油廠、硫酸廠。7 月 20 日，考察團參觀電力廠及自來水廠。

7 月 23 日，考察團抵達邕寧，受到雷沛鴻等人歡迎和李宗仁與黃旭初的接見，並與主管人員商量考察行程。

7 月 26 日，考察團正式赴各地考察，由惲震、張洪沅、莊前鼎等 8 人一組，赴龍州考察，胡博源、沈乃箐二人一組先赴八步考察錫礦、鎢礦。（何之泰生病，沒有考察）。隨後幾天，8 人組先後到鎮南關、安南、柳州、邕寧、沙塘等地，考察了電力廠、酒精廠、農村建設試辦區等地。

8 月 1 日，9 人組到達桂林，與 2 人組匯合。2 日，全體團員考察參觀桂林電力廠、電話局及研究市政計劃。3 日，全體團員赴興安。

8 月 4 日，胡、沈組赴柳州，大隊則到陽朔，然後赴八步，考察西灣煤礦，新電力廠。6 日，9 人組赴賀江，考察錫礦鎢礦及水電計劃。2 人組赴河池南丹視察公路。

8 月 12、13、14 日，中國工程師學會與其他 5 團體舉行聯合年會。

8 月 14 日，胡、沈、張 3 人組赴百色、那坡、那霸等處考察煤礦及油砂。其他 8 人團員赴貴縣，16 日參觀電力廠、電話局及鐵礦，17 日考察糖廠，18 日參觀電力廠。

19 日，部分團員離開廣西，到達廣州。幾天後，其他會員先後於廣西到達廣州，然後返回各地。

考察時間近一個月，考察地區近 20 個。

5.4.3 考察情形及結論

經過近一個月的時間，考察團對廣西企業、工程建設、礦物資源及工業建設政策等方面進行了細緻的考察，有關專家撰寫了考察相關報告，其中顧毓琇撰寫總論、結論；方頤樣撰寫了市政工程、土地測量兩個報告；其他考察團成員撰寫了本專業的報告。後由中國工程師學會匯總，1936 年，以《中國工程師學會廣西考察團報告》發表，全書 32 萬字之多。

該報告分電力（惲震編寫）、電訊（趙曾珏）、機械（莊前鼎）、化工（張洪沅）、桐油（賀闓）、水利（何之泰）、礦冶（胡博淵、沈乃箐）、公路橋樑

（莊效震）、市政工程及土地測量（方頤樑）等 10 部分，詳細記載了廣西企業，工程建設的發展狀況及規模，以及不同行業發展的相對水平〔註45〕。

由於詳細瞭解了廣西工業發展及資源情況，加之寬闊視野，考察團成員從全省、甚至全國的層面上，給予廣西提出經濟發展的建議「惟應行改善及推進之處，或需經濟之援助，或賴各方之合作，非與全國達成一片，實不足以圖更大之發展」〔註46〕。

從專業角度，該報告也給了具體行業指導性很強的建議。例如礦冶，抗戰前後，中國對外出口鎢、錫等金屬礦換取外匯。因為，各地不統一，礦砂之售價掌握在國外。廣西是鎢、錫等礦產的富區，也是其重要之富源。因此，考察團建議廣西與其他省份聯合銷售，以獲取更大利益。

> 鎢礦一項，我國實可操縱市場。中央對於江西所產已有統製辦法，整批銷售，得利甚多，……廣西恭城之鎢礦，在國內可稱第二富區，如能加以開採與江西所產合作銷售，則收利亦必可觀。又如錫礦，廣西已開採者甚多，尚與雲南所產合定精練促銷之方，則售價亦可增加。〔註47〕

對於機械問題，考察團也給與了相應的建議：

> 機械之問題萬端，而全國實大同而小異。譬如原料，中央如興辦鋼鐵廠，則廣西亦可坐享其成，有關國防之槍械利器，則全國尤貴一律。否則，廣西之軍隊，異日如開往華北，必將自攜其修械廠，豈能發揮對外抗戰之全副武力乎？至於航空製造，樣式既日新而月異，機件由精細而準確，是非局部所易為力。航空測量，中央已有設備與人才，又盡可充分利用，不必另起爐灶〔註48〕。

考察團不僅從 10 個專業領域，綜合地考察了廣西工業發展情況及亟需改進地方，同時對近 20 個考察地區，進行了較全面瞭解與分析，為當地政府提出許

〔註45〕 中國工程師學會主編：中國工程師學會廣西考察團報告，1936，上海圖書館館藏。

〔註46〕 顧毓琇：中工程師學會廣西考察團報告總結〔M〕，中工程師學會廣西考察團報告，1936：2。

〔註47〕 顧毓琇：中工程師學會廣西考察團報告總結〔M〕，中工程師學會廣西考察團報告，1936：3。

〔註48〕 顧毓琇：中工程師學會廣西考察團報告總結〔M〕，中工程師學會廣西考察團報告，1936：4。

多具體建議。以廣西柳州爲例，該報告就有柳州的電力、電信、工商業、機械、化工、桐油、水利、交通等行業考察與建議。其中，何之泰的《水利報告》曾這樣記載：

> 柳州附近多河流，可以利用水利發電者頗多，如三江河，平均流量約每四秒立方公尺，其下游三里一段，原有灘十餘處，水面落差共達二丈餘。……柳江河自雞喇一段，河身曲折殊懸，河長七十里，直距僅十里，據省政府調查報告，兩處水面落差約爲二公尺，河中平均流量爲 100 秒立方公尺，若在柳州附近，築活動水壩，於太平墟至雞喇開鑿運河，設水利機於雞喇，可得水利二萬馬力〔註49〕。

考察團的建議大都根據考察實際，不僅專業性強而且很具針對性和可行性。大型科技考察是一個多贏的項目，對於廣西政府而言，可以全面瞭解本省的工業狀況及發展問題，獲得專業建議，明晰經濟發展思路，完善具體工作；對於學會來說，可以增加自身影響，獲得社會各界認可與支持；對於會員來講，通過實地調研，考察人員瞭解了中國自然資源的分佈狀況，形成了初步的相應發展思路，同時也與當地人員進行了充分的交流，考察人員彼此之間也在考察過程中加強了相互瞭解，爲進一步的合作與交流奠定了基礎。

　　舉行實地科技考察，是學會促進工程科技進步與應用的重要舉措。

〔註49〕　陳鐵生整理：中國工程師學會廣西工程團在柳州〔M〕，柳州文史資料　第 9 輯，1992：84。

第六章 結 論

當我們嘗試與民國先賢對話，以期勾勒中國科技事業發展軌跡時，中國工程師學會的確是一個不應該忽視的重要科技團體。他作為中國近代科技事業的組織者與推動者之一，為促進西方工程科技在中國的「本土化」，為推進中國近代工程事業的發展做出了卓越貢獻。本章將在前面章節研究的基第礎上，總結中國工程師學會工作的主要特點，並嘗試對其在中國近代化進程中的歷史地位做一客觀分析。

6.1 中國工程師學會工作的重要特點

6.1.1 合作精神

中國工程師學會成立伊始，就開明宗義，以「聯絡工程界同志，協力發展中國工程事業，並研究促進各項工程學術」為宗旨。可見，學會早就清楚認識到合作的重要性。

在近四十年的科技事業中，中國工程師學會曾與分會、專門工程學會、企業、高校及政府之間密切配合，他推行的每一項科研工作，無不充分體現了合作的重要特點。

例如，推行的「工程名詞統一」工作。學會首先聘請程贏章、徐名材等16。

名不同專業的工程專家，組成編譯工程名詞委員會，擬定工程名詞編譯、審定準則。接著，又增加聘請顧毓琇、陶葆楷、張元培等 10 多位專家，共同

撰寫工程名詞草案。於此同時，學會與「中央大學工學院、北洋大學及唐山交通大學」〔註1〕合作，擬訂建築、礦冶工程名詞。正是依靠不同專業的工程科技人員合作，至1937年，中國工程師學會組織編譯了十三種工程名詞，並出版了九種，累計詞量達四萬多則。

抗戰時期，中國工程師學會與國立編譯館合作，審定《電機工程名詞》、《機械工程名詞》、《土木工程之鐵路與公路部分》、《土木工程結構學部分》及《土木工程測量學》。審定後的工程名詞，有七種被教育部公佈為標準名詞並出版。新中國成立後，中國科學院編譯局接管了上述的工程名詞，將其修訂後正式出版，為新中國的工程名詞統一工作拉開了帷幕。

再如工程材料試驗工作。中國工程師學會材料試驗委員會成立初期，沒有專門試驗場所與試驗儀器設備，學會靈活務實地與上海南洋大學、直隸唐山大學及南京河海大學等合作，先開展建築材料試驗。隨著影響力增加，中國工程師學會先後與上海、南京、杭州等地的近20家企業合作。試驗材料由最初的建築逐步擴充到化工、機械材料。依靠合作，材料試驗工作得以順利開展，使學會成為工程材料方面的權威。

學會開展的實業計劃之研究，也充分體現了整個科技界大合作的重要特點。該項目啓動伊始，中國工程師學會就聯合多個工程專業科技人員共同研究，如1931年，涉及「鐵路、公路、航業電信、港務、市政、動力、水利、工業、礦冶、兵工、墾殖」〔註2〕等11專業。1943年，增加了「建築、造船、農業、經濟地理、都市建設、醫藥衛生」〔註3〕等專業。1945年，擴充了利用「外資研究組、衛生組」〔註4〕。研究會不僅包括所有工程專業人員，而且還有部分自然科學方面，甚至還有社會科學類專業人才。

正是依靠合作，中國工程師學會獲得了豐富的資源，使其科技事業得以順利開展，進而得到社會認可，為學會的生存與發展提供了保障。

6.1.2　務實作風

中國工程師學會科技工作另一大特點就是務實作風，主要表現在注重實際問題及時事問題的研究。

〔註1〕編審工程名詞委員會進行狀況〔J〕，工程週刊，1932，2（1）：1。
〔註2〕中國工程師學會三十一年度會務報告，國家圖書館藏，1943：15。
〔註3〕中國工程師學會三十二年度會務報告，國家圖書館藏，1943：24。
〔註4〕中國工程師學會三十三、四年度會務報告，國家圖書館藏，1943：20～24。

1. 注重實際問題的研究

中國工程師學會會員大都是學有專長的科技專家，長期處於生產一線，部分會員還擔任領導工作，具有豐富實踐經驗。如會長翁文灝，時任行政院長，經濟部長。周志宏，是冶金與鋼鐵冶煉專家，哈佛大學博士，解放後被評為中科院院士，時任兵工署材料試驗處長、兼兵工署第 28 廠廠長。因為有著這樣一批科技專才，在實踐遇到急需解決的工程問題時，人們將其反饋到學會中去，學會組織會員進行研究，就一般都能予以解決。

以鋼鐵工業為例，鋼鐵是工業之母，尤為製造軍器之主要原料。全面抗戰後，中國主要鐵礦區均陷入敵手，同時日寇又完全封鎖了中國沿海港口以及滇越鐵路、滇緬公路等國際援華陸路交通線，生鐵及鐵礦石的進口幾乎斷絕，以致大後方出現「鐵荒」現象。由於上述原因，在當時的歷史條件下，大後方的「鐵荒」只能自力更生，自我解決。於是，大後方的小爐煉鐵、土爐煉鐵成為解決「鐵荒」的主要方式。其相應的技術及煉焦技術也是當時最需研究與推廣的。

1938 年，在中國工程師學會重慶年會上，有多篇論文涉及上述技術的研討，如蕭文謙的《中國煙煤之煉焦實驗》、羅冕《土法煉焦之改良》等〔註 5〕。

1939 年 1 月，中國工程師學會在第一卷第一期的《工程月刊》（《工程》續卷，原雙月刊，戰時改為月刊）發專刊，積極推廣土爐煉鐵、煉焦技術〔註 6〕。如胡博淵的《抗戰時期小規模製煉生鐵問題》、周志宏的《毛鐵之檢驗》及《抗戰時期救濟鐵荒之商榷》、朱玉崙的《四川冶金焦炭供給問題之檢討》、蕭文謙、賈士魁的《中國煙煤之煉焦實驗》、余名鈺的《四川煉鐵問題之檢討》等，均屬此類文章。

學會為了促進大後方各地的均衡發展，中國工程師學會有意與各地政府攜手，輪流在各地舉辦年會及一些重要會議。在會議舉行之前，先徵詢地方政府關於當地工程事業發展所面臨的急迫問題的意見，然後利用會議之機，組織科技人員對之進行科學診斷，在此基礎上提出若干對策性的意見。以 1942 年蘭州年會為例，甘肅省政府提出四個專題：1、隴海鐵路天蘭段路線西站問題；2、甘肅省冶鐵問題；3、隴東水利問題；4、西北輕重工業發展的途徑。

〔註 5〕本會組織軍事委員會〔J〕，工程月刊，1939，1（1）：38。
〔註 6〕目錄：工程月刊〔J〕，1939，1（1）：1。

蘭州市政府提出一個專題：如何建設新蘭州——理想中的未來路都。通過考察與研究，學會就上述專題都提出了具有很強指導性和針對性的建議。

2. 注重時事問題的研究

中國工程師學會能緊扣時代脈搏，著眼於時事問題，研究與推廣亟需的工程技術。如 1931 年，「九一八」事變發生，國防建設問題凸顯重要。為了幫助中華民族贏得抗戰勝利，學會首先成立了專門的軍事研究機構，專門研究軍事工程問題。1931 年 12 月，學會成立了戰時工作計劃委員會，分別從兵器彈藥、戰地工程材料、鋼鐵、煤、油料、酸及氯、銅鋅鋁、酒精、皮革、糖、紙、機械、電工、運輸等 14 項進行研究〔註7〕。

1932 年 2 月，中國工程師學會上海分會成立了國防技術委員會，並制定了詳細章程。該委員會每日下午 1：00～3：00 及 5：00～6：00 集會，就軍事技術、國防計劃、國防問題開展研討〔註8〕。上海淪陷後停止工作。

1937 年 9 月，中國工程師學會在戰時工作計劃委員會基礎上又成立了軍事工程團，1938 年改為軍事工程委員會，集中開展與軍事有密切關係之土木、機械、化學、電信等四項工程的研討〔註9〕。為了協同政府及軍隊關係，該機構推舉陳誠為總團長，陳誠辭任後總團長一職又由分別陳立夫（會員）、曾養甫（會員）擔任。由他們擔任軍事工程委員會總團長，可以使中國工程師學會更好地瞭解抗戰活動中急需解決的工程問題，同時在有了解決方案後，也有利於快速推廣解決方案，提升中國的軍事工程技術，及時處理軍事工程問題。

6.2 中國工程師學會的角色定位

根據前幾章的研究，我們不難看出中國工程師學會扮演了多個角色：工程科技團體、工程職業組織、科學技術協會。這種多重角色集於一身的屬性，使得中國工程師學會勢必成為考察中國近代移植西方科學之歷程、中國近代科技史、中國近代工程史、工程師職業社會化等諸問題的一個頗具代表性的載體。

〔註7〕戰時工作委員會結束〔J〕，工程週刊，1931，1（2）：31。
〔註8〕上海分會國防技術委員會章程〔J〕，工程週刊，1932，1（7）：108。
〔註9〕本會組織軍事委員會〔J〕，工程月刊，1939，1（1）：43。

　　作爲科技團體，中國工程師學會在工程科技引進、傳播、研究及應用等方面都做出了大量富有成效工作。

　　在中國工程師學會主導下的工程名詞統一工作，結束了長期混亂的狀況，實現了機械、電機類工程名詞的初步劃一，爲西方工程科技傳入中國提供了基本前提，也爲國內科技交流、工程教育的實施、工程標準的制定提供了重要保障。

　　中國工程師學會注重工程學術交流，爲廣大工程師營造學術研究與交流的環境。他出版《中華工程師會報》、《工程》、《工程週刊》以及多種專著，成爲當時工程科技人員瞭解工程科技與工程事業發展最新狀態的主要渠道，並在一定程度克服了交流時間與空間的限制，爲會員、其他團體及個人提供了一個靈活便捷的工程科技交流平臺。年會是工程師科技交流的另一個渠道，不僅爲工程科技人員學術交流搭建了良好平臺，而且成爲學會與現實社會的重要紐帶，積極推進科研工作與社會實踐整合的重要力量。

　　中國工程師學會成立了 20 多個法定委員會，涉及工程、教育、軍事、經濟等多個領域，負責開展專題研究，這些研究推動了當時工程科技的應用與進步。

　　作爲工程職業團體，中國工程師學會一直以提升中國工程技術人員學術水平、培養職業精神爲己任，並爲之做了不懈的努力。在提升中國工程技術人員學術水平方面，學會主要採用了召開學術年會、發行學術刊物、舉辦專題會議及實地考察等行之有效的形式。1941 年，中國工程師制定了「工程師信條」，規定了工程師在國家、職業、集體、同事、個人等方面應達到的標準與承擔的責任。「工程師信條」是中國近代史上第一個關於工程師的責任體系，無疑對工程師職業精神的培養具有重要意義。另外，中國工程師學會設有職業介紹委員、職業介紹審查委員會，負責就業指導，提供職位信息。

　　作爲管理者，中國工程師學會的作用是其他任何團體無法比擬的。他管理著 60 多個分會，15 個專門工程學會、20 多個法定委員會、100 多個團體會員，個人會員多達 16000 餘人，是民國時期最大的科技組織。

　　中國工程師學會重要貢獻之一，就是促使中國工程科技團體實現有機統一。由此，工程界以集體力量推動中國工程事業的發展。上述的工程名詞統一、工程教育研究、工業標準制定與實施、大型實地科技考察等多項複雜工

作，無不是在中國工程師學會組織下，聯合社會科技力量，通力合作得以完成。

在今天提倡「大科學」、「大工程」的背景下，跨專業合作成爲一種趨勢。如何有效地管理組織科技力量，是政府和科技界思考的重要問題。70 前的中國工程師學會無疑爲我們提供了有益借鑒。

無論從哪方面考察，中國工程師學會在中國近代史上都有著獨特的重要地位，他在不同領域所取得的諸多成就，有力的證明了這一點。

附　錄

附錄一：中華工程師學會章程[註1]

（1915 年 5 月）

第一章　會名、會地、宗旨、辦法

第一條　會名：本會定名爲中華工程師學會。

第二條　會地：本會總會暫設於漢口。

第三條　宗旨：本會宗旨有三：

　　一、考求工程營造之劃一，審採正則制度；

　　二、發達工程事業，俾得利用厚生增進社會之幸福；

　　三、研究工程學術，力求自闢新途，免致囿於成法。

第四條　辦法：本會辦法分爲五則：

　　一、出版以灌輸學術，分論說、條陳、著作、編譯、報告、批評諸
　　　　門；

　　二、集會以互通情意交換智識；

　　三、試驗以資實際研究，期有發明；

　　四、調查中外工程情形增廣見聞，比較得失；

　　五、設工學圖書館，儲藏學報、圖書、模型、標本以備研究參考。

第二章　會員名稱及其資格

第五條　本會會員分爲正會員、會員、副會員、名譽會員、會友五種。

〔註 1〕《中華工程師學會章程》，1915 年單行本，上海圖書館藏。

第六條 正會員：凡土木建築機械電機礦冶兵工造船等科工師，品行端正，年滿三十歲，已有九年本科實地經驗，其中有三年以上擔負工師責任者，經本會理事部通過後得為正會員；其曾由本會所承認之高等工程學校正科畢業者，其在學年數應作實地經驗二年或三年，由本會理事部酌定之，其充高等以上工程學校工科正副教員者，其正教員教授年數與擔負責任之實地經驗同，副教員教授年數與普通實地經驗同。

第七條 會員：如第六條所載各科工師，品行端正，年滿二十五歲，已有本科實地經驗五年，其中有一年以上擔負工師之責任者，經本會理事部通過後得為會員；其曾由本會所承認之高等以上工程學校正科畢業者，或曾充高等以上工程學校工科正副教員者，比照第六條酌定之。

第八條 附會員：凡品行端正，年滿二十歲，曾由本會所承認之工程學校正科畢業者，或由中學以上之學校出身而有三年以上之工程實習者，經本會理事部通過後得為附會員。

第九條 名譽會員：凡有德望尊崇、學識宏富、能贊助本會進行者，得由本會理事部議決，函請為名譽會員或名譽會長。

第十條 會友：凡非工師而其科學事業足以協助本會者，經本會理事部通過後得為會友。

第十一條 正會員與會員有選舉權與被選舉權。

第三章 入會、升級

第十二條 凡有志入會者須由本會領取請願書，按格照填並請正會員或會員三人簽名介紹，交由本會理事部審決。

第十三條 志願書由理事部各員審決後，再由職員會照最多數之等級通過，如否決者不滿五票，即許其入會，否則須隔一年後方得再行請願。

第十四條 凡會員學術年齡均及遷升資格皆得請願升級，惟須照填升級請願書，並請正會員或會員五人證明簽字交由本會理事部審決，如否決者不滿五票即許遷升，否則須隔一年後再行請願升級。

第四章 會費

第十五條 凡入會時正會員須交入會費三十元，會員二十元，附會員十元。

第十六條　常年會費正會員每年二十四元，會員每年十六元，附會員每年八元，分二期：二月底以前為一期，六月底以前為一期。

第十七條　凡會員由乙級遷升甲級應補足甲級入會費，自遷升以後其常年會費應照其所升之級繳納。

第五章　出會

第十八條　凡本會各級會員及會友有自願出會者，得具函通知本會；如不繳會費逾六個月者，即行停止會內一切應享權利，逾一年後即行注銷；其有特別事故時，得由本人聲明延長期限。

第十九條　凡本會各級會員及會友有行為損及本會名譽者，經正會員或會員五人以上署名報告，由理事部查實後，即行宣佈除名。

第六章　集會

第二十條　集會分年會、常會、職員會、臨時會四種。

第二十一條　年會每年九月舉行。

第二十二條　須經年會議決之事項如下：

　　　　一、關於大宗款項之出入事項；

　　　　二、關於選舉職員事項；

　　　　三、關於管理款項討論事項；

　　　　四、關於一年度預算決算事項；

　　　　五、關於會章增修事宜；

　　　　六、其他特別緊要事項。

第二十三條　常會由理事部提議舉行討論工學並請名家講演。

第二十四條　職員會每月舉行一次，其付議事項如下：

　　　　一、報告一月內會務情形及提議事項；

　　　　二、報告一月內收支帳目事項；

　　　　三、聘雇各員之進退事項；

　　　　四、關於研究會務進行事項。

第二十五條　凡遇緊要事項開臨時會議者經理事部認可後，由會長臨時召集之。

第二十六條　凡議決事項以多數為表決如同數時由主席決定之。

第七章 職員定額任期及其權限

第二十七條 本會設正會長一人、副會長二人、理事員二十人，組織一理事部，其理事部長即以會長充之，總幹事一人、會計員一人爲本會執行職員，合以上諸職員成一職員會，各職員俱於年會時選舉之。

第二十八條 正會員主持全會進行事宜，凡當會期，筱會主席。

第二十九條 副會長輔助正會長籌劃會務，凡當會期如正會長不能到會主席時得代理之。

第三十條 理事員代表會員全體籌劃進行方針，預謀發展計劃，審查預算決算，議決各項會務及審決各會員入會升級等事項，惟理事員不在總會所在地方時得委託代表筱會。

第三十一條 總幹事秉承會長執行理事部所議決之一切會務，每年須造具會務總報告於年會時提出之。

第三十二條 會計員掌管本會款項帳目所於本會餘款及每月收入應以本會名義存放本會所指定之銀行生息，每年須造具詳細報告於年會時提出之。

第三十三條 職員任期均各一年，得連任，惟理事員每年須改選二分之一，凡曾任會長者均在職員之列仍得參與會務。

第三十四條 凡各職員非經理事部議決不得辭職。

第八章 附則

第三十五條 此項章程如有不適用之處由會員二十人以上署名於年會時提議修改之。

第三十六條 分會章程另定之。

附錄二：中國工程學會總章 [註1]

（1919 年）

第一章 定名

一、本會定名爲中國工程學會。

第二章 宗旨

二、本會以聯絡各項工程人材（才）、協助提倡中國工程事業及研究工程學之應用爲宗旨。

第三章 會員

三、本會會員定爲會員、仲會員及名譽會員三種。

四、凡屬工程師工科大學卒業生與第四年級學生皆可爲本會會員。

五、凡在工科大學第三年級者皆可爲本會仲會員。

六、凡在工程界上有特別成績或對於本會有特別贊助者皆可爲本會名譽會員。

七、凡具有四、五兩條資格者經本會會員二人以上之介紹並董事部之選決得爲本會會員或仲會員；凡仲會員已及遷升資格者得請願升級，但須經董事部通過；凡具有六條資格者經本會會員五人以上之介紹並常年會過半數之表決得爲本會名譽會員。

〔註 1〕收入《中國工程學會會報》，上海圖書館藏，1919 年版。

八、本會會員、仲會員或名譽會員之行爲經本會會員半數認爲有壞本會名譽或有礙本會進行時，本會得除其名。

第四章 會員之權利及義務

九、本會會員、仲會員有遵守會章及納費之義務。

十、本會會員有提議表決選舉及被選舉、收領本會發刊書報及其他各種應享之權利。

十一、本會仲會員除無表決選舉及被選舉之權外，得享會員各種之權利。

十二、本會名譽會員所享之權利與仲會員同。

十三、凡本會會員、仲會員於第三十二條所規定之限期中不納各項會費時，本會得停止其應享諸權利。

第五章 組織及職員

十四、本會之組織分爲執行部及董事部。執行部設會長、副會長、書記、會計及各法定委員股之股長，董事部設部長一人以會長兼充之，審計員一人由董事互舉之及董事若干人。

十五、在本會會員人數未逾百八十人時，董事部設董事六人，在百八十人以上時，每會員六十人增設董事二人，但董事之全數以十人爲限。

十六、本會各法定委員股之成立由董事部決定之。

第六章 職員之職務

十七、本會會長爲本會開會時之主席兼爲執行部董事部之部長，有監理本會一切進行之權。

十八、本會董事有決定本會政策與各項進行事宜之權，凡會計處之大宗用款須由會長提交董事部認可方可得支付（參觀二十三條）。

十九、本會董事部得隨時開會商議各項事件，除非第二十條所規定外，董事部皆得表決之。

二十、凡關於本會重要財政問題或其他重大事件須經本會常年大會或通函投票之過半數公決之，但凡須會須通函投票時其提議須有較董事人數多過二人以上之會員聯署方爲有效。

二十一、本會副會長襄助會長辦理一切事務遇會長缺席時攝行會長職務。

二十二、本會書記掌收發本會文牘保存各項公文，每次開會時記錄會中討論事件並鑒定本會會員性名錄。

二十三、本會會計掌收集各項會費支付各項費用收存本會所有之產物，遇有每一項費用在五十元以上者，須先經董事部核准方得支付每年須將財政情形至少報告一次。

二十四、本會審計員每三月稽核會計賬項，一次報告於董事部。

二十五、各法定委員股之職務在該股成立時，由董事部定之。

第七章　法定委員股

二十六、各法定委員股股員經該股股長之推薦，由董事部委任之。

二十七、各委員股有自定本股進行規劃之權，但此項規則不得與本會會章相衝突。

第八章　財政

二十八、本會董事部監督本會一切財政。凡遇財政支出時，得作種種籌備之權。

二十九、本會之年度每年定為十月一日起至次年九月三十日止。

三十、本會會員應納入會費國幣五元（美金三元），年納常年會費國幣三元（美金二元）。

三十一、本會仲會員年納常年會費國幣二元（美金一元半），入會費於遷升會員時交納。

三十二、會員之入會費自入會之日起，算限於六個月內繳清，會員及仲會員之常年費自十月一日起算限於六個月內交清。

三十三、本會名譽會員除自願捐助外，毋庸納費。

第九章　開會

三十四、本會每年開常年大會一次，其時期與會長指定，但須得董事部之同意。

三十五、常年大會之法定人數在會員未滿百八十人時，定為全數會員五分之一，在會員已逾八十人時定為十分之一。

三十六、常年大會應辦之事爲選舉本會名譽會員，接受各職員之報告及表決本會所有重要事件，執行部各職員與各委員股股長每屆常年大會時，應協同籌備關於工程學業上與交際上之種種開會事項。

第十章 職員之任期及選舉

三十七、本會董事任期定爲兩年，每年改選半數。

三十八、其餘各職員任期定爲一年，每年改選一次，但可連任。

三十九、本會各職員除審記（計）員由董事互舉外，俱由會員通函公舉，其選舉事項每年由董事部於七月一日以前委派選舉委員股執行之，選舉結果由選舉委員股於九月一日以前公佈之。

四十、本會職員選舉以復選法定之得初選票之最多數二人作爲候選職員，遇有得初選票已過半數時即爲當選。

四十一、候選職員得決選票過半數者作爲當選，遇有二人得同數票時，前任董事部得決定之。

四十二、新舉職員每年於十月一日就職。

第十一章 附則

四十三、本會章經全體會員三分之二表決後即爲有效，

四十四、本會章經會員十五人以上之提議並投票人數三分之二以上之通過者得修改之。

附錄三：中國工程師學會章程 [註1]

(1931 年 8 月)

第一章　總綱

第一條　本會定名爲中國工程師學會。

第二條　本會聯絡工程界同志，協力發展中國工程事業，並研究促進各項工程學術爲宗旨

第三條　本會設總會於首都（在總會會所未建成以前，暫設於上海）。

第四條　本會會員有十人以上住同一地點者，得設立分會，其章程由各分會擬訂，由總會董事會核定。

第二章　會員

第五條　本會會員分爲：（一）會員、（二）仲會員、（三）初級會員、（四）團體會員、（五）名譽會員。

第六條　凡具有專門技能之工程師，已有八年之工程經驗，內有三年係負責辦理工程事務者，由會員三人之證明，經董事會審查合格，得爲本會會員。

第七條　凡具有專門技能之工程師，已有五年之工程經驗，內有一年係負責辦理工程事業者，由會員或仲會員三人之證明，經董事會審查合格，得爲本會仲會員。

第八條　凡有二年之工程經驗者，由會員或仲會員三人之證明，經董事會審查合格，得爲本會初級會員。

〔註 1〕收入《中國工程師學會會務月刊》，1931 年 9 月第 1 卷第 1 期。

第九條 凡在工科大學或同等程度之專科學校畢業，作爲三年工程經驗，三年修業期滿，作爲二年經驗。凡在大學工科或同等程度之專科學校教授工科課程，或入工科研究院修業者，以工程經驗論。

第十條 凡與工程界有關係之機關學校，或其他學術團體，由會員五人之介紹，經董事會通過，得爲本會團體會員。

第十一條 凡對於工程事業或學術有特殊貢獻而能贊助本會進行者，由會員五人只介紹，經董事會全體通過，得爲本會名譽會員。

第十二條 會員有選舉權及被選舉權，仲會員有選舉權、無被選舉權，初級會員、團體會員及名譽會員無選舉權及被選舉權。

第十三條 凡仲會員或初級會員經驗資格已及升級之時，得由本人具函聲請升級，並由會員或仲會員三人之證明，經董事會審查合格，即許其升級。

第十四條 凡本會會員有自願出會者，應具函聲明理由，經董事會認可，方得出會。

第十五條 凡本會會員有行爲損及本會名譽者，經會員或仲會員五人以上署名報告，由董事部查明除名。

第三章 會務

第十六條 本會發行會刊及定期會務報告，經董事會之議決，得編印發行其他刊物。

第十七條 本會經董事會之議決，得設立各種委員會，分掌各項特殊會務。

第十八條 本會每年秋季開年會一次，其時間及地點，由上屆年會會員議定，但有必要時，得由執行部更改之。

第十九條 執行部每年應造具全年度收支報告、財產目錄及會務總報告，於年會時提出報告之。

第四章 職員

第二十條 本會總會設董事會及執行部。

第二十一條 本會設會長一人、副會長一人、董事十五人、基金監二人，董事每年改選三分之一，基金監每年改選一人，其餘均任期一年。每屆選舉由上屆年會出席會員推定司選委員五人，再由司選委員會提出各職員三倍人數，用通信法由全體會員選舉

第二十二條　於次屆年會前公佈之。前任職員連舉得連任一次。本會設總幹事、文書幹事、會計幹事、事務幹事各一人，總編輯一人，均由董事會於年會閉會後二星期內選舉之，任期一年，連舉得連任。前項職員亦得由董事兼任。

第二十三條　董事會由董事及會長、副會長組織之，其開會法定人數定為九人。董事會開會時，以會長為主席，執行部其他職員均得列席，但無表決權。董事、會長、副會長不能出席時，得自行委託另一董事為代表，但以代表一人為限。

第十二四條　董事會之職權如下：

（一）決議本會進行方針，

（二）審核執行部之預算決算，

（三）審查會員資格，

（四）決議執行部所不能解決之重大事務，

（五）其他本章程所規定之職務。

第二十五條　執行部由會長、副會長、總幹事、會計、文書幹事、事務幹事及總編輯組織之。執行部職員除會長、副會長外，為辦事便利起見，均須為總會所在地之會員。

第二十六條　董事會開會無定期，但每年至少須四次，由會長召集之。執行部每月開會一次，由總幹事承會長之命召集之。

第二十七條　會長總理本會事務，並得為本會對外代表。

第二十八條　副會長輔助會長辦理會務，會長不能到會時，其職務由副會長代行之。

第二十九條　總幹事承會長之命，綜理本會執行部日常事務。

第三十條　文書幹事掌管本會一切文書事務。

第三十一條　會計幹事掌管本會一切會計事務。

第三十二條　事務幹事掌管本會會計、文書以外之一切事務。

第三十三條　總編輯主持本會會刊及叢書編輯事宜。

第三十四條　基金監保管本會基金及其他特種捐款，但不得兼任本會其他職務。

第三十五條　本會各委員會人選，由董事會選定之，任期一年，連選得連任。各委員會委員長得出席執行部會議。

第三十六條　本會職員皆名譽職，但經董事會之議決，執行部得聘有補給之職員及助理員。

第三十七條　新舊職員之交代，應於年會閉會後一個月內辦理完畢。

第五章　會費

第三十八條　本會會員之會費規定如下：

會員：入會費十五元，常年會費六元；

仲會員：入會費十元，常年會費四元；

預備會員：入會費五元，常年會費二元；

團體會員：無入會費，常年會費五十元；

名譽會員：無入會費，無常年會費。

凡會員升級時，須補足入會費。

第三十九條　凡會員或仲會員除繳入會費外，一次繳足會費一百元，或先繳五十元，餘數於五年內繳足者，以後得免繳常年會費。前項會費應由基金監保存，非經董事會議決，不得動用。

第四十條　每年常年會費，應於該年三月底前繳齊之。

第四十一條　各項會費由各地分會憑總會所發正式收條收取。入會費全數及常年會費半數，應於每月月終解繳總會。常年會費之其餘半數，留存各該分會應用。凡會員所在地未成立分會者，由總會直接收取會費。

第四十二條　凡會員逾期三個月不繳會費，經兩次函催不復者，停寄其各種應得之印刷品，經三次函催不復，而復經證明所寄地址不誤者，由總會執行部通告，停止其會員資格，非經董事會複審特許，不得恢復。

第六章　附則

第四十三條　本章程如有應行增修之處，經會員十人以上之提議，於年會時以出席三分之二以上人數通過，交由執行部用通訊法交付全體會員公決，以復到會員三分之二以上之決定修正之。但會員在通函發出後三個月不復者，作默認論。

參考文獻要目

一、中國工程師學會出版物、章程、報告

1. 《中華工程師學會會報》
2. 《中國工程學會會報》
3. 《中國工程學會月刊》
4. 《工程》
5. 《中國工程學會會務月刊》
6. 《工程週刊》
7. 《中國工程師學會會務特刊》
8. 趙世暄：道路工學，北京：中華工程師學會，1913 年。
9. 詹天祐：新編華英工學字彙，北京：中華工程師學會，1915 年。
10. 詹天祐：京張鐵路工程紀略，中華工程師學會，1915 年。
11. 張輔良：化學工程名詞草案，上海：中國工程學會，1928 年。
12. 程贏章、張濟翔：土木工程工程名詞草案，上海：中國工程學會，1928 年。
13. 程贏章、張濟翔：機械工程名詞草案，1928 年。
14. 程贏章、錢昌柞：航空工程工程名詞草案，上海：中國工程學會，1929 年。
15. 陶平叔、張元培：染織工程工程名詞草案，上海：中國工程學會，1929 年。
16. 尤佳章：電機工程工程名詞草案，上海：中國工程學會，1934 年。

17. 倪尚達、揮震、陳章：無線電工程工程名詞草案，上海：中國工程學會，1929 年。

18. 趙福靈：鋼筋混凝土學，上海：中國工程學會，1935 年。

19. 楊毅、楊仁傑著：機車概要，上海：中國工程學會，1934 年。

20. 陸增棋：機車鍋爐之保養及修理，上海：中國工程學會，1936 年。

21. 嚴演存：蒸餾之理論與實施，上海：中國工程學會，1945 年。

22. 胡庶華：冶金工程，上海：中國工程學會，1947 年。

23. 中國工程師學會：中國工程師學會章程，上海：中國工程學會，1931 年。

24. 中國工程師學：中國工程師學會現行章程，上海：中國工程學會，1935 年。

25. 中國工程師學會：中國工程師學會修改章程草案，上海：中國工程學會，1941 年。

26. 中華工程師學會：中華工程師學會章程，北京：中華工程師學會，1923 年。

27. 中華工程師學會：會務記錄（1921～1924），北京：中華工程師學會，1924 年。

28. 中國工程師學會：中國工程師學會三十年度會務報告，重慶：中國工程師學會，1941 年。

29. 中國工程師學會：中國工程師學會三十一年度會務報，重慶：中國工程師學會，1942 年。

30. 中國工程師學會：中國工程師學會三十二年度會務報告，重慶：中國工程師學會，1943 年。

31. 中國工程師學會：中國工程師學會三十三、三十四年度會務報告，重慶：中國工程師學會，1945 年。

32. 中國工程師學會：中國工程師學會三十五、三十六年度會務報告，南京：中國工程師學會，1947 年。

33. 中國工程師學會：中國工程師學會三十七年度會務報告，南京：中國工程師學會，1948 年，上海圖書館藏。

34. 中國工程師學會總會、上海分會：中國工程師學會總會、上海分會會務通訊特刊：歷年來會務簡報，上海：中國工程師上海分會，1950 年。

35. 中華工程師學會：中華工程師學會會員錄，北京：中華工程師學會，1924 年。

36. 中國工程學會：中國工程學會會員通信錄（第三編），上海：中國工程學會，1925 年。

37. 中國工程學會：中國工程學會會員通信錄（第七編），上海：中國工程學會，1929年。

38. 中國工程學會：中國工程學會會員通信錄（第八編），上海：中國工程學會，1930年。

39. 中國工程師學會：中國工程師學會會員通信錄，上海：中國工程師學會，1932年。

40. 中國工程師學會：中國工程師學會會員通信錄，上海：中國工程師學會，1934年。

41. 中國工程師學會：中國工程師學會會員通信錄，上海：中國工程師學會，1935年。

42. 中國工程師學會：中國工程師學會會員通信錄，上海：中國工程師學會，1936年。

43. 工程團體聯合：八工程團體聯合會員錄，上海：中國工程師學會，1937年。

44. 中國工程師學會上海分會：中國工程師學會上海分會會員錄，上海：中國工程師學會上海分會，1948年。

45. 吳承洛：中國科學社工程學會聯合年會紀事錄，美國：中國工程師學會，1919年。

46. 李鏗：國內第一次年會報告書，上海：中國工程學會，1924年。

47. 五工程學術團體聯合會籌備委員：五工程學術團體聯合年會紀念刊，上海：中國工程學會，1936年。

48. 中國工程師學會：中國工程師學會第八屆年會指南，重慶：中國工程師學會，1939年。

49. 中國工程師學會：年會手冊：中國工程師學會第十屆年會，重慶：中國工程師學會，1941年。

50. 凌鴻勳：工程特刊：中國工程師學會第十四屆年會，南京：中國工程師學會，1946年。

51. 中國工程師學會：中國工程師學會第十二屆年會暨各專門工程學會聯合年會指南，重慶：中國工程師學會，1943年。

52. 中國工程師學會上海分會：中國工程師學會上海分會三十五年年會專刊，上海：中國工程師學會上海分會，1947年。

53. 中國工程師學會上海分會：中國工程師學會上海分會三十五年年會專題討論集，上海：中國工程師學會上海分會，1947年。

54. 中國工程師學會衡陽分會：工程年會特刊，衡陽：中國工程師學會衡陽分會，1948年。

55. 中國工程師學會廣州分會：中國工程師學會第十四屆年會工程特刊，廣州：中國工程師學會廣州分會，出版時間不詳。

56. 中國工程師學會四川考察團：中國工程師學會四川考察團報告，上海：中國工程師學會，1936 年。

57. 中國工程師學會廣西考察團：中國工程師學會廣西考察團報告，上海：中國工程師學會，1937 年。

58. 吳承洛：工程師節紀念特刊，重慶：中國工程師學會，1941 年。

59. 中國工程師學會：中國工程師學會推行工業標準化運動旨趣書，重慶：中國工程師學會，1942 年。

60. 中國工程師學會：中國工程紀數錄，上海：中國工程師學會，1936 年。

61. 中國工程師學會：中國工程師學會工程標準協進會籌備經過，重慶：中國工程師學會，1942 年。

62. 中國工程師學會：工程標準協進會成立大會記，重慶：中國工程師學會，1943 年。

63. 中國工程史料編纂委員會：中國工程師學會徵集工程史料緣起範圍與項目，重慶：中國工程師學會，1943 年。

64. 中國工程師學會廣州分會：中國工程師學會紀念工程師節特刊，廣州：中國工程師學會廣州分會，1946 年。

65. 吳承洛：三十年來之中國工程：中國工程師學會三十週年紀念刊，南京：中國工程師學會，1948 年。

66. 中國工程師學會上海分會：中國工程師學會上海分會會刊，上海：中國工程師學會上海分會，1948 年。

二、檔案

上海檔案館檔案：

1. 上海市公用局會核中國工程學會請款建設工程材料研究所案，Q5—3—1718。

2. 中國工程學會江西分會的會議記錄，Q130—15—17—3。

3. 上海市工務局有關中國工程學會請撥款補助建設工程材料研究所文書，Q215—1—6225。

4. 上海市公用局商請中國工程學會持建設技術指導部案，Q5—3—3324。

5. 中國工程學會學徒委員會會議記錄，Q243—1—370—4。

6. 泰山磚瓦股份有限公司關於中國工程學會簿面磚試驗報告書，Q412—1—33。

7. 中國工程學會報告，Q243—1—370—53。

8. 中國科學社中國工程學會聯合年會記事錄，Q546—1—226。

9. 中國工程學會入會註冊簿，Q546—1—9。

10. 上海市社會局關於申請登記與中國工程師學會上海分會函，Q6—5—604。

11. 中國工程師學會第十五屆年會暨各專門工程學會的聯合年會手冊，Q130—15—2—1。

12. 中國工程師學會章程、發起人名單和協會宣言書，Q130—15—3—83。

13. 中國工程師學會第巧屆年會招待證及各專門工程學會聯合學會手冊、通訊錄，Q130—15—2。

14. 中國工程師學會會員通信錄，Q130—15—9—1。

15. 中國工程師學會北平分會名冊，Q130—15—15—1。

16. 中國工程師學會北平分會章程（1935～1941），Q130—15—16。

17. 中國工程師學會章程，Q130—15—16—1。

18. 中國工程師學會江西分會章程，Q130—15—17。

19. 中國工程師學會江西分會會員名冊，Q130—15—17—10。

20. 中國工程師學會文件，Q235—3—619。

21. 聖約翰大學獎學金助學金文件及中國工程師學會會議摘要，Q243—1—284。

22. 中國工程師學會徵求團體會員電報通知，Q449—1—345—11。

23. 中國工程師學會30週年紀念冊目錄，Q449—1—656—22。

24. 上海公共租界工部局工務處關於中國工程師學會和工業學徒訓練計劃與登記冊，Ul—14—749。

25. 上海公共租界工部局工務處關於英商信昌機器工程有限廣告說明書、中國工程師學會發表的上海土地構造及下沉觀察記錄及資料的初步介紹、中國工程師學會會議報告、開會通知單，U1—14—6524。

26. 中國工程師學會會務月刊（第一卷，第三期），Y4—1—550。

27. 中國工程師學會會員通訊錄，Y4—1—551。

28. 中國工程師學會第四屆年會手冊，Y4—1—552。

29. 中國工程師學會會員通訊錄，Y4—1—553。

30. 中國工程師學會章程，Y4—1—554。

31. 中國工程師學會會員通訊錄，Y4—1—555。

32. 中國工程師學會會員錄續編，Y4—1—556。

33. 中國工程師學會上海分會三十五年年會專刊，Y4—1—558。

34. 中國工程師學會上海分會三十五年年會專題討論集，Y4—1—559。

35. 中國工程師學會會員錄（上海分會會刊之一），Y4—1—560。

36. 中國工程師學會第十五屆年會手冊，Y4—1—561。

37. 中國工程師學會杭州分會會員錄，Y4—1—740。

38. 全國自然科學專門學會聯合會上海分會關於呈報結束中國工程師學會接收工作的報告，B3—2—21—1。

39. 全國自然科學專門委員會聯合會上海分會接受中國工程師學會款項收支清單，B3—2—21—5。

40. 上海市人委關於同意結束中國工程師學會接收工作的通知，B3—2—21—7。

41. 中華全國自然科學專門學會聯合會上海分會關於接收中國工程師學會結束報告及上海市人委批覆，B3—2—21。

42. 同意「上海科聯」接收中國工程師學會扣學會加中華自然科學社款項擬撥充事業款由，B34—2—180—56。

三、與論文研究相關的著作

1. 戴鞍鋼：晚清史，上海：上海百家出版社，2009 年。

2. 何志平：中國科學技術團體，上海：上海科學普及出版社，1990 年。

3. 陳元暉：中國近代教育史資料彙編，上海：上海教育出版社，2007 年。

4. 謝清果：中國近代科技傳播史，北京：科學出版社，2001 年。

5. 王浩娛：近代哲匠錄，北京：中國水利水電出版社，2006 年。

6. 本傑明艾爾曼：中國近代科學的文化史，上海：上海古籍出版社，2009 年。

7. 詹同濟：詹天祐書信選集，廣州：華南理工大學出版社，2006 年。

8. 趙冬：中國近代化與中國本土化實踐，北京：科學文獻出版社，2005 年。

9. 茅以升：茅以升科普創作選集，北京：科學普及出版社，1982 年。

10. 錢昌照：錢昌照回憶錄，北京：中國文史出版社，1998 年。

11. 鍾少華：進取集一鍾少華文存，北京：中國國際廣播出版社，1998 年。

12. 凌鴻勳：凌鴻勳自訂年譜，臺北：中國交通建設學會，1973 年。

13. 李學通：翁文灝年譜，濟南：山東教育出版社，2005 年。

14. 楊文志：現代科技社團概論，北京：科學普及出版社，2006 年。

15. 中國社團研究會：中國社團發展史，北京：當代中國出版社，2002 年。

16. 蔡鴻源：民國法規集成，合肥：黃山書社，1999 年。

17. 中國史學會：洋務運動，上海：上海人民出版社，2000 年。

18. 劉國銘：中國國民黨百年人物全書，北京：團結出版社，2005 年。

19. 宓汝成：帝國主義與中國鐵路，上海：上海人民出版社，1980 年。

20. 熊月之：西學東漸與晚清社會，上海：上海人民出版社，1994 年。

21. 祝慈壽：中國工業技術史，重慶：重慶出版社，1995 年。

22. 董光壁：中國近現代科學技術史，長沙：湖南教育出版社，1997 年。

23. 劉洪濤：中國古代科技史，天津：南開大學出版社，1991 年。

24. 汪林茂：中國走向近代化的里程碑，重慶：重慶出版社，1998 年。

25. 白壽彝：中國通史，上海：上海人民出版社，1999 年。

26. 石霓：觀念與悲劇——晚清留美幼童命運剖析，上海：上海人民出版社，2000 年。

27. 史貴全：中國近代高等工程教育研究，上海：上海交通大學出版社，2004 年。

28. 李亞舒、黎難秋：中國科學翻譯史，長沙：湖南教育出版社，2000 年。

29. 吳熙敬：中國近現代技術史，北京：科學出版社，2000 年。

30. 張劍：科學社團在近代中國的命運——以中國科學社爲中心，濟南：山東教育出版社，2005 年。

31. 冒榮：科學的播火者：中國科學社述評，南京：南京大學出版社，2002 年。

32. 顧衛民：中國天主教編年史，上海：上海書店出版社，2003 年 4 月。

33. 崔勇：中國營造學社研究，南京：東南大學出版社，2004 年。

34. 范鐵權：體制與觀念的現代轉型：中國科學社與中國的科學文化，北京：人民出版社，2005 年。

35. 霍益萍：科學家與中國近代科普和科學教育，北京：科學普及出版社，2007 年。

36. 李喜所：近代留學生與中外文化，天津：天津教育出版社，2006 年。

37. 徐小群：民國時期的國家與社會：自由職業團體在上海的興起，1912～1937，北京：新星出版社，2007 年。

38. 中國土木工程學會：中國土木工程學會史，上海：上海交通大學出版社，2008 年。

39. 夏東元：洋務運動史，上海：華東師範大學出版社，2010 年。

40. 曲安京：中國近現代科技獎勵制度，濟南：山東教育出版社，2005 年。

41. 何放勳：工程師倫理責任教育研究，北京：中國社會科學出版社，2010 年。

42. 李曼麗：工程師與工程教育新論，北京：商務印書館，2010年。

43. 錢冬生：茅以升──中國現代橋樑的奠基人，成都：西南交通大學出版社，2006年。

44. 陳旭麓：近代中國社會的新陳代謝，上海：上海社會科學院出版社，2006年。

45. 方豪：中西交通史，上海：上海人民出版社，2008年。

46. 李伯聰：工程社會學導論：工程共同體研究，杭州：浙江大學出版社，2010年。

47. 張治中：中國鐵路機車史，濟南：山東教育出版社，2007年。

48. 林洙：中國營造學社史略，天津：百花文藝出版社，2008年。

49. 張柏春：傳播與會通──〈奇器圖說〉研究與校注，南京：江蘇科學技術出版社，2008年。

50. 朱英、魏文享：近代中國自由職業者群體與社會變遷，北京：北京大學出版社，2009年。

51. 李學通：書生從政──翁文灝，蘭州：蘭州大學出版社，1998年。

52. 孫越琦科技基金管委會：孫越琦傳，北京：石油工業出版社，1994年。

53. 關增建：計量史話，北京：中國大百科全書出版社，2000年。

54. 關增建、孫毅霖、劉治國等：中國近現代計量史稿，濟南：山東教育出版社，2005年。

55. 王河山：茅以升（1986～1989），江蘇：江蘇文藝出版社，1999年。

56. 劉大椿、吳向紅：新學苦旅──科學、社會、文化的大撞擊，南昌：江西高校出版社，1995年。

57. 段治文：中國現代科學文化興起（1919～1936），上海：上海人民出版，2001年。

58. 國立編譯館：電機工程名詞（普通部），上海：商務印書館，1939年。

59. 國立編譯館：電機工程名詞（電力部），重慶：正中書局，1945年。

60. 國立編譯館：電機工程名詞（電訊部），重慶：正中書局，1945年。

61. 國立編譯館：電機工程名詞（電化部），重慶：正中書局，1945年。

62. 中央標準局：中央標準局概況目錄，南京：中央標準局，1947年。

63. 熊賢君：近現代中國科教興國啓示錄，北京：社會科學出版社，2005年。

64. 王玉茹、劉佛丁、張東剛：制度變遷與中國近代工業化──以政府的行爲爲分析中心，西安：陝西人民出版社，2000年。

65. 施宣岑、方慶秋：中華民國史檔案資料彙編 第五輯第一編，南京：江蘇古籍出版社，1991年。

66. 馬祖毅：中國翻譯通史（現當代第 2 卷），湖北：湖北教育出版社，2006年。

67. 郭金彬：中國科學百年風雲，福建：福建教育出版社，1991 年。

68. 劉仙洲紀念文集編輯小組：劉仙洲紀念文集，北京：清華大學出版社，1990 年。

69. 孫本文、郝景盛：中國戰時學術，重慶：正中書局，1946。年。

70. 中國科學院編譯局：化學物質命名原則，北京：北京商務印書館，1951年。

71. 胡淵博：中國工業自給計劃，上海：中華書局，1935 年。

72. 張岱年、程宜山：中國文化與文化論爭，北京：中國人民大學出版社，1990 年。

四、與論文研究相關的學術文章

1. 王斌：中華工程師學會的創建與發展，工程研究——跨學科事業中的工程‧2012，6。

2. 唐凌：抗戰時期中國科學技術的一次盛會——中國工程師學會第 12 屆年會在桂林，華南理工大學學報‧2006（5）。

3. 范柏樟、黃啓文：三十年代的一次科學盛會，中國科技史料，1990（4）。

4. 茅以升：中國工程師學會簡史，文史資料選輯，第 100 輯，1985 年。

5. 鍾少華：中國工程師學會，中國科技史料，1985（3）。

6. 呂強、劉玉勁：中國工程師學會的歷史作用及其啓，收入現代工程師素質與能力，瀋陽：遼寧科學技術出版社，1988 年、1992 年。

7. 蘇俊斌、曹南燕：中國工程師倫理意識的變遷——關於（中國工程師信條）1933～1996 年修訂的技術與社會考察，自然辯證法通訊，2008（6）。

8. 劉華：中國工程學會的創建、發展及其歷史地位的研究，清華大學碩士學位論文，2002 年。

9. 吳淼：中國近代化進程中吳承洛貢獻之研究，上海交通大學博士學位論文，2009 年。

10. 張豔麗：通向職業化之路：民國時期上海律師研究，華東師範大學博士學位論文，2003 年。

11. 溫昌斌：民國時期科技譯名統一工作研究，上海交通大學博士論文，2005年。

12. 王樹槐：清末翻譯名詞的統一問題，「中央研究院」近代史研究所集刊，1971（1）。

13. 袁媛：中國早期部分生理學名詞的翻譯機演變的初步探討，自然科學史研究，2006（2）。

14. 張大慶：中國近代的科學名詞審查活動：1915～1927，自然辯證法通訊，1996（5）。

15. 張大慶：早期醫學名詞統一工作：博醫會的努力和影響，中國醫史雜誌，1994（1）。

16. 王樹槐：清末翻譯名詞的統一問題，「中央研究院」近代史研究所集刊，1971（1）。

17. 黎難秋：民國時期科學譯名審訂概述，中國科技翻譯，1998（2）。

18. 王揚宗：清末益智書會統一科技術語工作述評，中國科技史料，1991（2）。

19. 何涓：化學元素名稱漢譯史研究述評，自然科學史研究，2004（2）。

20. 鍾少華：三十至四十年代對「孫中山實業計劃」的專題研究，北京社會科學，1986（4）。

21. 張劍：近代科學名詞術語審定統一中的合作、衝突與科學發展，史林，2007（2）。

22. 郭曉波：中華學藝社與中國科學的近代化，河北大學碩士學位論文，2008年。

23. 吳淼：吳承洛與中國度量衡體制的現代化，上海交通大學學報（哲學社會科學版），2008（5）。

24. 惲震：電力電工專家惲震自述（一），中國科技史料，2000（3）。

25. 惲震：電力電工專家惲震自述（二），中國科技史料，2000（4）。

26. 惲震：電力電工專家惲震自述（三），中國科技史料，2001（2）。

27. 溫昌斌：中國近代的科學名詞審查活動：1928～1949，自然辯證法通訊，2006（2）。

28. 顧孟潔：中國標準化發展史新探，中國標準化，2001（3）。

29. 林文照：中國科學社的建立及其對我國現代科學發展的作用，近代史研究，1982（3）。

30. 張培富、齊振英：中華學藝社社員時空分佈探析，科學技術哲學研究，2010（2）。

31. 轟馥玲、郭世榮：晚清西方力學知識體系的譯介與傳播——以『重學』一詞的使用及其演變爲例，自然辯證法通訊，2010（2）。

32. 劉仙洲：王徵與我國第一部機械工程學，真理雜誌，1944（2）。

33. 陳勝良：「中國科學社」的組合經過與主要活動，科學月刊，1983（12）。

34. 鍾卓安：從《上李鴻章書）到（實業計劃）——孫中山追求中國近代化的努力，廣東社會科學，1993（3）。

35. 李伯聰：關於工程師的幾個問題——「工程共同體」研究之二，自然辯證法通訊，2006（2）。

36. 張浩：中文化學術語的統一：1921～1945，中國科技史料，2003（2）。

37. 張增一：江南製造局的譯書活動，歷史研究，1996（3）。

38. 王揚宗：1949～1950年的科代會：共和國科學事業的開篇，科學文化評論，2008（2）。

39. 房正：中國工程師學會研究（1912～1950），復旦大學博士論文，2011年。

40. 程孝剛：工程界之標準，中國工程學會會報，1919（1）。

41. 羅英：規定名詞商榷書（其一），中國工程學會會報，1919（1）。

42. 蘇鑒：規定名詞商榷書（其二），中國工程學會會報，1919（1）。

43. 朱一成、許應期：電工譯名標準之商榷，工程週刊，1935（3）。

44. 孔祥鵝：商榷電機工程譯名，工程，1927（1）。

45. 朱一成、許應期：電工譯名標準之商榷，工程週刊，1935（3）。

46. 趙祖康：道路工程學名詞訂法之研究，工程，1929（2）。

47. 茅以升：工程教育研究之研究，工程，1926，（4）。

48. 凌鴻勳、趙祖康：工程教育調查統計之研究，工程，1926（4）。

49. 柴志明：論我國技術教育，工程，1942（4）。

50. 楊耀德：工程學與工程教育，工程，1942（5）。

51. 許應期：電機工程科課程之編製，工程，1927（4）。

52. 曹誠克：國內礦冶工程教育現況下幾個問題，北洋理工季刊，1935（1）。

53. 凌鴻勳、楊培琸、施孔懷：雷峰塔磚頭試驗報告，工程，1925（4）。

54. 向賢德：由我國工業說到標準化工作，工業標準與度量衡，1939（6）。

55. 呂相文：度量衡與工業標準及國民經濟，工業標準與度量衡，1935（1）。

56. 吳承洛：中國工業標準化之回國及今後應採經途之擬定（上），工程，1942（1）。

57. 吳承洛：中國工業標準化之回國及今後應採經途之擬定（下），工程，1942（2）。

58. 姜義華：上海：近代中國新文化中心地位的形成及其變遷，學術月刊，2001（11）。

59. 閏平：中國近代科學家群體的形成及其特點評析，江漢論壇，2009（6）。

民國時期的工程名詞統一工作
——以中國工程師學會爲中心

鄒樂華　　關增建〔註1〕

（上海交通大學科學史與科學文化研究院，上海 200240）

摘要：工程名詞是工程事業發展的基礎之一。民國時期，中國工程師學會高度重視工程名詞的統一工作，成立了專門的工程名詞編譯機構，擬定了工程名詞的編審準則，編譯和審定了大量工程名詞，爲中國工程名詞的統一做出了巨大貢獻。

關鍵詞：中國工程師學會；工程名詞
〔中圖分類號〕N09

中國近代工程事業是在引進西方科技的基礎上逐步發展起來的。從清代至民國時期，中國開始大規模引進西方工程技術。引進之初，首先遇到了科技名詞的翻譯問題。由於科技人才缺乏，加上譯述者多各自爲陣，導致當時的工程名詞相當混亂，嚴重制約了中國工程事業的發展。近代工程事業要在中國立足，首先必須解決工程名詞的統一問題。

〔註 1〕〔作者簡介〕鄒樂華（1970～）男，河南信陽人，上海交通大學科學史與科學文化研究院博士研究生，研究方向爲中國科學技術史。E-mail：zoulehua888@126.com；電話：137-88937486
關增建（1956～）男，河南鄭州人，上海交通大學特聘教授、科學史與科學文化研究院博士生導師，研究方向爲中國科技史。E-mail：guanzj@sjtu.edu.cn.

長期以來，學術界關於民國時期科技名詞統一工作的研究主要集中在自然科學領域，對工程學科的名詞統一則關注不夠。雖然個別學者就中國工程師學會對工程名詞的統一工作有所論述〔註2〕，整體來說這段歷史仍然相當模糊。筆者擬在前人研究的基礎上，就中國工程師學會對工程名詞統一所做的工作進行闡述，不當之處，敬祈識者指正。

一、專門的工程名詞編譯機構之成立

在中國，最早從事工程名詞統一工作的是來華的西方人士。光緒十六年（1890），供職於江南製造局的傅蘭雅整理編成《汽機中西名目表》一書，對當時機械工程名詞的統一起了一定作用。進入民國之後，一些民間學術團體和國立機構開始關注譯名問題，其中中國工程師學會對工程名詞的統一發揮的作用最爲突出。

中國工程師學會始於 1912 年詹天祐等人創立的「中華工程師學會」，在1931 年和 1917 年成立於美國的「中國工程學會」合併，更名爲「中國工程師學會」，1950 年停止活動。該會以促進中國工程事業的發展爲己任，積極推進對影響中國工程事業發展的重大問題的解決，爲國家科技發展與經濟建設做出了重要貢獻。它是民國時期中國「最大最強的學術團體」〔註3〕，在中國近代科技史中佔有重要一席。

中國工程學會成立以後，首先面臨的就是工程名詞的統一問題。當時，隨著西方科技著作大量傳入，產生了大量新的工程名詞，這些名詞的翻譯缺乏一定的規則，混亂現象日益加劇。鑒於剛成立不久的民國政府對之無暇顧及，中國工程學會將統一工程名詞視爲己任，對其做了深入討論，一致認爲統一工程名詞是中國工程發展的當務之急，而要做好此事，首先需要有專門的機構專心與此，爲此，1918 年，中國工程學會在美國成立了名詞股，專門審定各種工程學名詞以求劃一適用。1920 年，因學會重心逐漸移至國內，名詞股被取消。1926 年，中國工程學會在國內重新設立名詞審查股，後改稱工

〔註 2〕 馬祖毅：中國翻譯通史（現當代第 2 卷）〔M〕，湖北：湖北教育出版社，2006：
        134。
        溫昌斌：中國近代的科學名詞審查活動：1928～1949〔J〕，自然辯證法通訊，
        2006（2）：77～78。
〔註 3〕 茅以升：憶中國工程師學會〔A〕，中國文化史科文庫〔C〕，文化教育編第十
        六卷（20～160），1996：734。

程名詞編譯委員會，繼續致力於推進工程名詞統一工作，後因日寇侵華逐漸停止活動。該機構成立以後，主要從兩方面開展工作：

首先，建立比較完備的組織機構及制定嚴密的工作程序。名詞股設股長一人，下設土木、化工、電機、機械及採冶等五個科室，每個科室設科長一名、科員若干。名詞股成立伊始，連同股長在內，共有職員 6 人。隨名詞統一工作漸次展開，工作人員逐漸增多，1930 年工程名詞編譯委員會委員增至16 人。工程名詞編譯委員會由委員長負責，按土木、化工、電機、機械及採冶等專業分爲五個組，其工作程序爲：1.科主任會同股員選定本科應編譯的工程名詞，分期印出。2.發交本科會員審譯。3.各科匯總結果，從各詞中選擇一、二個最適宜之名詞譯名，然後上交股長。4.股長審定，交學會會報刊登，作爲學會規定之名詞〔註4〕。

名詞股的這種結構是有道理的。隨著工程科學的發展，工程學科各分支逐漸建立起來，相應地產生了工程名詞按學科分類的客觀需求。學會名詞機構採取股長或委員長負責下的「五大分科」模式，有利於分門別類編譯名詞，也利於不同專業科技人員合作，其嚴密的工作程序也有助於保證譯名的科學性。

其次，廣泛動員工程科技人才參與名詞統一工作。除了聘請多名工程專家擔任股員或委員外，該機構還聘請多位會員參與編譯或修訂工作。另外，該機構還委託中央大學工學院、北洋大學及唐山交通大學的科技人員擬訂工程名詞，並函託各大學工學院進行審查原有名詞，及增訂新名詞，同時在《工程》及《工程週刊》刊登啓事，面向社會徵求工程名詞。

工程名詞統一工作能否順利實施，科技人員是關鍵。1928 年，中國工程師學會有會員 1120 人，1931 年，增加到 2169 人，是彙集工程科技人員最多的學術組織。名詞股依託中國工程師學會和大學，爲名詞統一工作覓到了充足的人才，使學會工程名詞統一工作有了可靠保障。特別值得一提的是，上述人員大都是留學人員，精通外語和工程技術，而且中文底子厚，還有一定的社會影響力，樂於參與工程名詞統一工作。由他們來從事此項工作，既可以確保譯名質量，也有利於名詞的推廣。

總之，學會通過成立專門機構，動員了大量科技人才，制定了嚴密的工作程序，爲名詞統一準則的擬定及實際工作的開展提供了可靠的保障。

〔註 4〕名詞股〔J〕，中國工程學會會報，1919，1：11。

二、工程名詞統一準則之擬定

要統一工程名詞，必須首先擬定統一的準則，包括名詞的翻譯準則和審定準則兩部分。因為名詞首先要翻譯過來，這就需要有翻譯規則；譯出後還需要有個審定過程，審定之後，才能向社會公佈。如何審定，也需要有規則。對這兩個規則的制訂，中國工程師學會主要是通過廣泛開展討論的方式，求得共識，再予推行。

1. 工程名詞翻譯準則的討論

工程名詞的翻譯方法主要包括意譯、音譯、造字法等。對此，當時的學者知道得很清楚。1919年，會員徐世大在《中國工程學會會報》刊文指出：「名詞之規定，無外乎下列各法。一意譯，二譯音，三造字。自宜以意譯為最要。然其困難也最甚，蓋以吾國固有科學名詞太少，固應用太廣，如同一力字，可譯為 power、force、energy、stress、reaction 之類，即可加冠詞，如 stress 之為內力，Reaction 之為應力。其意義能顯明者也殊少。譯音不顧字義，但求諧音，其困難之點，則西國一字之音太繁，與吾國文體不稱。一則各地方言不同，譯者無所依從。……吾國各地語音不同，也有此病。造字以定名詞，……然其中也有弊病。」〔註5〕

徐世大把名詞翻譯的三種方法做了清晰的說明，辨析了其各自的優缺點，指出「以意譯為最要」。他的見解是正確的。除人名、地名及單位外，絕大部分工程名詞是「學名」，這類名詞肩負反映科學概念的重任，需根據其含義翻譯成對應的中文名詞。因此，工程名詞的翻譯方法應首選意譯。其關於三種譯名方法缺陷的論述也很中肯。

程孝剛也認為意譯是最重要的，而音譯則不可取。他提出：「工業發達的國度，地球面上很多，各有各的名詞。我們若是譯意還是沒有妨礙，因為意義總是一致的。但是不得已譯音的時候，那就不但世界的方言有幾十種，中國土音還有幾百種。」〔註6〕所以，用音譯法是無法統一的，有悖於統一工程名詞的初衷。

音譯不能傳意，意譯則會遇到有時無對應名詞可用的情況，對此，羅英認為可用造字法予以彌補。他在《規定名詞商榷書（其一）》中指出：「近世學者於定名之際，因字數不敷用，或譯其音，致名詞失本來之義，或譯其意，

〔註5〕徐世大：規定名詞商榷書（其三）〔J〕，中國工程學會會報，1919：268～269。
〔註6〕程孝剛：工程界之標準〔J〕，中國工程學會會報，1919：292。

致名詞變爲解句。……此種弊端皆由不引用新字，而拘於固有字之作用也。倘能於此引用新字，於工程學科中固添一新法。」〔註7〕名詞股長蘇鑒也認爲：「遇現有文字不足用時，應製造新字。」〔註8〕

羅、蘇兩位會員的觀點有一定道理。在某些特定情況下，造字法確實是一種有效的方法，此法在化學學科中運用比較成功。在工程名詞的翻譯中，劉仙洲也曾運用過造字法，例如，熱工學名詞「entropy」（熵）、「enthalpy」（焓）即是他創造的，並且沿用至今。但是造字法也存在缺陷，會員朱一成、許應期曾指出，造字法要造出新字，而「新字之定，漫無標準，讀音印刷，益增糾紛」〔註9〕，易造成新的不統一。

此時期，會員對翻譯方法進行了較爲深入的探討，但並未在其使用原則上達成一致。

爲使工程名詞的翻譯有則可循，1925年9月，中國工程學會在杭州召開第八屆年會，討論統一中國工程名詞議題。會議由張濟翔主持，錢昌祚多名會員參加。經過討論，就工程名詞翻譯方法達成了共識，具體爲：工程名詞的翻譯應「1.以譯意爲主，不得已時譯音；2.譯意未必能確切時，不如譯音」。〔註10〕此共識成爲學會編譯工程名詞的原則。1928～1931年，學會編譯並出版土木、機械及電機等九種工程名詞草案，其譯例均取音意之適當，兼收並蓄。

學會擬定的原則只涉及意譯、音譯，忽略造字法，這可能與兩方面因素有關。其一，民國初期，工程名詞統一工作處於起步階段，但社會急需標準的工程名詞。在名詞統一工作緊迫情況下，學會自然傾向於選擇熟悉的、易操作且使用範圍大的意譯及音譯法。其二，對於普通科技工作者而言，新造字屬於冷字，不利於使用與交流，這與學會秉持「工程名詞，原以切合實用爲主」〔註11〕之精神不符。雖然學會擬定的準則適合當時的譯名工作，但完全拋棄造字法，是有失偏頗的。

〔註7〕 羅英：規定名詞商榷書（其一）〔J〕，中國工程學會會報，1919：263。
〔註8〕 蘇鑒：規定名詞商榷書（其二）〔J〕，中國工程學會會報，1919：266。
〔註9〕 朱一成、許應期：電工譯名標準之商榷〔J〕，工程週刊，1935，4（3）：34～35。
〔註10〕 會務報告〔J〕，工程，1925，1（3）：228。
〔註11〕 中國工程學會編：工程名詞草案——土木工程名詞序〔M〕，1929年。

在實踐中，一些會員對上述準則做了補充與完善。1927年，陳章發表《本會對於我國工程出版事業所負之責任》〔註12〕一文，提出：「最好譯意，次為譯音，然或音意兩難，則用相近之字代之，或竟造新字以用。」陳章所言，對學會1925年形成的共識有所補充。

另外，一些會員從不同學科角度，闡述了翻譯方法的具體使用範圍。1927年，孔祥鵝發表《商榷電機工程譯名問題》〔註13〕一文，強調：「1.譯學名最好用音意兼譯，即使稍微在發音上有些勉強，也不妨事。不能兼顧時，只好譯音或譯意法。2.凡譯外國人名地名，除已習見者外，都可以使它中國化了；換句話說，就是使它變成中國式的人名地名。如譯美總統 Coolidge 為顧理治。3.外國地名，凡有譯意的可能者，不必用音譯法。如 green hill，可譯作『青山』或『綠邱』。」孔祥鵝的主張較為具體，可操作性也較強，因而在社會上有一定影響，如著名翻譯家傅冬華1940年翻譯美國名著《飄》時，對其中的人名地名就全部中國化了。不過孔祥鵝的主張與科技名詞翻譯的趨勢不合，科技界在翻譯一般的外國人名地名時，最終形成的共識是以音譯為主，而且在音譯時要儘量避免中國化的傾向。

1935年，朱一成、許應期等四名會員聯合發表《電工譯名標準之商榷》〔註14〕，提倡：「電工名詞，除人名地名及單位外，均以譯意為原則。」可見，不同工程學科的會員在翻譯方法具體使用範圍上固然有差異，但總體上贊同意譯為主、音譯為輔的原則。

經過反覆討論，學者們就此問題達成了共識：工程名詞翻譯方法遵循的規則應是意譯為主，其次是音譯，最後是造字。這一規則符合中文科技名詞的特點。因為中文是表意文字，而西文重在表音，如果按西文的發音來翻譯工程名詞，既不能達到表意目的，讀音上也會與西文原來的術語有相當大的差異，也不能實現表音的功能。因此，大多數工程名詞需要用意譯方法進行翻譯。譯音法翻譯人名地名及單位是比較合適的。這類名詞不同於一般的工程名詞，不具備特別含義，不需要解它的意義，而採用音譯的方法翻譯人名地名等，則有容易發音，便於記憶的長處。造字本身困難，加之新造字易造

〔註12〕 陳章：本會對我國工程出版事業所負責任〔J〕，工程，1927，3（1）：49。

〔註13〕 孔祥鵝：商榷電機工程譯名〔J〕，工程，1927，3（1）：40。

〔註14〕 朱一成、許應期：電工譯名標準之商榷〔J〕，工程週刊，1935，4（3）：34～35。

成新的不統一，科技界通常把造字法作爲意譯、音譯的補充，在實踐中很少使用。

2. 工程名詞審定準則的討論

作爲科技交流與發展的載體，工程名詞應該具備一定的標準。比如科學化、單一化的名詞有利於準確地反映科技概念；簡明、易懂的名詞便於科技工作者的交流與使用。要確保翻譯過來的工程名詞符合上述要求，就必須對其進行審定。名詞的審定也要遵循一定的準則。審定準則主要包括譯名是否符合科學性、單一性、連貫性、簡明性及約定俗成性的要求等。學會經過探討，對上述準則達成了共識。

科學性，即按科學概念的內涵來定出規範的名詞。1919 年，羅英發表《規定名詞商榷書》一文，指出：「規定名詞須從學理及物質上之本旨著想。每立一名詞，當有定義確實而不移，有界說分析而不亂，加附圖繪以瀏覽」。〔註15〕羅英的文章，強調的是科學性和準確性，即名詞的確定應有助於準確反映所指事物的性質、功能。

連貫性，即名詞在相關學科內是相互聯繫的。1927 年，孔祥鵝發表《商榷電機工程譯名問題》一文，他認爲：「譯學名不可只照一個字單譯，要顧到它和其他學名的關係，使各個譯名於文字間表示它們的連貫」。〔註16〕如「reactance」、「resistance」、「impedance」三詞之間有學理上的關聯，數值上滿足下列關係：（reactance）2＝（resistance）2＋（impedance）2。孔建議採用「電抗」、「電阻」及「電阻抗」等譯名。首先，「電」體現了三個譯名的共性；其次，「阻抗」、「電阻」及「電抗」字樣，能直觀顯示它們某種關聯。這些譯名一直沿用至今。孔的觀點有見地，科技概念是有機體系，反映概念的工程名詞也應具有連貫性。

單一性，即名詞應該是單一的、專用的。1929 年，趙祖康發表《道路工程名詞譯定法之研究》〔註17〕一文，特別強調譯名要遵從單一性原則，他說：「原名一名一義者，以譯成一名爲原則」。如 curb 譯爲「緣石」，其他「側石」、「站石」等譯名均擯棄不用。而對於那些原本具有「一名數義」性質的西文名詞，他提出的解決辦法是：「原名一名數義者，分譯之」。如 camber 可譯爲

〔註15〕　羅英：規定名詞商榷書（其一）〔J〕，中國工程學會會報，1919：263。

〔註16〕　趙祖康：道路工程學名詞訂法之研究〔J〕，工程，1929，4（2）：40。

〔註17〕　趙祖康：道路工程學名詞訂法之研究〔J〕，工程，1929，4（2）：223。

「拱橋」，或譯爲「拱」，具體依據行文內容而定。

對於那些已有多名並存的譯名，趙祖康也提出了解決辦法，主張以「適宜」、「約定俗成」爲原則。他指出：「已有若干時，取最通行而不悖於學理，並參以其他譯名律較爲適當者用之，否者另立新名。至若習俗沿用已久，勢難更改者，仍之」。同時指出：「譯名以適當爲主，其有字繁複，或取義太古，晦澀難明者，避免之。」在《道路工程名詞譯定法之研究》一文中，趙祖康提出了二十一條譯定名之法，是當時研究科技譯名最爲深入的人之一。他倡導的「單一性」、「適宜性」及「約定俗成」，也成爲最基本的定名原則。

1932 年，學會委託劉仙洲修訂機械工程名詞。此前，社會上已出版了《華英工學字彙》、《英和工學字典》等多種辭典類出版物，以及多種中文機械工程書籍。這些書籍辭典中的譯名大都不一致。例如 value 一詞，有「舌門」「汽門」等 6 個中文譯名。pump 一詞，有「恒升車」、「抽水筒」、「運水器」、「邦浦」、「泵」等 14 個中文譯名，顯得非常混亂。爲此，劉仙洲擬定了四項定名原則，具體是：（1）從宜——擇所譯與原義最宜者。（2）從熟——擇舊譯採用最多者。（3）從簡——字數比較簡練者。（4）從俗——工人已經通用，字義不甚粗鄙者。他依據上述原則，完成了《機械工程名詞》的修訂，匯詞 11000 餘，1934 年由商務印書館正式出版。

趙祖康、劉仙洲等多名會員都是工程名詞統一工作的推動者、實踐者，上述原則也是他們經驗的總結，對於當時名詞審定工作起到了指導作用，大部分至今還在使用。2000 年 6 月，我國頒佈《科學技術名詞審定的原則及方法》，規定定名應符合「貫徹單義性的原則」，「定名要符合我國語言文字的特點和構詞規律」，「定名要遵從科學性、系統性，簡明性、國際性和約定俗成的原則」。〔註18〕這些原則的基本精神與民國先賢的卓見是一致的。

三、工程名詞編譯與審定工作之開展

中國工程師學會不但重視譯名機構的建設，關注譯名理論的探索，而且從實踐上大力開展工程名詞統一的工作。學會既獨立推進，也與其他社會組織合作，完成了大量工程名詞的統一工作。

〔註18〕 第二屆古生物學名詞審定委員會：科技技術名詞審定的原則及方法，http：www. nigpas.ac.cn/terms。

1. 學會獨自組織完成的名詞統一工作

1915 年，學會出版了《新編華英工學字彙》，該書由首任會長詹天祐編纂，內容主要關於土木、機械二科，收詞萬餘。此書對工程名詞統一有奠基之功，成爲土木、機械類工程書的重要工具書。

1928 年～1931 年，學會陸續出版了九種工程名詞草案：

《工程名詞草案——電機工程》尤佳章、楊錫鏐編，收詞 2500 餘則，1929 年 12 月出版。

《工程名詞草案——化學工程》張輔良、袁丕烈編，收詞 960 餘，1929 年 7 月出版。

《工程名詞草案——土木工程》程瀛章、張濟翔編，收詞 1800 餘，1928 年 8 月出版。

《工程名詞草案——染織工程》陶平叔、張元培、倪維熊編，收詞 1300 餘，1929 年 6 月出版。

《工程名詞草案——無線電工程》倪尚達、惲震、陳章編，收詞 500 餘，1929 年 5 月出版。

《工程名詞草案——機械工程》程瀛章、張濟翔編，收詞 2000 餘，1928 年出版。

《工程名詞草案——航空工程》程瀛章、錢昌祚編，收詞 1200 餘，1929 年 1 月出版。

《工程名詞草案——汽車工程》柴志明編，收詞 800 余，1930 年 5 月出版。

《道路工程名詞》趙祖康編，收詞 200 餘，1928 年出版。

1932 年，學會委託會員劉仙洲修訂《機械工程名詞》，匯詞 11000 餘，1934 年由商務印書館正式出版。

1932 年，學會委託中央大學擬定建築工程名詞，委託北洋大學及唐山交通大學擬定礦冶工程名詞。

1933 年，學會修訂土木、機械類工程名詞，修訂後機械工程名詞詞匯增至 5000 餘則，土木類不詳。

1934 年，時任編譯工程名詞委員會委員長的顧毓琇修訂電機工程名詞，收詞 5000 餘。

1937 年，學會委託會員陶葆楷擬定衛生工程名詞草案，收詞 500 餘。

2. 與國立編譯館等合作的名詞工作

在中國近代史上，從事過科技名詞統一工作的重要機構和組織還有科學名詞審查會和國立編譯館。科學名詞審查會成立於 1918 年，是民國時期一個準官方科學名詞審查組織，其前身是醫學名詞審查會。中國工程師學會積極開展與科學名詞審查會的合作，1925 年，派程瀛章爲代表參加科學名詞審查會的審查工作。1926 年，程瀛章提出審查工程名詞要求，經該會決議於民國十七年（1928 年）審查工程名詞，後因時局變化，科學名詞審查會工作於 1927 年底中止，計劃未能實施。

1932 年 6 月，教育部成立國立編譯館，專門從事教科書審查、名詞編訂、辭典編訂、圖書編譯等工作。該館曾邀請包括中國工程師學會在內的多個學術團體參與科技名詞審定工作。中國工程師學會派遣多名工程專家參加了工程名詞的審定工作，具體情況如下：

2.1 電機工程名詞的審定

1933 年夏，國立編譯館決定啓動電機工程名詞的編訂工作，他們收集國內外專著，作爲編訂電機工程名詞的參考，並指派康桂清負責編訂，邀請中國工程師學會負責審定。

1934 年，中國工程師學會接國立編譯館的邀請函，經第十六次董事會決定「暫先派惲震（審定負責人）、包可永、李承幹、周琦、張延金、陳章、楊允中、楊肇爀、楊簡初、壽彬、裘維裕、趙曾鈺、劉晉鈺、鮑國寶、薩本棟、顧毓琇，張承祜等 17 人參與審定」〔註19〕。

1935 年夏，康桂清完成初稿，全編分爲普通、電力、電訊、電化四部。初稿首先經電機工程名詞審查委員會審核，再由教育部召開審查會議，作最後之勘定。經過這樣反覆審核後，「普通部分於 1937 年經國立編譯館整理後呈教育部公佈，共有 6045 則名詞，於 1939 年出版。電化部分名詞 2339 則，1944 年 2 月公佈。電力部分名詞 3321 則，1941 年 11 月公佈。電訊部分名詞 4559 則，1945 年 1 月公佈」〔註20〕。這三部分名詞於 1945 年出版。

〔註19〕 十六次董事會議紀錄〔J〕，工程週刊，1944，4（4）：62。
〔註20〕 陳可忠：序〔A〕，電機工程名詞（普通部）〔M〕，上海：商務印書館，1939；
　　　　陳可忠：序〔A〕，電機工程名詞（電力部）〔M〕，重慶：正中書局，1945；
　　　　陳可忠：序〔A〕，電機工程名詞（電訊部）〔M〕，重慶：正中書局，1945；
　　　　陳可忠：序〔A〕，電機工程名詞（電化部）〔M〕，重慶：正中書局，1945。

2.2　機械工程名詞的審定

在編訂電機工程名詞的過程中，國立編譯館又啓動了機械工程名詞的編訂工作，並函邀中國工程師學會派員審定。應國立編譯館之函請，1936 年 3 月，中國工程師學會決定派遣「張可治（審定負責人）、王助、王季緒、杜光祖、周仁、魏如、莊前鼎、唐炳源、程孝剛、黃炳奎、黃叔培、楊毅、錢昌祚、羅慶藩、顧毓瑔、劉仙洲、陳廣源、周厚坤、林鳳歧、周承祐、張家祉、毛毅可、楊繼曾、吳琢之等 24 人參加機械工程名詞審訂」〔註21〕，並成立機械工程名詞審查委員會。

1937 年春，中國工程師學會會員劉仙洲將所編《機械工程名詞》之卡片三萬餘張，裝箱送交國立編譯館，委託其繼續加以整理。國立編譯館採取分類編訂辦法，將全部機械工程名詞分成 7 類，並將第一類第二類合編一處，稱之爲《機械工程名詞普通部》。其餘五類各爲一部，分別爲第二工具儀器部分、第三動力廠設備部分、第四鐵路機械部分、第五汽車航空部分、第六紡織、兵工、造船部分。

1940 年，機械工程名詞普通部分之草案編成，寄審查委員會委員，先作初步審查。1941 年 3 月，在重慶正式開會審查通過，共有名詞 17956 則〔註22〕，於 1946 出版。1949 年前，其餘部分沒有審定。

2.3　其他

會員吳承洛（審定負責人）、王璡等七人參與《化學儀器設備》名詞的審定，該名詞於 1940 年出版。吳承洛（審定負責人）、徐名材等十三名會員參與《化學工程名詞》的審定，此名詞於 1946 年出版。〔註23〕

中國工程師學會還參與了《土木工程之鐵路與公路部分》、《土木工程結構學部分》及《土木工程測量學》審定工作。1949 年前，這三種名詞沒有審查完畢。因戰爭的影響，《水利工程》、《造船》、《鐵路機械》、《工具儀器與動力廠設備》及《自動車與航空器》等工程名詞沒來得及審定。審定後的工程名詞，有七種被教育部公佈爲標準名詞並出版。新中國成立後，中國科學院編譯局接管了上述的工程名詞，將其修訂後正式出版，爲新中國的工程名詞統一工作拉開了帷幕。

〔註21〕　22 次董事會議記錄、23 次執行會議記錄〔J〕，工程週刊，1936，5（9）：102。
〔註22〕　國立編譯館工作概況〔A〕，革命文獻〔C〕，59 輯，臺灣：414～419。
〔註23〕　國立編譯館工作概況〔A〕，革命文獻〔C〕，59 輯，臺灣：414～419。

四、中國工程師學會工程名詞統一工作之意義

民國時期，一方面，中國現代科技處於起步階段，亟需科技名詞的統一；另一方面，由於社會動盪，政府無暇關注科技事業的發展，民間科技團體成為本世紀 10～40 年代中國科學逐步推進的有力槓杆，中國工程師學會是民間科技團體中規模最大的一個，它所做的工程名詞的統一工作，對中國工程事業的發展有著極為重要的歷史意義。

1. 加速了中國工程名詞統一工作的進程

中國工程師學會組織編譯了十餘種工程名詞，並出版了九種，累計詞量達四萬多則。同時期，其他科學團體與國立機構也為工程名詞統一做出了貢獻，如 1916 年，審定鐵路名詞會出版了《鐵路詞典》，收錄鐵路名詞 700 餘則；1920 年，交通部電氣技術委員會編訂《電氣名詞彙編》，收錄名詞 3000 則；1921 年，中國科學社電機股編撰《電機工程名詞》，收錄名詞 3000 餘則；1927 年，大學院譯名統一委員會編訂電機工程名詞 400 餘則；1931 年，建設委員會編訂電機應用工程名詞 500 餘則。但無論從編譯工程名詞的種類還是數量上看，上述任何一個團體都無法與中國工程師學會相比擬。學會還參與了多種工程名詞的審定工作，教育部公佈的標準工程名詞都是學會會員主持完成審定的。另外，中國工程師學會在譯名機構的建設和理論研究方面也取得了較大成果。中國工程師學會是當時工程名詞統一工作的主力軍，它的工作，大大加速了中國工程名詞統一的進程。

2. 提供規範工程名詞，為社會發展奠定基礎

首先，規範的工程名詞便於學術的交流、和工程教育的實施，有助於科技的發展。更重要的是，滿足了社會之急需，為中國工程事業的發展提供了保障。當時社會生產急需標準工程名詞，尤其是與之密切相關的土木、電機、機械類名詞。據會長胡庶華記述，1929 年，學會編訂的工程名詞草案還未來得及審查，「以各方待用甚急，先將此草案刊行。」〔註24〕

為了滿足社會需求，1928～1933 年，學會曾修訂並再版機械工程類名詞兩次，土木、電機類名詞各一次。

另外，規範的工程名詞也為各種標準的制定提供了保障。誠如工程專家

〔註24〕 中國工程學會編：工程名詞草案——土木工程名詞序〔M〕，1929 年，頁 1。

程孝剛所言:「舉凡法規之條款,買賣之契約,製造之規範,均須依名詞而定界說,依界說而定權利義務。……倘能普遍採用,則公認之標準,即可於無形中建立,工商各業實利賴之」。即是說,規範的工程名詞有利於標準的制訂,歸根結底有利於標準化的推行,而標準化是工業社會得以發展的前提。無疑,中國工程師學會所做的名詞統一工作是當時一項重要的基礎性工作,對支撐科技發展,促進社會進步有著不可替代的重要作用和意義。

抗戰時期中國工程師學會的科技交流工作

鄔樂華

（上海交通大學科學史與科學文化研究院，上海 200240）

摘要：科技交流是科技事業能夠發展的前提。抗戰時期，中國工程師學會為維繫與推動科技交流做了大量工作並取得顯明成效。文章從學術年會、發行刊物、專題會議及實地考察等方面論述其交流工作，指出其貢獻，並分析學會取得成就的原因。學會的工作體現了工程界堅持抗戰與工程建國的信念、決心及力量。

關鍵詞：中國工程師學會；抗戰時期；科技交流

科技交流是科技事業能夠發展的前提。因日寇的侵華，致使多個學術機構都遇到嚴重的生存困難，「上至獨立之研究院、下至各大學之研究院與研究所，多是經濟困難，不能發展」〔註 1〕。國立科研機構尚且如此，民間科技團體的境遇更加困難，「抗戰初期，以至於民國三十一年（1942 年），各種學會，凡是在抗戰以前成立者，皆很少活動」〔註2〕。1942 年前，大後方（川、康、滇、黔、桂、湘、粵）的科技交流陷入困境，嚴重制約了中國的科技與經濟發展。

在特困時期，仍有極少數科技團體活躍如舊，如中國地質學會、中國生理學會成都分會、中國工程師學會。其中，中國工程師學會是當時中國工程界科技交流活動的倡導者和組織者，其抗戰時期的學術交流工作形式多樣、

〔註 1〕孫本文、郝景盛：中國戰時學術〔M〕，正中書局，1946：5。
〔註 2〕孫本文、郝景盛：中國戰時學術〔M〕，正中書局，1946：167。

成效顯明，並且貫穿抗戰時期的始末，具有典型性。對於這一工作，學術界鮮見有人關注。鑒於此，本文探討在抗日戰爭這一特定歷史時期，中國工程師學會的科技交流活動，以祈有補於科技史研究。

一、中國工程師學會科技交流之開展

　　中國工程師學會始於 1912 年詹天祐等人創立的「中華工程師學會」。1931 年，「中華工程師學會」與 1918 年成立於美國的「中國工程學會」合併，更名爲「中國工程師學會」。該會於 1950 年停止活動。時人評價該會的作用時說，「中國各學會設立之早，而能與時俱進，歷久而愈彰，淬礪學術，抉掖新進，使學會之活動，影響於國家建設與整個民族，深遠而普遍，當無過於中國工程師學會」〔註3〕。在中國近代科技發展史及中國近代史上，中國工程師學會佔有重要的地位。

　　中國工程師學會成立伊始，即以提升中國工程技術人員學術水平、推廣工程科技爲己任，並爲之做了不懈的努力。

　　在提升中國工程技術人員學術水平、推廣工程技術方面，學會主要採用了召開學術年會、發行學術刊物、舉辦專題會議及實地考察等形式。抗日戰爭爆發後，學會克服戰爭帶來的不利影響，仍然堅持這些行之有效的交流方式，最大幅度的降低了戰爭給中國工程事業帶來的不利影響，並以學會自己的努力，促成了抗日戰爭的早日勝利。

1. 舉辦學術年會

　　學術年會是中國工程師學會組織工程科技交流的主要方式。1937 年，中國工程師學會隨國民政府遷至重慶，次年即在重慶召開戰時的第一屆年會。至 1945 年，共舉行 7 次學術年會。年會情況如下表。

表1：抗戰時期中國工程師學會召開年會一覽表

時　　間	地點	人數	參加的專門工程學會
1938 年臨時大會	重慶	134	
1939 年八屆年會	昆明	269	機械、土木、水利、化學工程、電機

〔註 3〕吳承洛：三十年來之中國工程師學會〔M〕，中國工程師學會主編，三十年來之中國工程，1946：4。

時　間	地點	人數	參加的專門工程學會
1940 年九屆年會	成都	334	化學工程、礦冶、電機、機械
1941 年十屆年會	貴陽	582	機械、電機、土木、水利、化學工程
1942 年十一屆年會	蘭州	525	礦冶、化學工程、水利、電機、機械
1943 年十二屆年會	桂林	1265	礦冶、化學工程、水利、電機、土木、機械、紡織
1945 年十三接年會	重慶	1550	電機、機械、化學工程、水利、土木、礦冶、航空、市政、衛生、自動機、紡織、造船、建築工程

資料來源：中國工程師學會三十五、三十六年度會務報告，第 25～26 頁。

　　由上表可見，中國工程師學會的學術年會有兩個特點：其一，參加人數多，參加人數基本上呈現逐年增加趨勢，其中 1943、1945 年年會與會人數均超過 1000 人。當時大後方所有工程科技人員大約 2 萬多〔註4〕，其中中國工程師學會的會員 9500 人左右。在戰爭的特困情況下，無論從絕對數，還是相對數考量，這些年會的規模都是較大的。其二，均是聯合年會，這便於不同專業工程科技人員互相交流信息，協調行動，有助於解決科學技術上的困難，也有助於各專門工程學會克服無力獨自舉行年會的困難。

　　年會程序嚴謹，內容豐富。除了會務報告、領導換屆外，年會還有宣讀論文、公開演講、參觀考察、專題討論等活動。

　　7 屆年會共收到 1088 多篇論文，占與會總人數的 1／4 弱。可見在抗戰極端困難的情況下，還有許多會員抱著學習提高的目的，前來參加年會。提交論文的作者大都是生產一線的工程師，這些論文是他們實踐經驗的總結，具有很強的實用性與科學性。通過宣讀與討論，不僅擴大了作者的思路，也使與會者深受啓發。

　　年會期間，一般都進行多場公開演講，主題多是關於中國工程事業介紹及中國工業化道路探索。例如，1943 年年會公開演講的題目為：《機械工程在工業化運動中之重要性》、《中國電氣工程》、《鐵路機械事業之演講》、《中國水泥事業》、《鐵路與工業建設》、《中國鐵路應採之十大政策及全國鐵路系統》等。這些演講所涉及的內容雖然各不相同，但是都注重內容的通俗易懂，使

〔註 4〕陸仰淵、方慶秋：民國社會經濟史〔M〕，北京：中國經濟出版社，1991：585。

普通的聽眾能對中國工程事業發展現狀及其重要性有所瞭解，加強了工程界與社會的溝通。

參觀考察是年會的重要一環。每次年會後期，學會都要組織與會會員考察參觀當地企業單位。如 1939 年的昆明年會，參觀了昆明資源委員會化工材料廠、機械廠、電工器材廠等 14 個單位。中國工程師學會的任務之一，就是研製和推廣先進的工程技術。通過參觀企業，有助於科技工作者進行現場考察與交流，使先進的科學技術能夠進一步的推廣。

根據社會發展需要，每次年會都圍繞經濟建設或國防建設，設置相應的中心議題。如 1938 年爲重工業與交通問題，1939 年爲計劃經濟和工業化問題，1940 年爲專利問題，1941 年爲工業標準化問題，1942 年爲西北建設問題，1943 年爲西南建設問題，1945 年爲戰後交通問題。這些議題，基本上都與當時中國經濟發展密切相關。學會年會組織與會專家進行討論，大家集思廣益，做出方案，以作爲有關部門制定建設計劃的參考，可以使國家建設少走彎路，加快國家發展。

除了全國性的學術年會外，中國工程師學會還在各地設立分會，以在各地廣泛開展科技交流活動。至 1937 年，中國工程師學會在上海、北京等地設 23 個分會。1937～1945 年，學會在大後方又發展了 38 個分會（另設香港、美洲分會），分佈 14 個省。抗日戰爭爆發後，淪陷區的分會大都處於停頓狀態，大後方的分會則很活躍。鑒於篇幅所限，這裡只列舉部分分會的學術交流活動。如 1941～1942 年度，重慶分會主要活動：

①參觀附近工廠。一年來共計舉行 6 次，參觀 20 多個廠，參加人數總計 270
　人，使會員瞭解後方各種工業之實際情況。
②召集全體會員大討論工業動員問題，並聘請章乃器、張劍鳴等演講，以提
　高會員工業動員意識。
③舉行學術演講、無線電展覽會並請中華無線電協會表演無線電。

分會的科技交流活動是有效且必要的。其一，通過分會的活動，可以快速聯絡工程科技人員，使工程科技人員避免了一盤散沙的局面。其二，分會的科技交流使各地科技工作者有了合作與交流的中心，便於會員就近參加經常性的活動，有利於本地技術進步問題的研討與動員。特別在戰爭期間，因安全缺乏、經費短缺，交通不便，全國性的活動不易舉行，分會的活動無疑是中國工程學會科技交流活動的重要組成部分。

2. 發行刊物

發行刊物是科技團體服務社會、促進學術交流的重要手段。抗戰時期，中國工程師學會發行《會務特刊》與《工程》兩種刊物。《工程》始發於 1925 年，初爲季刊，後改爲雙月刊，一年六期合爲一卷。至 1936 年，已發行至第 12 卷。1937、1938 年停刊。1939 年在重慶復刊，又改爲月刊，旋移香港發行，重新改爲雙月刊。1942 年 5 月遷回國內發行。復刊後，從第 13 卷開始至 1945 年，共發行 7 卷 41 期。其中第 12、13 卷前 8 期在香港印發，後 14～19 卷 33 期在國內印發。《工程》所登載論文大都爲會員所撰寫，絕大部分是年會獲獎作品，內容多針對工程技術的學術見解及政策規劃，如第 13 卷第 5 號《工程》（1940 年十月一日發行）刊發文章目錄如右：戰後中國工業政策、長方薄板撥皺之研究及其應用與鋼板梁設計、連杆與活塞之運動及惰性效應、論電氣事業之利潤研究、鼠籠式旋轉子磁動力之研究、蒲河閘霸工程施工之研究、電話電纜平均之原理及其實施。這些論文在當時是最高水平的〔註 5〕。

學會發行的另一種刊物是《會務特刊》，其前稱爲《工程週刊》，始發於 1932 年，雙月刊。抗戰期間，發行了 7 卷。《週刊》主要介紹中國工程師學會和各專門工程學會的會務情況，以及國內外實際工程建設報告。

另外，中國工程師學會還通過各專門工程學會發行《電工》、《水利》、《礦冶》、《化學工程》、《紡織》、《土木》，《機械》等刊物。這些刊物彼此關係密切，各專門工程學會之編輯，皆同時爲中國工程師學會之編輯，所需編輯資料，互相供給，刊物互相交換。論文來源以中國工程師學會會員所做爲主，如 1942～1943 年，中國工程師學會曾爲上述刊物共提供 200 餘篇論文〔註 6〕。

抗戰時期，國內發行的工程科技方面的刊物大都與中國工程師學會有關，成爲當時工程科技人員瞭解工程科技與工程事業發展最新狀態的主要渠道，並在一定程度克服了交流時間與空間的限制，爲會員、其他團體及個人提供了一個靈活便捷的工程科技交流平臺。

3. 實地考察

除了年會時考察當地企業外，學會還組織大型實地考察，爲政府決策提供支持。這些考察決非現在人們理解的遊山玩水，而是抱有很強的工程事業

〔註 5〕茅以升：憶中國工程師學會〔M〕，中國文化史科文庫，文化教育編第十六卷（20～160）：734。

〔註 6〕編輯報告〔J〕，中國工程師學會三十二年度會議報告，1943：33。

目的所做的實地科學考察。如 1940 年，中國工程師學會與中國地質學會聯合舉行川康、西北、西南一帶的科學調查；1942 年，中國工程師學會發起組織蒙新考察團，同年又與中央設計局合作考察西北建設，考察項目為交通、水利、農牧、資源等。通過實地調研，考察人員瞭解了中國自然資源的分佈狀況，形成了初步的相應發展思路，同時也與當地人員進行了充分的交流，考察人員彼此之間也在考察過程中加強了相互瞭解，為進一步的合作與交流奠定了基礎。

4. 專題會議

為了適應中國工程事業的發展，中國工程師學會成立多個專題委員會。至 1945 年，中國工程師學會成立了如工程名詞委員會、實業計劃實施研究委員會、戰時工作計劃委員會，軍事工程團、工程標準協進會等 20 多個專題委員會。這些委員會都是結構完整的機構，依據所欲解決的專題，獨立地組織與協調工程專家與相關部門進行活動。抗戰時期，多個專題委員會舉行了廣泛的學術會議、公開演講等活動。如 1941～1945 年，實業計劃實施研究委員會共召開 51 次專題會議，20 多次公開演講；1942～1945 年，材料試驗委員會舉行 6 次專門會議；1942～1945 年，工程標準協進會每年都舉行學術會議。

總言之，抗戰時期，中國工程師學會既舉行規模較大的全國性聯合學術年會，也召開規模較小、形式靈活的各地科技交流活動，還有專題形式的交流活動與發行刊物，這些活動，構成了當時工程科技交流的主要渠道與重要平臺。

二、中國工程師學會科技交流工作之貢獻

在抗日戰爭時期，一方面，大後方的經濟開發與國防建設都亟需先進的工程技術；另一方面，由於戰爭的動盪環境，工程科技的研討與傳播都十分困難。中國工程師學會是當時唯一的全國性工程科組織，它所做的科技交流工作，無論在抗日戰爭還是在經濟建設的歷史上，都具有十分重要的影響力。

1. 維繫與推動了戰時科技交流

1942 年前，大部分學術機構減少甚至停止活動。此時期，中國工程師學會卻在大力開展工程科技交流活動：1938 年開始舉行戰時全國性學術年會，1939 年所主辦之《工程》雜誌復刊，1940 年發起大型實地科技考察，1941 年

開始舉行專題會議，至 1942 年，大後方的 22 個分會都開展科技交流活動。抗戰初期，中國工程師學會是極少數開展工程科技交流活動的團體之一，而就交流的深度和廣度而言，沒有其他學術團體可與之比肩。

八年抗戰間，中國工程師學會舉行了 7 次年會，參加人員多達 4659 人次，提交論文 1088 篇；發行《工程》雜誌 7 卷 41 期、《工程週刊》雜誌 7 卷；1939～1941 年，組織參觀考察了 90 多個企業單位，發起了三次大型實地科技考察，1941～1945 年，中國工程師學會的實業計劃實施研究委員會共召開 51 次專題會議，20 多次公開演講，材料試驗委員會舉行了 6 次專門會議，程標準協進會也每年都舉行學術會議，大後方的 38 個分會也開展了科技交流活動。無論從交流形式還是規模上看，中國工程師學會在所有的學術機構中是首屈一指的。另外，值得一提的是，抗戰期間，土木、機械、礦冶等各種專門工程學會為了提高交流效率，都停止獨自活動，在中國工程師學會統一協調與組織下，以工程學會集團的形式開展工程科技交流與研究。顯然，中國工程師學會是維繫與推動戰時工程科技交流的重要力量，其作用應予充分肯定。

2. 促進了工程科技的傳播

正是由於中國工程師學會的工作，保障了戰時科技交流工作的開展，工程科技得以順利及時地推廣。為了直觀感受工程科技交流及推廣情況，筆者列舉第 10 屆貴陽年會部分論文。

表 2：中國工程師學會十二屆年會（1941 年）得獎論文

論文題目	作者	所在單位
黔桂鐵路測岑牛欄兩處路線之勘探及研究	裴益祥	黔桂鐵路局
公路路面研究與實驗	李謨熾	西南聯合大學
非常時期橋樑之建築	羅英	滇緬鐵路局
近代城市規劃原理及其對於我國城市復興之應用	朱泰信	唐山工學院
手搖離心機製糖試驗	李爾康、張力田	經濟部中央工業實驗所
桐油之重疊作用	劉馨英、沈善炫	浙江大學
植物油製成潤滑油之氧化試驗	孫增爵、錢鴻業	經濟部實業委員會
四十種著名酒精酵母發酵力之比較	金培松	經濟部中央工業實驗所

論文題目	作者	所在單位
國產造紙纖維之顯微化學分析	張永厲、李鴻臬	經濟部中央工業實驗所
壓熱對木油分解之關係	李壽垣、李照東	浙江大學
十年來動力用酒精之試驗研究	顧毓珍	經濟部中央工業實驗所
四極管及聚射管之調幅研究	孟昭英、張守廉	清華大學
感應電動機直流制動之理論實驗	楊耀德	浙江大學
電網計算之簡易新法	蔡金濤	中央無線電器材廠
機車在變道上行動有無出軌可能之研究	陳廣沅	滇緬鐵路局
自由活塞加長膨脹內燃機之理論與實際	田新亞	不詳
保形銑刀制齒機及使用	李漢超、高緒侃	經濟部中央工業實驗所
急回機構之圖解法	翟允慶	經濟部中央工業實驗所
差壓引火式內燃機	武霈	恒順機器廠
正向質薄板之安定問題	林致平	航空委員會
工程解高次方程序根值	林士諤	航空機械學校
坩堝煉鋼	周志宏、岳玉池	兵工署第 28 廠

資料來源：中工程師學會三十一年度會務報告，第 19～20 頁。

上述科技人員所提交的成果大致反映了當時中國工程科技的最高水平，因為作者均來自當時最好工科院校、研究所、國企及工程管理機構。

3. 對經濟專題與國防建設的研討，為政府制定經濟建設政策提供了基本依據

通過科技交流工作，一方面，推廣了工程技術；另一方面，集中多位工程科技人員，開展經濟專題與國防建設問題的研討，提出解決方案，為制定大後方經濟建設政策提供了基本依據。

例如，「實業計劃之研究」是中國工程師學會開展的一個重要經濟專題之一，其研究目的是為中國制定一個經濟發展方案。該項研究歷時多年（1931～1945），其成果──工業建設 16 條綱領、91 條實施原則，均被國民政府採納並公佈〔註7〕，成為國民政府制定戰時乃至戰後工業政策的指導性文件。

再如，抗戰時期，我國工程材料標準不一，雜亂已極，嚴重阻礙工業建設。1942 年，中國工程師學會成立了材料試驗委員會，旨在推行材料規範及

〔註 7〕鍾少華：出取集，鍾少華文集〔M〕，北京：中國國際廣播出版社，1998：340。

其試驗方法之標準化。至 1945 年，該委員會編訂《金屬材料試驗手冊》一種、《中國波蘭特水泥標準規範》、《試用石灰規範》、《電氣絕緣材料規範及試驗方法》、《各種油脂規範及試驗方法》、《國產木材規範及試驗方法》多種〔註8〕。其開拓性的工作爲後來工程材料標準化工作奠定了基礎。

　　實際上，根據戰時經濟發展的需要，中國工程師學會每年都提出了相當數量的提案。例如桂林年會共貢獻 36 個議案，分別呈送教育部、工程標準協進會、內政部、經濟部、中央設計局、國防科學策進會、行政院及省政府等相關部門，以備其參考〔註9〕。這些提案，即使從現代眼光來看，也是極富科學價值的。

　　另外，1931 年，「九一八」事變發生，作爲工程界領導者與組織者，中國工程師學會立即開始了國防建設問題的研討。爲了幫助中華民族贏得抗戰勝利，學會首先成立了專門的軍事研究機構。1931 年 12 月，學會成立了戰時工作計劃委員會，分別從兵器彈藥、戰地工程材料、鋼鐵、煤、油料、酸及氯、銅鋅鋁、酒精、皮革、糖、紙、機械、電工、運輸等 14 項進行研究〔註10〕。

　　1932 年 2 月，中國工程師學會上海分會成立了國防技術委員會，並制定了詳細章程。該委員會每日下午 1：00～3：00 及 5：00～6：00 集會，就軍事技術、國防計劃、國防問題開展研討〔註11〕。上海淪陷後停止工作。

　　全面抗戰爆發後，事關戰地工事、槍炮、電信、彈藥等方面軍事工程技術的需求極爲迫切。1937 年 9 月，中國工程師學會在戰時工作計劃委員會基礎上又成立了軍事工程團，1938 年改爲軍事工程委員會，集中開展與軍事有密切關係之土木、機械、化學、電信等四項工程的研討〔註12〕。爲了協同政府及軍隊關係，該機構推舉陳誠爲總團長，陳誠辭任後總團長一職又由分別陳立夫（會員）、曾養甫（會員）擔任。由他們擔任軍事工程委員會總團長，可以使中國工程師學會更好地瞭解抗戰活動中急需解決的工程問題，同時在有了解決方案後，也有利於快速推廣解決方案，提升中國的軍事工程技術，及時處理軍事工程問題。

〔註 8〕　材料試驗委員會報告〔J〕，中國工程師學會三十二年度會議報告，943：27～28。

〔註 9〕　本會十二屆年會及各次董事會執行部聯席會議決議案辦理情形〔J〕，中國工程師學會三十三年度會議報告，1944：17～20。

〔註10〕　戰時工作委員會結束〔J〕，工程週刊，1931，1（2）：31。

〔註11〕　上海分會國防技術委員會章程〔J〕，工程週刊，1932，1（7）：108。

〔註12〕　本會組織軍事委員會〔J〕，工程月刊，1939，1（1）：43。

　　同時，學會還積極組織會員，在學會的刊物發表軍事文章，或在學會年會開展專題討論，以此推動與戰爭有密切關係的工程技術問題的解決。如吳欽烈、李待琛的《戰時 100 師軍隊兵器彈藥之供給》、嚴演存的《作戰時之火藥補充問題》、《如何使技術員工與軍隊聯繫配合》等（1939 年昆明年會專題），均屬此類論文。

　　在艱苦卓絕、風雨飄搖的年代，這些交流活動尤顯珍貴，它促進了工程技術與管理經驗的傳播，推動了大後方經濟與國防建設，增強了科技界的團結，鼓舞了工程師群體的抗戰信念與決心。也正是這些學術活動使中國文化的命脈不絕於縷，科技思想和精神在炮火中得以傳承，科技交流的體制化與制度化得以形成。

三、取得成就的原因之淺析

　　戰爭期間，中國工程師學會是極少數一直堅持開展工程科技交流活動的團體之一，無論從交流形式與規模還是發揮的作用上看，沒有其他學術團體可與之比肩。中國工程師學會為什麼能客服重重困難並能逆勢而上？筆者認為主要有三個原因：

　　第一，學會擁有一批樂於奉獻，積極推動會務的會員。抗戰時期，學會曾經遇到過多種困難，解決這些難題，往往得益於會員的努力。如 1937 年，學會隨政府遷至重慶，既無會所也無會員辦理常務，時任中國工程師學會的總幹事長與中央工業實驗所所長的顧毓琇，主動借用「中央工業試驗所辦公處及辦事人員」〔註 13〕，積極推進會務。1941 年，因經費竭蹶，中央工業試驗所又借 7000 元幫學會渡過難關。顧毓琇還時任經濟部工業司司長的吳承洛以公余時間為學會編輯《工程》、《工程史料》、《三十年來之中國工程》，推進中國工程標準協進會的工作。

　　當年學會工作的積極參加者還有，如陳體誠、胡庶華、凌鴻勳、翁文灝、惲震、沈怡、羅英〔註 14〕、茅以升等人。這些工程專家數年都是學會的董事會成員，同時又在政府部門任重要職務，為學會會務的開展提供了很大便利。正是有了上述大批熱心會務的會員，學會才能在戰爭的環境下得以維持生存與發展。

〔註13〕　南京寧海路臨時會所〔J〕，中國工程師學會三十七年度會議報告，194：7。
〔註14〕　茅以升：憶中國工程師學會〔M〕，中國文化史科文庫，文化教育編第十六卷（20～160）：738。

　　第二，學會得到了社會多方的認可。如上所述，學會的交流工作極大地滿足了戰爭時代對工程科技的需求。另外，學會開展的科技人員戰爭動員、國防與經濟專題研究、以及一直秉承堅持抗戰與工程建國的信念、國家利益至上的信條，都與政府號召一致。正因如此，學會的工作得到了政府以及各界認可。自1938年，每逢學會年會，蔣介石、孔祥熙、張家傲、陳立夫（學員）等政府要員均專文致賀，孔、張兩人還參與過年會。當時的媒體也高度關注學會年會並給予充分肯定〔註15〕。昆明、桂林、蘭州等地方政府均積極邀請學會到本地召開年會，參與當地經濟發展規劃。這爲學會的發展創造了良好的社會環境。

　　最後，學會的快速發展離不開社會各界的大力資助。據不完全統計，戰爭期間，學會募款達 70 多萬元，大多涉及工程機構，如中華文化基金會〔註16〕經濟部、湘桂鐵路、公路總局、教育部、航空委員會、水利委員會、隴海鐵路、〔註17〕交通部、社會部、寶天鐵路局、〔註18〕以及會議舉辦地政府等。社會補助費是學會當年總收入的主要部分。如1942年7月至1943年6月，學會收入爲448669元，其中社會募款爲392877元、會費爲18392元，總支出104442元。一般情況下，會費不能滿足正常的開支。可見，社會資助是學會良好運行的重要保障。

四、結語

　　中國工程師學會克服戰爭帶來重重困難，毅然堅持開展形式多樣、規模宏大的交流活動，推動了工程科技與管理經驗的推廣，有力地支持了國防與大後方經濟建設。因此，學會也得到政府及各界認可與支持，進而爲自身的發展創造有利的條件。學會的交流體現了工程界堅持抗戰與工程建國的信念、決心及力量，是「科技社會化」實踐之重要成就之一。

〔註15〕　中國工程師學會第八屆年會開會概況〔J〕，工程，1939，13（4）：89～90。
〔註16〕　經費〔J〕，中國工程師學會三十一年度會議報告，1942：21。
〔註17〕　中國工程師學會收支對照表〔J〕，中國工程師學會三十二年度會議報告，1943：26～28。
〔註18〕　個機構補助本會經費〔J〕，中國工程師學會三十三、三十四年度會議報告，1943：45。